民國時期文獻
保護計劃

成果

首都图书馆藏革命历史文献书目提要

首都图书馆◎编

国家图书馆出版社

《毛泽东选集》，东北书店1948年精装版。

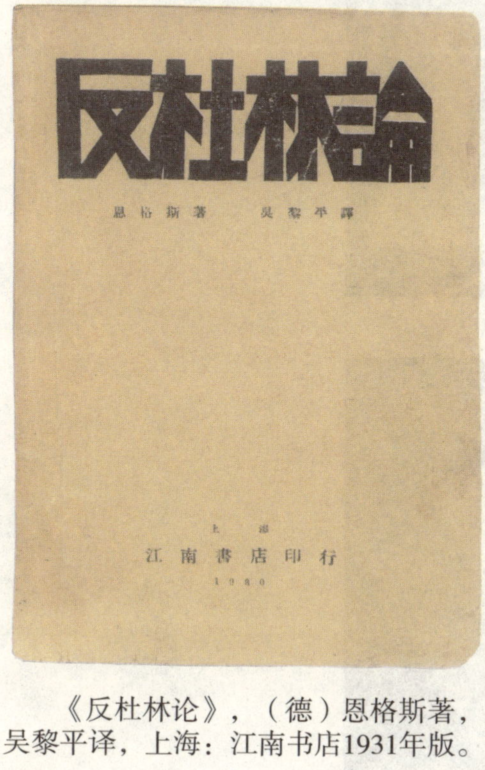

《反杜林论》，（德）恩格斯著，吴黎平译，上海：江南书店1931年版。

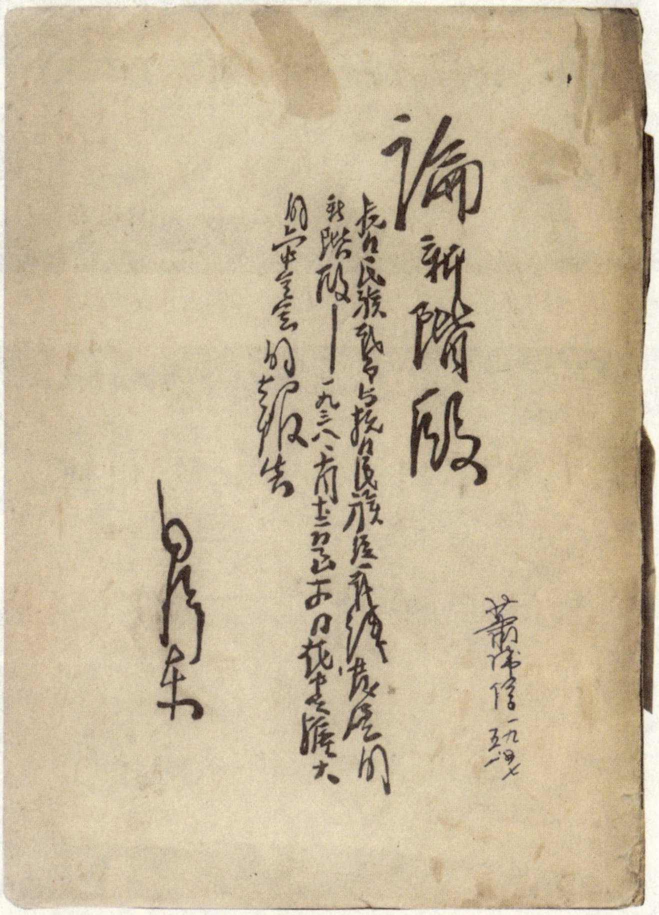

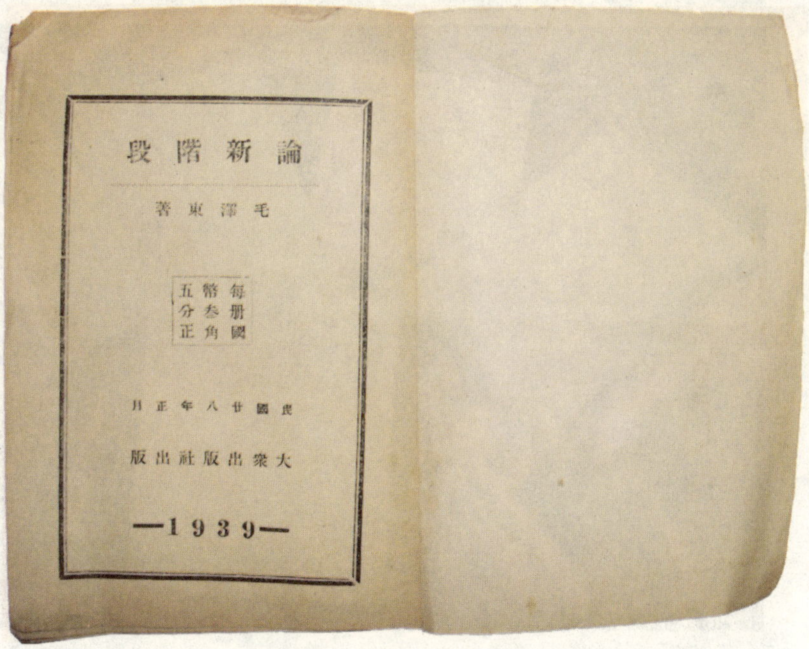

《论新阶段》，毛泽东著，大众出版社1939年版。

馆藏毛泽东著《新民主主义论》的15个版本。

馆藏毛泽东著《湖南农民运动考察报告》的11个版本。

馆藏毛泽东著《论持久战》的5个版本，其中新华日报馆1939年版最为珍贵。

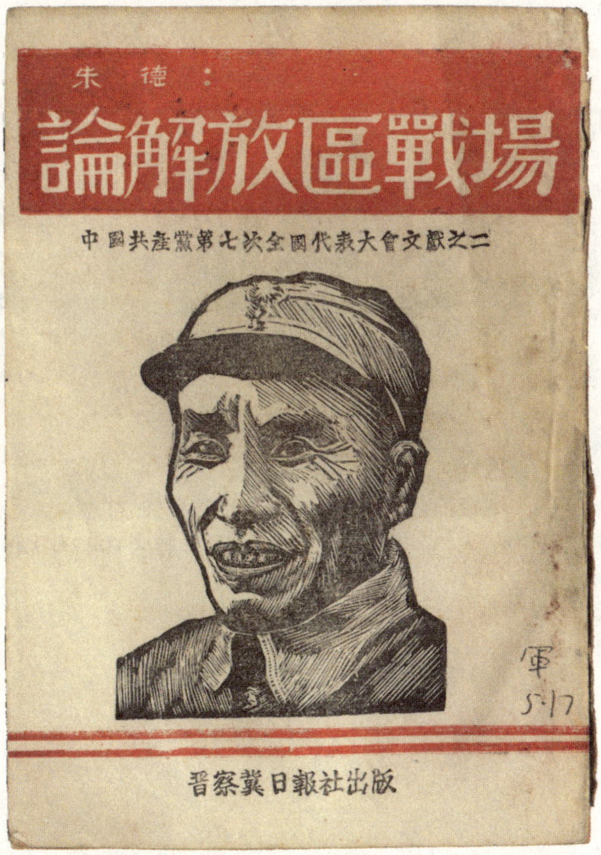

《论解放区战场》，朱德著，晋察冀日报社1945年版。

《论共产党员的修养》，刘少奇著，新华书店1946年版。

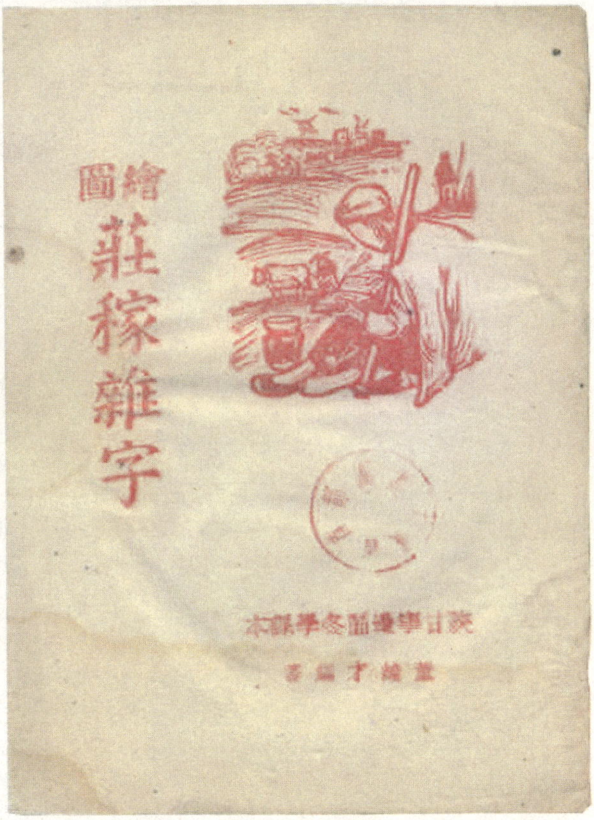

《绘图庄稼杂字》，董纯才著，新华书店1944年版。

《农民文化课本》，松江省委宣传部编，辽东书店1948年版。

《童谣》，陈勃选集，张家口：新儿童丛书出版社1946年版。

《王贵与李香香》，李季著，晋察冀新华书店1947年版。

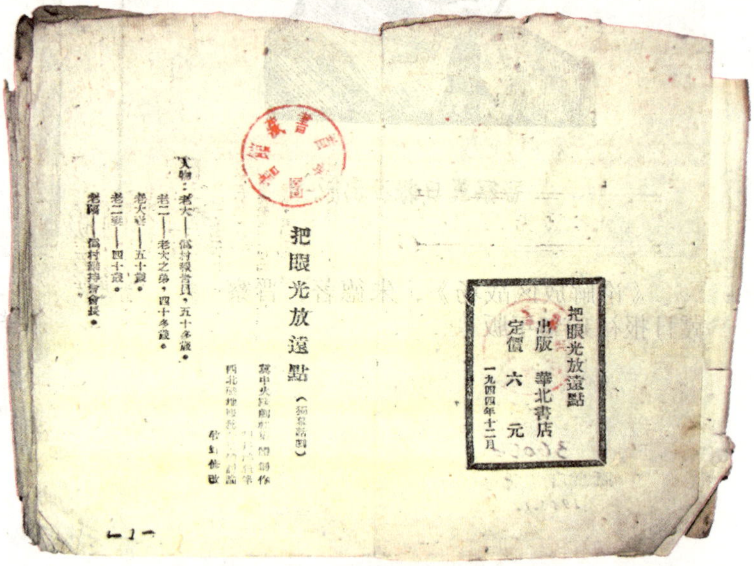

《把眼光放远点》，冀中火线剧社集体创作，华北书店1944年版。

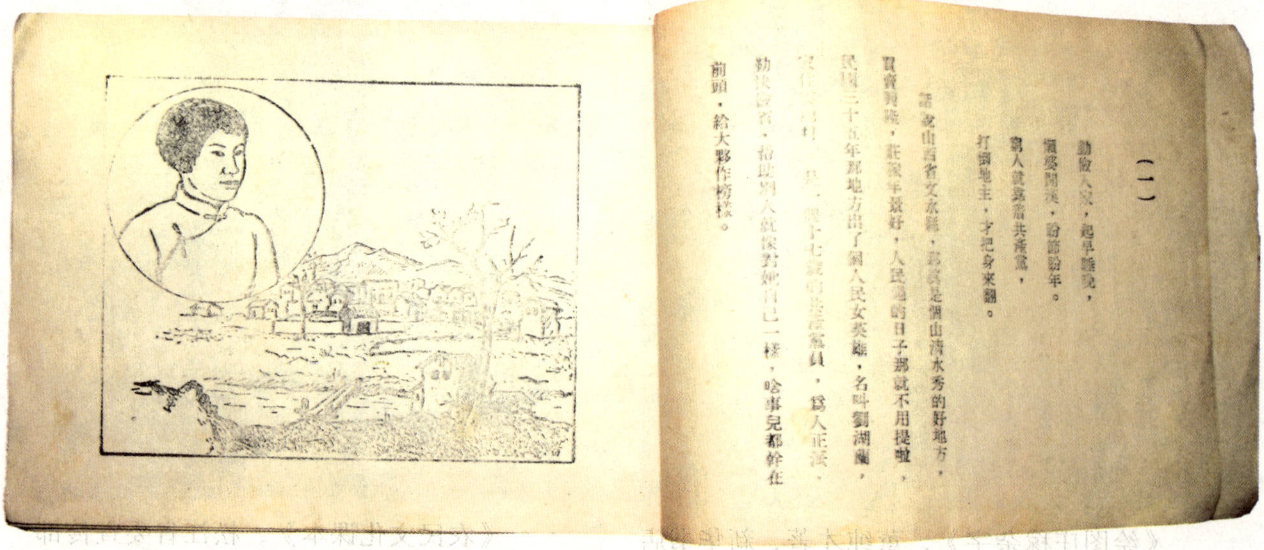

《人民女英雄刘胡兰》，张望画，庄严词，哈尔滨：东北书店1948年版。

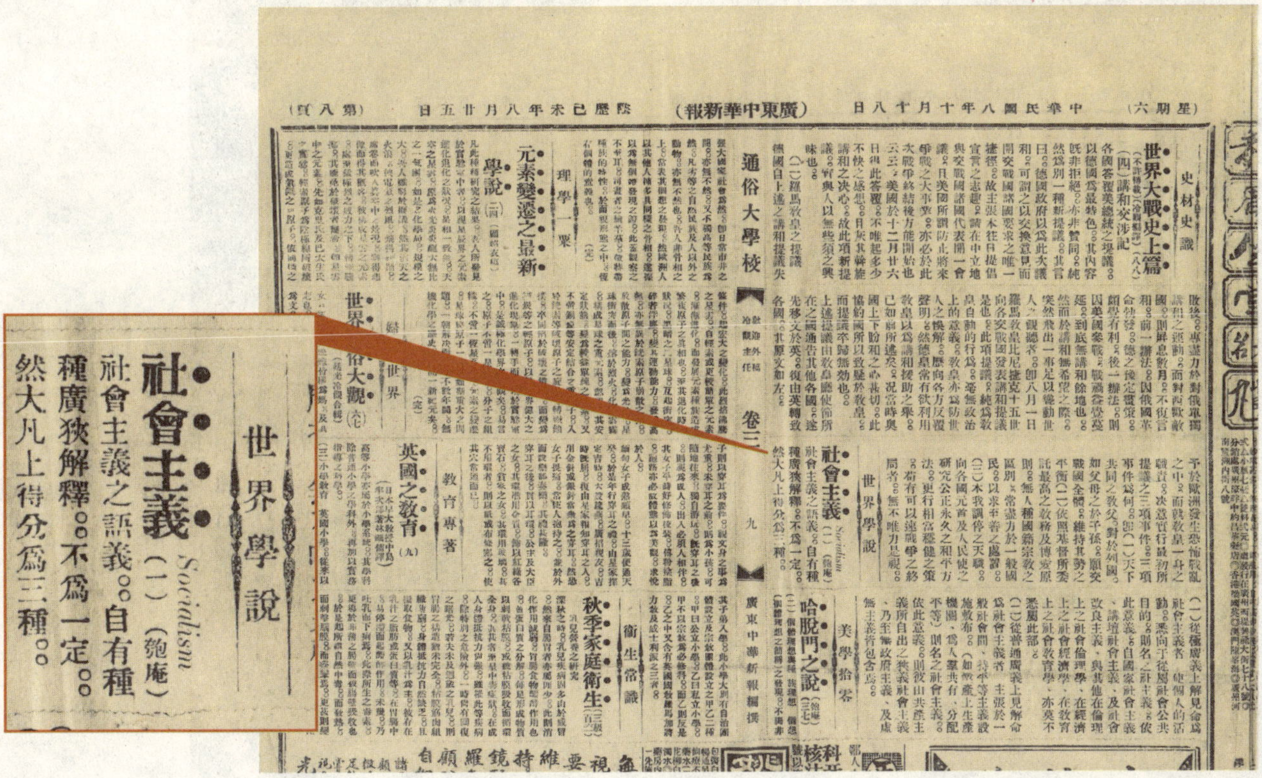

《广东中华新报》，1919年10月18日至28日连载了杨匏安《社会主义》一文。

《广东中华新报》，1919年11月11日至12月4日，刊登了杨匏安的《马克思主义（一称科学的社会主义）》一文，它的发表几乎与李大钊的《我的马克思主义观》同时，可以说是该文的姊妹篇。

《解放》，延安，解放周刊社编辑出版，1937年4月创刊。

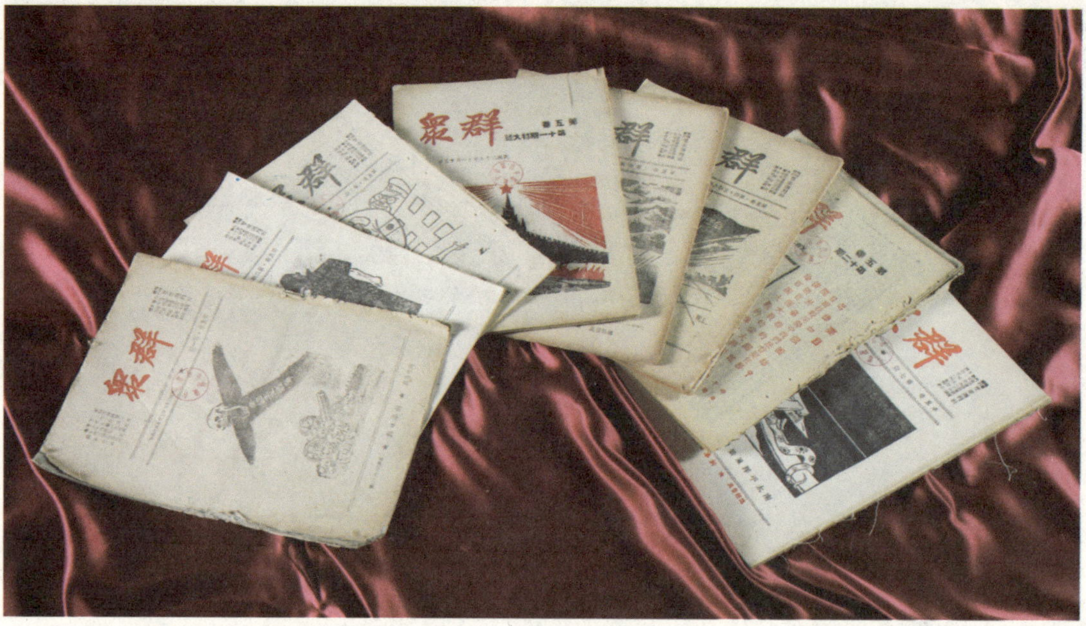

《群众》，群众周刊社编辑出版，1937年12月创刊。

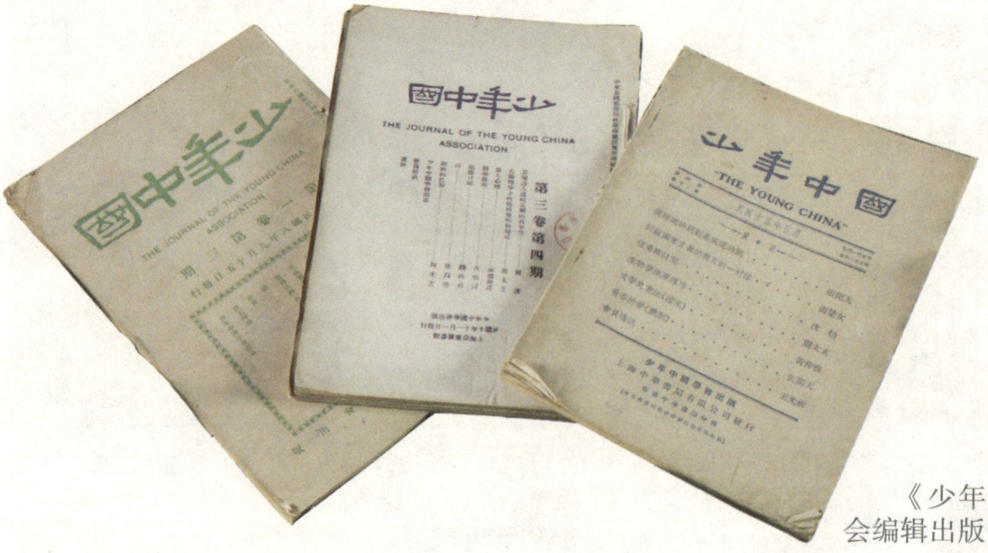

《少年中国》，少年中国学会编辑出版，1919年7月创刊。

《青年杂志》第一卷第一号。

《新青年》，新青年杂志社编辑。1915年9月创刊。

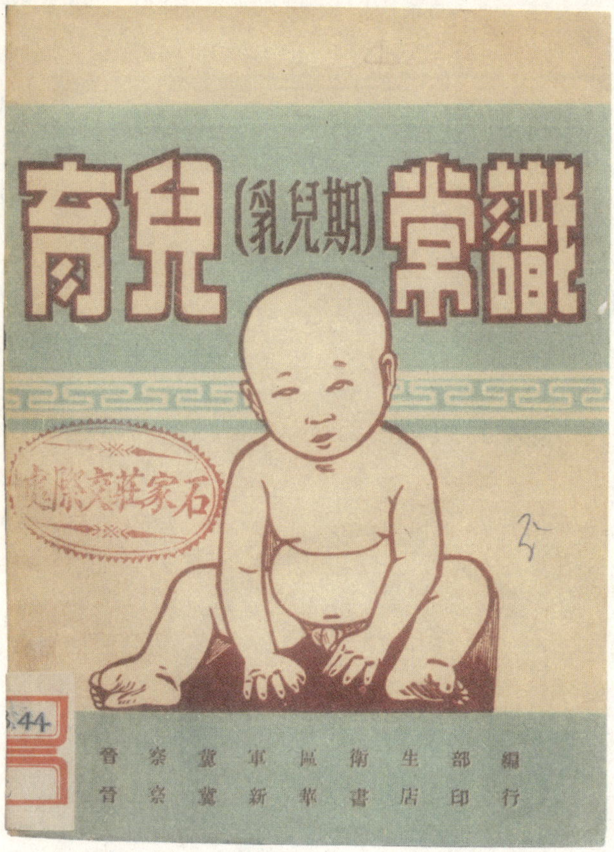

《育儿常识》，王铭著，晋察冀新华书店1947年版。

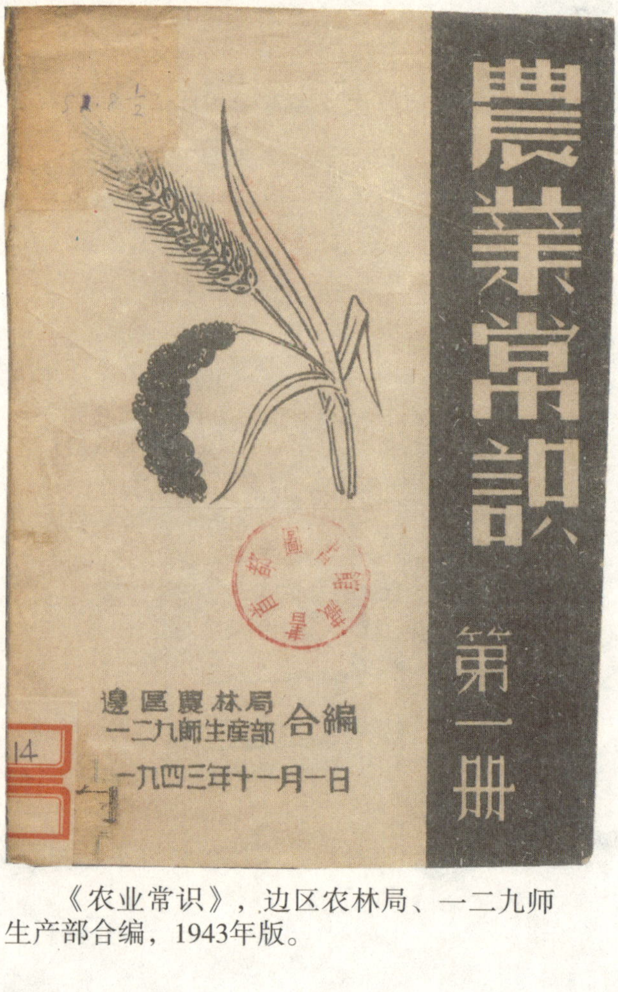

《农业常识》，边区农林局、一二九师生产部合编，1943年版。

《怎样养羊》，中共西北中央局调查研究室编，1944年版。

总　序

中华文明之所以博大精深、源远流长，不仅与未曾断裂的文字记录有关，也与自古有“易代修史”和重视文献收集、整理等优良传统密不可分。明有《永乐大典》、清有《四库全书》，都是有力的佐证。自新中国成立，特别是改革开放以来，我国日渐加大对古代各时期文献整理和保护工作的力度，但对具有重要价值又亟需保护的民国时期文献的重视程度尚需进一步加强。

民国时期是中国历史上一个重要而特殊的嬗变时期，新旧交汇、中西碰撞，形成了社会转型期特殊的文化景观；同时，这一时期也是中华民族遭受外侮、充满灾难的时期。仅从文化角度考察，一方面传统文化得到进一步的整理继承和批判扬弃，另一方面西方文化又强烈冲击和影响着当时人们的思想与行为。特别是马列著作的译介与传播，不仅深刻影响着人们的思想意识，而且直接导致了新民主主义革命的爆发，并由此带来一系列社会巨变。这些政治、经济、文化、社会的巨大变革，形诸文字，辅之于出版业和新闻业的飞速发展，使得民国时期的出版发行业达到了空前的规模。短短数十年间，积累了图书、期刊、报纸以及档案、日记、手稿、票据、传单、海报、图片及声像资料等大量文献。这些文献正是记录、反映民国时期政治、经济、军事、文化等诸多方面的重要载体。

概括而言，民国时期文献具有以下特点：第一，数量众多。据初步估算，民国时期文献数量远远超过存世数千年的古籍总量，仅国家图书馆一馆所藏就达88万余册。第二，内容丰富。该时期文献涵盖了政治、经济、文化、军事等领域，既有政府公报、法律规范等方面的文献资料，也有大量的文学作品。同时，还出现了电影及唱片等新的出版形式，无论在内容上，还是在文献形式上，均极为丰富。第三，历史和学术价值高。民国时期，中国经历了内忧外患，中国共产党领导中国人民开展了艰苦卓绝的革命斗争，在中国历史上写下了辉煌篇章，产生了大量革命历史文献。这些文献历久弥珍，是研究中国共产党党史的珍贵资料。民国时期又是各种思想交汇、碰撞的时期，留下了大量记载时代印迹的资料，在政治、法律、语言文字、历史诸学科都留下了丰富的文化遗产，对研究民国时期的历史，尤其是人文社会科学，有着重要的借鉴意义。第四，现实意义重大。民国时期形成的边疆垦务、农商统计、中国经济志、赈灾史料等文献，对研究国家主权、边境、民族、军事以及农业、水利、经济等均有重要的现实意义，同时也是开展爱国主义教育、革命传统教育和国情教育的生动教材。例如，大量有关“东京审判”的文献、照片、影像资料，集中反映了日军侵略中国的历史，是日本军国主义侵华罪行的有力证据。第五，纸张和印制品质不佳。民国时期正处于从手工造纸向机械造纸转换的初期，所产纸张酸性高，加之印刷、装订等工艺的自身缺陷，造成了文献印制质量上的先天不足，致使很多文献出现了严重的老化或损毁现象，其保存难度大大高于传统手工纸文献。民国时期文献的上述特点，决定了对其进行保护的思路必须随着科学技术的发展不断创新，如在文献普查、原生性保护基础上，充分利用影印出版、缩微、数字化等再生性保护方式，以期达到事半功倍之效果。

国家图书馆是国家总书库，履行国内外图书文献的收藏和保护职能，为中央和国家领导机关立法决策、国内科学研究和公众提供文献信息服务。文献作为一个国家的历史积淀和文化载体，肩负着国家和民族的文化传承重任，保存、保护和利用好这些文献，是图书馆人的历史责任。2011 年，在文化部、财政部支持下，国家图书馆联合业内相关单位启动了“民国时期文献保护计划”，旨在通过文献普查、海内外文献征集、整理出版，以及文献保护技术研究等各项工作的开展，切实有效地抢救与保护民国时期文献。

文献整理出版是保护计划的一项重要内容，由国家图书馆策划，将依据文献的馆藏特色、资料类型、濒危状况、珍稀程度和社会需求等方面，整合各文献存藏单位所藏，汇集相关领域专家与出版工作者等多方力量，采取“民国文献资料丛编”形式，统筹规划、有序推进，成规模地整理、编纂出版包括民国时期政治、经济、社会、文化、教育、外交等各领域文献，努力为社会各界提供丰富的、有价值的、便利的文献资源。

中华民族的伟大复兴，以文化复兴为标志。文化的复兴，必须以弘扬传统文化为基础。弘扬传统文化，又必须以保护、传承传统文化为前提。我们坚信，“丛编”的推出，必将为民族复兴、文化繁荣作出重要贡献。

是为序。

周和平

2013 年 1 月

序　言

首都图书馆藏书中有一批比较珍贵的革命历史文献，大约 1400 种，数量虽然不多，但其史料价值颇高，并且流传稀少，保存至今实属不易。本着“藏用结合”的原则，为了更深入地揭示这些文献，现将它们以提要的形式加以整理介绍，以供从事近现代史、中共党史等方面研究的人员及收藏爱好者参考。

这批革命历史文献主要是辛亥革命至中华人民共和国建立之前的书刊资料，大体包括辛亥革命及五四运动期间的进步书刊、中国共产党成立前后的重要文献和马列经典译著、抗日根据地和解放区出版物等。总的来说，它们具有以下特点：

一、从时间上看，解放战争时期出版的书籍占大多数，抗日战争时期的也占有一定比例。

二、从内容上看，以马列主义毛泽东思想、政治、文学类书籍居多。首都图书馆历史文献中心收藏民国时期文学类书籍数量丰富，形式多样，小说、歌剧、话剧、秧歌剧、鼓词等藏品荟萃一堂。此外，外国文学作品也是一大特色。

三、从价值上看，许多藏品都有其特定的史料和文献等方面的价值。如东北书店 1948 年出版的《毛泽东选集》，叶剑英同志称赞其为解放区出版的最好的一部精装《毛泽东选集》；1945 年新华书店出版的《太平天国革命运动》是该书最早的版本之一，反映了范文澜先生早期学术思想的原貌；1931 年江南书店出版的《反杜林论》是该书较早的中文译本；1940—1941 年光明书店出版的《静静的顿河》第一至四部，是该书最早的中文全译本。

本书按《中国图书馆图书分类法（第五版）》对这些革命历史文献进行分类编排，概述条目主要内容，略附著者介绍。此外，还对稀见本、初版本等版本价值较高的藏品做了简单的版本介绍。惜笔者经验不足、时间仓促，部分文献考证尚不完备，书中不妥及疏漏之处，敬请同仁和广大读者提出宝贵意见，以便日后修订补正。

丁蕊

2012 年 11 月

目　录

凡　　例

一、本书收录的范围如下：

1．辛亥革命及五四运动期间的革命进步文献。

2．马克思主义经典著作的早期译本以及宣传马列主义的文献资料。

3．中国共产党机关或各解放区根据地出版发行的各种文献资料，包括党的领袖的著作、党组织的各类文件、解放区根据地及国统区地下党组织出版的各种书籍和报刊等。

4．国统区、港澳台地区及海外出版的进步文献。

5．为了保持文献内容的连贯和完整性，酌情收录了一部分建国初期出版的文献。

二、本书所收图书的著录项目依次为：书名、责任者、出版发行地、出版发行者、出版年月、页数、尺寸、索书号等。原书著录项目不全者，编者作了认真的考证，著录时置于方括号内，如“[延安]，解放社”，其无从查考者从阙。最后附提要，介绍该书的作者、内容、价值等。内容相同，版本不同的图书合并做提要。

三、本书以《中国图书馆图书分类法（第五版）》为依据，对文献进行分类编排。同类之下，按出版先后排序，不能确定出版年者列于本类最后，拥有多种版本的图书以最早出版年为准。

四、本书附本馆所藏民国时期《广东中华新报》及《新青年》等13种进步报刊的提要。期刊著录项目包括：刊名、刊期、编辑者、出版地、出版者、所存卷期、尺寸（一般著录封面高度）等。所存卷期按出版先后排序，卷期在前，出版日期在后，置于圆括号内。

马克思主义、列宁主义、毛泽东思想

反杜林论

（德）恩格斯著；吴理屏译。上海，江南书店，1931 年。601 页，19cm。JF0200/A124

上海，生活书店，1947 年。440 页，18cm。JF0296/A124

提要：这是恩格斯批判德国小资产阶级社会主义者 E. 杜林所写的论战性著作，从哲学、政治经济学、社会主义三个领域，对杜林的机构论和形而上学作了批判，并阐明经济决定政治、历史发展中革命暴力的作用和马克思主义政治经济学、科学社会主义等基本理论。

苏联革命过程中底农业问题

（苏）乌里亚诺夫著；陈晓光译。北平，新光书店，1932 年。152 页，19cm。JF0905/A269.5

提要：乌里亚诺夫即列宁。20 世纪 30 年代，中国农民的阶级斗争进一步发展，开始动摇中国社会制度，如何正确领导这些斗争，编译者试图从俄国的经验中找到可借鉴的地方。本书编译的列宁著述包括以下几篇：《工人政党与农民》、《俄国社会民主党之农业纲领》、《关于我们的农业纲领草案批评》和《工人政党农业纲领之修正》，皆由日文改造社出版之《农村问题》转译。

列宁回忆录

（苏）列宁夫人著；韩起译。上海，正午书局，1933 年。409 页，照片，19cm。JF1031/A732

提要：本书并非学术性的传记，而是列宁夫人的回忆录，记述一位伟人的日常生活细节，包含在彼得堡、流放、伦敦生活、日内瓦、第二次大会、第二次大会以后、侨民国外、1905 年在彼得堡、第二次出国等 11 章。附录：《列宁工作的方法》、《列宁如何为群众写作》、《列宁与奢尼舍夫斯基》、《伊里基所爱读的小说》、《作为革命家的列宁》、《列宁印象记》。

革命与反革命

（德）恩格斯著；刘镜园译。上海，新生命书局，1936 年 5 月。214 页，19cm。JF0189/A122

提要：又名《1848 年的德国》。内收《革命爆发前之德国》、《自由主义反对派之兴起》、《宗教的反对派——关于德国统一的思想》、《奥地利的状况》、《维也纳的三月革命》、《法兰克佛特的国民会议》、《维也纳的十月革命》、《维也纳的陷落》、《立宪会议在柏林之完结》、《1849 年的开始》等 20 篇。

该书总结 1848—1849 年德国革命的经验，用阶级斗争观点分析德国的阶级结构，德国革命的起因、过程和失败的原因，揭露德国资产阶级的二重性，阐明无产阶级领导权和革命的动力、作用问题，完善马克思主义武装起义理论，并提出武装起义是一种艺术的论断。

左派幼稚病

（苏）列宁著。上海，社会科学研究社，1937 年。116 页，19cm。JF0078/A226

［1938］年。130 页，18cm。JF0203/A226

大连，新中国书局，1947 年。145 页，18cm。JF0080/A226

提要：本书是列宁批判国际共产主义运动中的"左"倾思潮、论述无产阶级政党的战略和策略的著作，写于 1920 年，中译本最早出版于 1927 年。全书分 10 节，另有著者增补：《德国共产党人底分裂》、《德国共产党人与独立党人》等 4 篇。列宁在该书中除指出右倾机会主义在国际范围内仍是主要敌人外，还着重批评"左派"共产党人的错误，用俄国革命的经验帮助西欧各国年轻的共产党认识和克服"左派"幼稚病，学会运用马克思主义策略原则，强调各国革命政党在制定革命策略时应根据本国的具体情况来运用共产主义。

马克斯·恩格斯论中国

（德）马克思、恩格斯著。［延安］，解放社，1938 年 5 月。135 页，18cm。JF0176/A164

［北京］，解放社，1950 年。222 页，17cm。JF0094/A164

提要：共 3 章，论述古代东方及中国特点、世界贸易影响与对华政策等。第 1、3 章为马、恩原著的摘录，第 2 章为马、恩发表于《纽约每日论坛报》等报刊有关中国的评论。揭露英国的鸦片贸易及两次鸦片战争性质，谴责沙皇俄国利用英法侵华战争从中渔利、掠夺中国的大片领土，热情支持中国人民各种形式的反抗斗争。

列宁选集：第 5 卷

（苏）列宁著。［延安］，解放社，1938 年。380 页，21cm。JF0192/A21

提要：收 5 篇文章，有《关于 1905 年革命的报告》、《社会民主党与临时革命政府》、《两个策略》等。

列宁选集：第 7 卷

（苏）列宁著。［延安］，解放社，1938 年。548 页，21cm。JF0193/A21

提要：收 26 篇文章，有《走上轨道》、《革命的高涨》、《世界政治上的引火物》等。

什么是列宁主义

文维城编译。汉口，中国出版社，1938 年。149 页，18cm。JF0981/A82

提要：内分《列宁主义是在帝国主义和无产阶级革命时代的马克思主义》、《方法和理论》两编，共 5 章，包含列宁主义要点、历史根源、发展新阶段以及列宁主义方法基础等内容。每章末尾附有参考书目。

列宁选集：第 3 卷

（苏）列宁著。［延安］，解放社，1939 年 6 月。535 页，20cm。JF0191/A21

提要：收录列宁在旧《火星报》时期所写文章，主要讲述无产阶级政党政治纲领、组织问题以及斗争策略等问题。

帝国主义——资本主义的最高阶段

(苏)列宁著;王唯真译。[重庆],生活书店,1939 年 7 月。203 页,18cm。JF0237/A22

提要:本书是《世界名著译丛》之一。写成于 1916 年,是全面论述帝国主义的专著,总结《资本论》问世后半个世纪中资本主义的发展,指明资本主义已经发展到一个新的阶段——帝国主义阶段,分析其 5 个基本经济特征,并宣布帝国主义是无产阶级社会革命的前夜,同时也批判了 K. 考茨基当时大力宣扬的超帝国主义论。

列宁选集:第 10 卷

(苏)列宁著。[延安],解放社,1939 年 7 月。253 页,21cm。JF0194/A21

提要: 收 10 篇文章,有《远方来信》、《论两个政权并存的局面》、《论国际主义统一问题》等。

列宁选集:第 12 卷

(苏)列宁著。[延安],解放社,1939 年 7 月。452 页,19cm。JF0196/A21

提要:收 5 篇文章,有《国家与革命》、《无产阶级革命与叛徒考茨基》等。

列宁选集:第 13 卷

(苏)列宁著。[延安],解放社,1939 年 7 月。283 页,19cm。JF0198/A21

提要:收 9 篇文章,有《人民委员会的工作报告》、《关于战争与和平的报告》、《苏维埃政权底迫切任务》等。

列宁选集:第 9 卷

(苏)列宁著。[延安],解放社,1939 年 8 月。417 页,19cm。JF0195/A21

提要:收 18 篇文章,有《战争与俄国社会民主党》、《论欧洲联邦的口号》、《革命的无产阶级与民族自决权》等。

列宁选集:第 8 卷

《列宁选集》中文版编译部译。[延安],解放社,1939 年。204 页,18cm。JF0017/A21

提要:由莫斯科马克思恩格斯列宁学院俄文原版译出,收《帝国主义是资本主义底最高阶段》一书原稿,这部著作奠定了列宁帝国主义学说的基础。

论持久战

毛泽东著。重庆,新华日报馆,1939 年。89 页,19cm。JF0028/A424

解放社,1942 年 4 月。103 页,18cm。JF1255/A424

[延安],解放社,1944 年 6 月。172 页,18cm。JF1214/A424

[阜平],新华书店晋察冀分店,1945 年。128 页,18cm。JF0099/A424

东安,东北书店,1947 年。101 页,18cm。JF0100/A424

提要:抗日战争全面爆发后,"速胜论"和"亡国论"等论调盛行,游击战争受到轻视。为批驳当时盛行的种种错误观点,系统阐明共产党的抗日持久战方针,1938 年 5 月毛泽东写下此文。文章初步总结全国抗战经验,揭示抗日战争发展基本规律,指出在我方弱于敌人时或环境不利于我方时应采取持久战的策略,提出在抗日战争作战形式上,主要是运动战,其次是游击战。

另外值得注意的是,该文在抗日战争初期写成,其对抗日战争阶段——敌之战略进攻我之战略防御、敌之战略保守我之准备反攻、我之战略反攻敌之战略退却的论述与历史几乎完全契合。

论新阶段

毛泽东著。大众出版社,1939 年。128 页,18cm。F0175/A424

[阜平],华北新华书店,1943 年。74 页,18cm。F0532/A424

提要:西安事变和平解决,使得国共合作的抗日民族统一战线有了形成契机。合作抗日 15 个月后,毛泽东在 1938 年 10 月扩大的中共中央六届六中全会上代表政治局作此报告。报告在总结抗战经验后提出:要坚持抗战,坚持持久战,力求团结与进步,胜利一定属于中国;号召建立最广泛的抗日同盟,强固统一战线,支持长期战争。同时强调各党派都要发展,反对无条件的合作,指出三民主义是抗日民族统一战线与国共合作的政治基础。

农村调查

毛泽东著。1941 年。186 页,19cm。JF1077/A42

[哈尔滨],东北书店,1948 年 1 月。190 页,19cm。JF0135/A42

[平山],晋察冀新华书店,1948 年 2 月。190 页,18cm。JF0136/A42

解放社,1949 年 5 月。190 页,18cm。JF0134/A42

解放社,1949 年 8 月。152 页, 18cm。JF0057/A42

提要:这是 1941 年 9 月毛泽东在延安对中央妇委和中共中央西北局联合组成的妇女生活调查团的讲话,指出革命需要重视调查研究工作,提出"没有调查就没有发言权"、"中国革命斗争的胜利,要靠中国同志了解中国的情况"等观点,要求调查者详细地占有材料,抓住要点,并运用对立统一和阶级斗争方法开展调查研究。

反对党八股

毛泽东著。[1942] 年。18 页,18cm。JF0452/A424

提要:整风文献续编。这是毛泽东于 1942 年 2 月在延安干部会上的讲演。文章认为,"党八股"是主观主义和宗派主义的表现形式,主观主义、宗派主义和党八股,这三种东西都是反马克思主义的,需要肃清。文章分析党八股的八大罪状后,要求大家采取生动、有力的马克思列宁主义的文风,进而推进党的革命事业。

共产主义运动中的"左派"幼稚病

(苏)列宁著。[衡水],新华书店冀中支店,1943 年。167 页,19cm。JF0079/A226

[张家口],华北新华书店,1946年。104页,17cm。JF0201/A226

解放社,1947年。104页,17cm。JF0204/A226

[沈阳],东北书店,1949年。140页,18cm。JF0205/A226

提要:书名页书名下题:“一个用通俗语言来说明马克思主义战略和策略的尝试”。分10节。其中有:我们可以在哪一点上来讲俄国革命有国际意义呢、布尔塞维克成功的基本条件之一、英国共产主义运动中的“左派”等。并有著者增补的《德国共产党人底分裂》,《德国共产党人与独立党人》等4篇文章。

列宁论文化与艺术:上

(苏)列宁著;萧三编译。读者出版社,1943年。141页,17cm。JF0202/A269.1

东安,东北书店,1947年5月。114页,19cm。JF1066/A269.1

提要:收入列宁关于文化艺术问题的言论及文章,分“论文化与文化遗产”、“艺术的阶级性和党性”两个主题,另有列宁的命令和指示。可以看出列宁在艺术与文化问题上的原则和立场。正文前有序言,概述列宁关于文化艺术的观点。附录里摘录他人对列宁的回忆片段。

列宁论群众观点

太行新华日报编。[涉县],太行新华日报,1944年。13页,18cm。JF1078/A26

提要:本书收录列宁关于群众的言论,含《怎样看待群众的“落魄”》、《胜利的保证:只有信赖群众才是真正的社会主义》等篇章。“马恩列斯论××”这一类型的书籍,多半是编撰者根据不同时期、不同范畴的实际需要,从科学社会主义的经典作家(马克斯、恩格斯、列宁、斯大林)著作里,搜寻相同、相关、相似问题的论述,把它们编辑排列在一起,加以注释、引申。

毛泽东选集:1-5卷

毛泽东著。[阜平],晋察冀新华书店,1944年5月。[572]页,肖像,18cm。JF0122/A41

提要:第1卷收4篇文章:《新民主主义论》、《中国革命与中国共产党》、《新民主主义宪政》、《在陕甘宁边区参议会的演说》;第2卷收11篇文章:《中国抗日民族统一战线在目前阶段的任务》、《为争取千百万群众进入抗日民族统一战线而斗争》等;第3卷收2篇文章:《论持久战》、《抗日游击战争的战略问题》;第4卷收4篇文章:《经济问题与财政问题》、《论合作社》、《组织起来》、《两三年内完全学会经济工作》;第5卷收7篇文章:《中国共产党在民族战争中的地位》、《反对自由主义》、《反对党八股》等。第1卷附录:《湖南农民运动考察报告》,第3卷附录:《中国共产党红军第四军第九次代表大会决议案》。

毛泽东选集:卷一

晋察冀日报社编。[阜平],晋察冀日报社,1944年5月。128页,冠像,19cm。JF1072/A41

晋察冀新华书店,1945年。126页,冠像,20cm。JF0130/A41

提要:收文2篇:《新民主主义论》、《中国革命与中国共产党》。附录:《湖南农民运动考察报告》。

毛泽东选集:卷三

晋察冀日报社编。[阜平],晋察冀日报社,1944 年 5 月。183 页,冠像,18cm。JF1073/A41

[阜平],晋察冀新华书店,1945 年。183 页,冠像,20cm。JF0131/A41

提要:收文 2 篇:《论持久战》、《抗日游击战争的战略问题》。附录:《中国共产党红军第四军第九次代表大会决议案》。

毛泽东选集:卷五

晋察冀日报社编。[阜平],晋察冀日报社,1944 年 5 月。129 页,冠像,18cm。JF1074/A41

提要:收文 7 篇:《中国共产党在民族战争中的地位》、《反对自由主义》、《〈农村调查〉序言》、《改造我们的学习》、《整顿学风党风文风》、《反对党八股》、《在延安文艺座谈会上的讲话》。

论联合政府

毛泽东著。[延安],新华书店,1945 年 8 月。98 页,18cm。JF0125/A424

[阜平],华北新华书店,1945 年 9 月。61 页,18cm。JF0126/A424

[兴县],晋绥新华书店,1945 年。84 页,图像,17cm。JF0111/A424

[菏泽],冀鲁豫书店,1945 年。54 页,19cm。JF0113/A424

[阜平],晋察冀日报社,1945 年。90 页,18cm。JF0148/A424

[延安],新华书店,1945 年。61 页,18cm。JF0149/A424

[牡丹江],牡丹江书店,1946 年。62 页,15cm。JF0102/A424

北平,新华书店,1946 年。71 页,19cm。JF0103/A424

[北平],新华书店,1949 年 6 月。114 页,18cm。JF0206/A424

解放社,1949 年 8 月。100 页,18cm。JF0402/A424

[北京],新华书店,1949 年 12 月。114 页,18cm。JF0112/A424

[北平],华北新华书店,1949 年。114 页,19cm。JF0104/A424

[北京],新华书店,1949 年。114 页,18cm。JF0105/A424

[济南],山东新华书店,1949 年。87 页,18cm。JF0106/A424

上海,新华书店,1949 年。114 页,19cm。JF0144/A424

中原新华书店,1949 年。65 页,18cm。JF0038/A424

[扬州],苏北新华书店,1949 年。68 页,18cm。JF0020/A424

[北京],解放社,1950 年 1 月。95 页,18cm。JF0145/A424

新华印刷厂,[1945—1949]年。74 页,18cm。JF0114/A424

提要:这是 1945 年 4 月毛泽东在中国共产党第七次全国代表大会上所做的政治报告。报告分析国内外形势,总结中国共产党成立以来领导人民民主革命的经验,特别是抗日战争以来国共两条抗战路线斗争的经验,阐述中国共产党在新民主主义革命时期的一般纲领和目前阶段的具体纲领,论述加强党的建设、发扬党的优良作风、实现党对中国革命的领导责任等基本原则。

毛泽东故事选

萧三等著。[阜平],新华书店晋察冀分店,1945 年。58 页,18cm。JF0693/A752

新华书店冀东支店,[1946—1949]年。38 页,18cm。JF0816/A752

提要:本书前半部分收集《一石麦子》、《胜利了》、《毛泽东爱护小孩》、《一张名片》等多个小故事,于细微处描绘毛泽东待人亲切、平易近人的一面;后半部分包括《毛泽东的少年时代》、《三湾改编》、《毛主席的实际精神》、《毛主席在重庆》、《毛泽东同志的初期革命活动》等内容,展现毛泽东对家事、国事的态度,勾画出毛泽东的伟人气度与雄才大略。

论毛泽东

张如心著。[长治],太岳新华书店,1946 年 3 月。99 页,17cm。JF0234/A751

提要:本书分为毛泽东的人生观、毛泽东的科学方法、毛泽东的科学预见、毛泽东的作风及论毛泽东思想(集论)五部分。

张如心(1908—1976),曾用名张恕心、张恕安,广东省兴宁县人。1931 年 5 月加入中国共产党。1931 年 8 月到中央革命根据地后,先后任中央革命军事委员会总政治部《红星》报主编、总政治部团政治委员训练班主任、红军学校政治部宣传部部长、延安大学副校长、华北联合大学教务长等职。建国后历任东北师范大学校长、中共中央高级党校中共党史教研室主任等职。他是中国共产党内第一个提出"毛泽东同志的思想"的人,主要著作有《论共产党的群众路线》、《毛泽东思想与作风》、《哲学概论》、《论我国过渡时期的经济基础与上层建筑》等。

毛泽东选集:卷二

毛泽东著。大连,大众书店,1946 年 6 月。138 页,18cm。JF0007/A41

提要:收入《中国抗日民族统一战线在目前阶段的任务》、《与中外记者团的谈话》等 12 篇文章。

列宁选集,第 18 卷

(苏)列宁著。[延安],解放社,1946 年 7 月。447 页,17cm。JF0236/A21

提要:收 28 篇文章,有《无产阶级在我们革命中的任务》、《论斯托哥尔姆代表会议》、《第三国际及其在历史上的位置》、《国际形势与共产国际底基本任务》、《给德国共产党人的一封信》等。

毛泽东论

张如心著。香港,新民主出版社,1946 年 8 月。112 页,19cm。JF0998/A751

提要:内容与《论毛泽东》相同。

六年随从列宁:列宁底汽车夫之回忆

(苏)斯·基尔著。张家口,新华书店晋察冀分店,1946 年。81 页,19cm。JF0376/A732

提要:这是 1917—1924 年列宁的汽车司机的回忆录。分第一次会面、凶恶的行刺、闲暇时的列宁、约西夫·维萨力昂诺维奇·斯大林、马克西木·高尔基、列宁爱护自然物的情形、列宁乘货车、打猎轶事、在亲属中、永别等 10 章,文字朴实。

毛泽东选集:1—5 卷

毛泽东著。大连,大众书店,1947 年 2 月。895 页,图像,19cm。JF0063/A41

大连，大众书店，1947 年 11 月。911 页，图像，19cm。JF0123/A41

提要：卷一收《新民主主义论》、《论联合政府》等 5 篇；卷二收《中国抗日民族统一战线在目前阶段的任务》、《与中外记者团的谈话》等 12 篇；卷三收《论持久战》、《抗日游击战争的战略问题》2 篇；卷四收《经济问题与财政问题》、《论合作社》等 3 篇；卷五收《反对自由主义》、《反对党八股》等 7 篇。1947 年再版、3 版增收《“共产党人”发刊词》。附录：《湖南农民运动考察报告》、《中国共产党红军第四军第九次代表大会决议案》。

毛泽东的人生观与作风

张如心著。冀中新华书店，1947 年 10 月。95 页，18cm。JF0996/A841.63

中原新华书店，1949 年 2 月。86 页，18cm。JF0997/A841.63

提要：这是 1946 年作者在华北联合大学及张家口市青年讲座上的几个演讲汇编。此书基本上阐明了毛泽东的人生观、思想方法、工作作风和科学预见中若干方面的基本特点。

社会民主党在民主革命中的两个策略

（苏）列宁著；曹葆华译。［平山］，晋察冀新华书店，1947 年 10 月。204 页，18cm。JF0181/A222

提要：内分紧急的政治问题、俄国社会民主工党第三次代表大会关于临时革命政府的决议给了我们什么、何谓“革命对沙皇制度的澈底胜利”、君主制度的肃清与共和国、应当怎样“把革命推向前进”、在与资产阶级的不澈底性斗争时使无产阶级束缚手足的危险从何而来、“驱逐保守派于政府之外”的策略、“解放派”与新“火星派”、在革命时代为极端反对派是什么意思等 13 章。有著者序言。书后有注释及报纸杂志索引。

无政府主义还是社会主义

（苏）斯大林著；曹葆华译。［平山］，晋察冀新华书店，1947 年 10 月。109 页，18cm。JF0081/A326

解放社，1949 年。148 页，18cm。JF0226/A326

提要：本书是 1906 年前后，斯大林在外高加索地区与无政府主义者进行论战时，用乔治亚文写就并发表的一系列论文，译成俄文首见于 1946 年编印的《斯大林全集》，主要讲述马克思主义三个基本问题：辩证法、唯物论和无产阶级社会主义。本书译自乔治亚文、俄文两种版本，二者内容差别不大，但文章布局、字句表述大有不同。

向列宁学习工作方法

（苏）纳·克鲁普斯卡娅著。哈尔滨，东北书店，1947 年 10 月。116 页，18cm。JF0178/A735

［平山］，华北新华书店，1947 年。113 页，18cm。JF0024/A735

哈尔滨，东北书店，1948 年 11 月。116 页，18cm。JF0553/A735。

［长治］，太岳新华书店，1948 年 11 月。132 页，18cm。JF0459/A735

［沈阳］，东北新华书店，1949 年。116 页，19cm。JF0598/A735

［北京］，三联书店，1950 年。196 页，17cm。JF0092/A735

提要：本文集收入《列宁的科学工作方法问题》、《列宁是怎样研究马克思著作的》、《列宁是个宣传家和鼓动家》、《列宁是党刊物底编辑者和组织者》、《工人刊物底组织作用》、《列宁论善于写工农群众读物的技能》、《怎样来写群众读的党的书籍》、《在全苏联工农通讯员会议的报告》、《群众监督与工人通讯员》、《我们要向依里奇学习》、《培养列宁主义者(在苏俄列宁共产主义青年团第六次代表大会上的演讲辞)》、《如何研究列宁主义》等12篇文章。卷首有著者小传。

克鲁普斯卡娅(1869—1939),苏联教育家、无产阶级政治活动家,列宁的夫人。她一生致力于马克思主义教育科学研究,并从事相关教育领导工作,著有《国民教育和民主主义》、《克鲁普斯卡娅教育文选》等。

论查田运动

毛泽东著。[平山],中共晋察冀中央局,1947年11月。29页,17cm。JF0235/A42

[平山],晋察冀新华书店,1947年11月。29页,18cm。JF0073/A42

[平山],中共晋察冀中央局,1947年。29页,18cm。JF0072/A42

提要:本书收《查田运动是广大区域内的中心重大任务》、《在八县查田运动大会上的报告》、《查田运动的初步总结》等3篇文章,是毛泽东同志1933年在江西苏区关于查田运动的工作部署和阶段总结。查田运动是中国共产党领导农民进行土地制度改革的一次政策性强且带有一定复杂性的群众运动,党史学术界对其评价意见有较大分歧。

从一个人看一个新世界

(法)巴比塞著;徐懋庸译。大连,新知书店,1947年12月。252页,19cm。JF0731/A741

大连,新知书店,1949年。284页,19cm。JF0758/A741

提要:本书是斯大林评传,内分沙皇统治下的一个革命者、巨人、铁腕、民族的团结、初层的基石、寄生的战争、伟大的口号、农村、明天做什么、两个世界、把舵的人等11章,记述了1898—1935年斯大林走上革命道路、参加十月革命、对待民族问题、抵御外患、平定内乱、党内斗争、重建经济、领导五年计划试图一国建成社会主义等革命征程,塑造出一位有极大权力、知识渊博、自制力非常且意志刚强的精神领袖。

巴比塞(1873—1935),法国作家。1895年发表《泣妇》、《哀求者》、《地狱》等著作,带有悲观主义色彩。但经过第一次世界大战的洗礼后,其思想和创作有很大改变,创作了《火线》、《光明》、《镣铐》等,革命意识逐步增长。另有专著《左拉》(1932)以及人物传记《斯大林》(1935)等。

斯大林战后言论选集

(苏)斯大林著。[哈尔滨],东北民主联军总政宣传部,1947年12月。79页,19cm。JF0231/A31

提要:共10篇:《一九四六年二月九日在选民大会上的演说》、《驳斥邱吉尔演说的谈话》、《答美联社记者基尔慕尔》、《一九四六年的"五一"文告》、《答英记者威斯的谈话》、《答美记者白理的谈话》、《关于目前国际关系答小罗斯福》、《纪念廿九届红军节命令》、《与史塔生谈话记录》、《莫斯科建城八百周年祝词》。附:《莫洛托夫对选民演说》等5篇。

帝国主义是资本主义底最高阶段

(苏)列宁著;王唯真译。莫斯科,外国文书籍出版局,1947 年。166 页,19cm。JF0015/A22

北平,解放社,1949 年 11 月。173 页,21cm。JF0077/A22

提要:内容见前文《帝国主义——资本主义的最高阶段》条。

恩格斯论《资本论》

闵斯选编;章汉夫、许涤新译。上海,读书出版社,1947 年。160 页,18cm。JF0027/A811.23

提要:此书据 1936 年莫斯科出版的英译本译出,内容为:1.《民主周刊》中的评述(即《卡·马克思〈资本论〉第一卷书评——为〈民主周报〉作》)、2. 为《两周评论》而作的《资本论》评述(即《卡·马克思〈资本论〉书评——为〈双周评论〉作》)、3.《资本论》第二卷序言拔萃(节译《资本论》第二卷序言后半部分)、4.《资本论》第一卷提纲、5.《资本论》第三卷补、6. 对《资本论》第三卷第二十七章的增补。书前有许涤新"译后记"。

湖南农民运动考察报告

毛泽东著。光明书店,1947 年。15 页,18cm。JF0066/A422

[兴县],晋绥新华书店,1947 年。81 页,19cm。JF0068/A422

哈尔滨,东北书店,1948 年。36 页,19cm。JF0067/A422

哈尔滨,东北书店,1948 年。36 页,19cm。JF0155/A422

中原新华书店,1949 年 1 月。31 页,18cm。JF0140/A422

佳木斯,东北书店,1949 年 3 月。36 页,18cm。JF0138/A422

[北平],新华书店,1949 年 6 月。32 页,18cm。JF0230/A422

解放社,1949 年 7 月。37 页,19cm。JF0141/A422

解放社,1949 年。31 页,18cm。JF0139/A422

[1937—1949]年。12 页,19cm。JF0137/A422

提要:1926 年前后,右倾机会主义盛行,人民群众的革命力量被低估,此文是毛泽东为答复当时党内党外对于农民革命斗争的责难而作,他于 1927 年 1—2 月考察湖南湘潭、湘乡、衡山、醴陵、长沙等五个县的农民运动后,指出中国民主革命的中心问题是农民问题,报告评估农民在中国民主革命中的作用,阐明在农村建立革命政权和农民武装的必要性,并在分析农民各个阶层的基础上,提出发动群众、组织群众、依靠群众的革命思想。

列宁

(苏)高尔基著。[哈尔滨],东北书店,1947 年。55 页,19cm。JF0793/A732

[北平],新华书店,1949 年 9 月。80 页,17cm。JF0210/A732

提要:这是 1924 年 2 月列宁逝世后高尔基撰写的回忆录。文章缅怀列宁的教诲,并以生动的艺术形象再现列宁"象真理一样朴素"的伟大人格,歌颂列宁坚定的革命精神和非凡气度。

高尔基(1868—1936),苏联文学家,社会主义现实主义文学奠基人。1929 年 5 月当选为苏共中央委员,1934 年当选为第一任苏联作家协会主席。著有《母亲》、《海燕之歌》、《童年》、《在人间》和《我的大学》、《克里姆·萨姆金的一生》等作品。

马恩列斯毛论农民土地问题

土地问题研究会编。[哈尔滨],东北书店,1947年。341页,19cm。JF0031/A564

[平山],晋察冀新华书店,1947年。216页,18cm。JF0163/A564

提要:摘录马克思、恩格斯、列宁、斯大林、毛泽东原著中有关论述农民与土地问题的篇章,内分封建制度下的农民、资产阶级与农民、无产阶级与农民、中国农民土地问题4个专题。所录文章,均注明出处。附录:毛泽东著《湖南农民运动考察报告》、《〈农村调查〉序言》、《兴国调查》、《长冈乡调查》、《才溪乡调查》等。

毛泽东印象记

许之桢编译。[哈尔滨],东北书店,1947年。62页,图像,18cm。JF0093/A752

哈尔滨,东北书店,[1948]年。62页,18cm。JF0392/A752

提要:文集。第一部分包括《毛泽东同志略传》(萧三)、《这就是毛泽东——中国共产党的领袖》(爱泼斯坦)、《毛泽东印象记》(斯诺)、《毛泽东会见记》(根瑟·斯坦因)、《毛泽东访问记》(斯特朗)等6篇文章。

第二部分是重庆之行特辑,主要记述重庆谈判期间的事。包括《中国人有了一个大救星,这救星就是您》、《"毛泽东万岁"的呼声如雷霆从四面八方轰响而起》、《中苏文协庆祝会上的毛泽东》、《我所知道的毛泽东先生二三事》、《陕甘宁边区人民谈论毛主席》等5篇文章。

许之桢(1898—1964),又名许豪,湖南省汉寿县人。1922年在莫斯科加入中国共产党,1924年回国后任中共武昌地方执行委员会委员、湖北全省总工会工人运动讲习所所长等职。1939年2月担任中共中央干部教育委员会委员,后任马列学院编译部部长。1945年4月至6月作为中直、军直代表团成员出席中共七大。建国后任全国总工会党组成员、秘书长、组织部部长等职。

目前形势和我们的任务

毛泽东著。[平山],华北新华书店,1948年1月。29页,19cm。JF0052/A425

香港,新民主出版社,1948年。26页,19cm。JF0051/A425

[平山],晋察冀新华书店,1948年。38页,18cm。JF0062/A425

[临沂],华东新华书店,1948年。144页,18cm。JF0471/A425

提要:这是1947年12月毛泽东在陕北米脂中共中央会议上所作的报告。当时中国革命浪潮高涨,有望夺取全国胜利,此报告是对当时形势的一种分析和判断。报告在分析和总结全国形势的基础上,提出人民解放战争转入战略进攻后需要解决的政治、经济、军事等方面的政策问题,从而成为中国共产党在解放战争期间政治、军事、经济等方面的纲领性文件。

恩格斯传

(德)古斯达夫·梅尔著;郭大力编译。大连,读书出版社,1948年1月。199页,19cm。JF0812/A721

提要:本书是恩格斯传记,据柏林大学教授古斯达夫·梅尔于1936年在伦敦出版的本子编译,全文采取意译的方式,通俗易懂,有部分删节。本书回顾了恩格斯一生的经历,赞扬其在马克思主义理论上的贡献以及他的自我牺牲、甘当配角、勇敢谦逊等高尚品德。

拿破仑第三政变记

(德)马克思著;柯柏年译。解放社,1948 年 8 月。166 页,18cm。JF0883/A122

解放社,1948 年 11 月。166 页,18cm。JF0143/A122

华东新华书店,1949 年 4 月。166 页,18cm。JF0884/A122

提要:另有译名《路易 · 波拿巴的雾月十八日》,运用唯物史观,围绕拿破仑的侄子路易 · 波拿巴于 1851 年 12 月 2 日发动政变这一事件,分析法国农民、工人、资产阶级民主派、共和派之间错综复杂的政治斗争乱象,同时总结 1848—1851 年法国革命的历史经验,通过对法国革命形势的分析,指明当时世界各国的共同发展趋势,并且第一次提出了工人阶级必须和农民阶级团结起来共同粉碎资产阶级国家机器这个重要理论。

本书根据英文本并对照德文本译出,根据俄文本、英文本并参照德文本校对,包括正文以及两篇宣言。附录:《一八四八至一八五二年法国大事记年表》。每章开头译者加了内容提要,附注释。(译者介绍见《辩证法的逻辑》)

从猿到人

(德)恩格斯著;曹葆华、于光远译。解放社,1948 年 9 月。26 页,18cm。JF0172/A169. 3

解放社,1949 年。25 页,18cm。JF0169/A169. 3

[北京],解放社,1950 年。25 页,18cm。JF0170/A169. 3

提要:另有译名《劳动在从猿到人转变过程中的作用》,提出劳动创造人类理论,论述从猿到人的转变过程,指出从学会直立行走到制造工具、体质发展,人类从动物状态中脱离出来的根本原因是劳动,人和动物的本质区别也是劳动。恩格斯把生活在树上的古猿称为“攀树的猿群”,把从猿到人过渡期间的生物称作“正在形成中的人”,而把能够制造工具的人称作“完全形成的人”。

列宁的故事

(苏)考瑙瑙夫著;愚卿译。[临沂],华东新华书店,1948 年 9 月。113 页,18cm。JF0723/A732

提要:内收《列宁讲话的力量》、《寿沙河边》、《列宁写的呈子》、《五月》、《被捕》、《危险的路程》、《回俄国去》、《红军底诞生》、《最主要的》、《七月间》、《拉兹里夫湖边》等 28 个小故事,反映列宁的革命生活及其领袖气质。

列宁主义问题:第一分册

(苏)斯大林著;唯真译。解放社,1948 年 9 月。155 页,17cm。JF0208/A361

提要:本分册收入《论列宁主义基础》、《十月革命与俄国共产党人底策略》两篇文章。

中国革命与中国共产党

毛泽东著。[平山],华北新华书店,1948 年 9 月。39 页,18cm。JF0241/A424

[菏泽],华东新华书店,1948 年。36 页,18cm。JF0006/A424

[烟台],华东新华书店胶东分店,1949年3月。34页,14cm。JF0308/A424

[淮安],华中新华书店,1949年4月。26页,17cm。JF0121/A424

沈阳,东北新华书店,1949年7月。29页,18cm。JF0240/A424

[北平],华北新华书店,1949年。39页,18cm。JF0042/A424

[安东],辽东建国书社,[1939—1949]年。30页,18cm。JF0252/A424

[北平],中外出版社,[1939—1949]年。34页,18cm。JF0238/A424

[正定],华北大学,[1949]年。35页,18cm。JF0246/A424

新华书店晋南分店,[1937—1949]年。34页,18cm。JF0368/A424

提要:本书原是1939年12月毛泽东主持撰写的一个课本。第一章《中国社会》,经毛泽东修改。第二章《中国革命》,由毛泽东亲自撰写。第三章,计划写《党的建设》,因担任写作的同志没有完稿而停止。第一章着重分析中国近代半殖民地半封建社会的特点和主要矛盾。第二章在回顾近百年来的革命运动的基础上,分析中国革命对象、任务、动力、性质、特点和前途,指出中国革命具有长期性和残酷性,革命的主要形式必须是武装斗争;革命力量只能在农村建立根据地;中国革命有可能在农村建立根据地,走农村包围城市、最后夺取全国政权的道路。

列宁选集:第16卷

(苏)列宁著。[临沂],华东新华书店,1948年10月。409页,17cm。JF0183/A21

[临沂],华东新华书店,1948年。409页,18cm。JF0128/A21

[沈阳],东北书店,1949年4月。389页,图像,19cm。JF0190/A21

提要:收20篇文章,有《论粮食税》、《在运输工人全俄代表大会上的演说》、《论清党》、《论新经济政策》等。

思想方法论

马恩列斯思想方法论编辑委员会辑。[安东],东北书店,1948年10月。341页,19cm。JF0188/A563

哈尔滨,东北书店,1948年。341页,19cm。JF0037/A563

哈尔滨,东北书店,1948年。341页,18cm。JF0279/A563

[菏泽],冀鲁豫新华书店,1949年6月。300页,18cm。JF0124/A563

北京,解放社,1949年9月。446页,21cm。JF0048/A563

北京,解放社,1949年。446页,20cm。JF0046/A563

提要:本书是在延安整风时期关于反对主观主义、反对宗派主义、反对党八股的号召下编纂而成,目的是使学习者能系统掌握马克思、恩格斯、列宁、斯大林的思想方法,主要包括马克思主义的历史特点、理论与实际、历史科学的创造、国际经验、民族特点、革命传说等内容,并以毛泽东《改造我们的学习》代序。

辩证唯物主义与历史唯物主义

(苏)斯大林著。佳木斯,东北书店,1948年11月。40页,18cm。JF0262/A326

解放社,1949年。58页,18cm。JF0162/A326

提要:本书是莫斯科外国文书籍出版局1939年中文版《苏联共产党(波)历史简要读本》(简称

《联共党史》)的节选,总结马克思列宁主义自列宁写《唯物主义与经验批评主义》时起30年间的发展情况。这期间无产阶级斗争形势改变、十月革命胜利、苏联社会主义建成,结合这些成就和经验,斯大林进一步阐明了马克思列宁主义哲学的基本问题和主要原理。

全世界革命力量团结起来反对帝国主义的侵略

毛泽东著。[延安],陕甘宁边区新华书店,1948年11月。9页,18cm。JF0053/A42

河北,冀东日报社,1948年11月。19页,18cm。JF0054/A42

哈尔滨,东北书店,1948年11月。8页,18cm。JF0055/A42

[北平],华北新华书店,1949年3月。9页,18cm。JF0056/A42

提要:这是毛泽东为欧洲共产党和工人党情报局机关刊物《争取持久和平,争取人民民主!》所写的纪念十月革命31周年的论文,指出十月革命给世界人民解放事业开辟了广大的可能性和现实的道路,号召全世界工人阶级和被压迫民族的革命力量团结起来,组成以苏联为首的反对帝国主义的统一战线来取得胜利。

土地问题理论:上卷

(苏)列宁著;曹葆华译。解放社,1948年11月。259页,18cm。JF0360/A266

解放社,1949年11月。259页,17cm。JF0232/A266

山东,新华书店(翻印),1949年。268页,18cm。JF0154/A266

解放社,1949年。259页,18cm。JF0044/A266

解放社,1949年。259页,17cm。JF0084/A266

提要:内分《农业中的资本主义》、《土地问题与"马克思的批判家"》两部分。

第一部分是关于考茨基的书与布尔加科夫先生的论文,文章批判了布尔加科夫《论农业资本主义进化问题》一文对考茨基《土地问题》一书的质疑和批评,维护马克思关于资本主义在农业中的历史进步作用的思想,驳斥布尔加科夫关于小农经济富有生命力的错误观点,指出资本主义制度下农业小生产日益破产,群众贫困化和农业危机不可避免。

第二部分批判"合法马克思主义者"和修正主义者的观点,根据俄国和西欧各国农业发展的新材料,证明马克思关于资本主义发展规律的学说,不仅适用于工业,也适用于农业。

论民族问题

(苏)斯大林著。佳木斯,东北书店,1948年12月。217页,18cm。JF0355/A364

提要:内收《马克思主义与民族问题》、《关于民族问题的报告》、《十月革命与民族问题》、《党在民族问题方面的迫切任务》、《论民族问题的提法》、《论各苏维埃共和国的联合》等24篇。为斯大林1913—1934年间关于民族问题的言论。附:《联共(布)关于民族问题的决议》摘要等5篇。

中国革命战争的战略问题

毛泽东著。哈尔滨,东北书店,1948年12月。70页,图,18cm。JF0213/A423

[哈尔滨],东北书店,1948年。70页,图,19cm。JF0108/A423

大连,大众书店,1948年。61页,18cm。JF0010/A423

[哈尔滨],东北书店,1948 年。70 页,图,18cm。JF0091/A423

华东新华书店,1949 年 4 月。81 页,图,17cm。JF0110/A423

中原新华书店,1949 年。58 页,18cm。JF0085/A423

[扬州],苏北新华书店,1949 年。65 页,18cm。JF0086/A423

上海,新华书店,1949 年。76 页,19cm。JF0040/A423

提要:该文是毛泽东 1936 年 12 月在中国抗日红军大学的讲演,文章总结土地革命战争的经验,批判王明的"左"倾机会主义错误,并运用唯物辩证法系统地阐明有关中国革命战争战略方面的诸问题。共分 5 章:如何研究战争、中国共产党与中国革命战争、中国革命战争的特点、围剿与反围剿、战略防御。

列宁的母亲

(苏)高福纳托尔著。哈尔滨,东北书店,1948 年。54 页,19cm。JF0734/A735

提要:本书是关于列宁母亲玛利亚的传记资料,展示其生平经历和坎坷一生。本书认为,玛利亚是一位不为任何忧患所摧折的高尚人物,她刚毅不屈、坚毅果敢、人品超群,对于子女的革命活动倾注充分的理解和支持,是一位伟大的母亲。

列宁和人民

(苏)考瑙瑙夫著。大连,光华书店,1948 年。126 页,18cm。JF0875/A732

提要:与前书《列宁的故事》内容基本一致。内收《寿沙河边》、《列宁写的呈子》、《五月》、《被捕》、《危险的路程》、《回俄国去》、《欢迎》、《七月间》、《拉兹里夫湖边》、《一棵大树》、《美丽的狐狸》等 25 个小故事,反映列宁的革命生活及其领袖气质。

列宁斯大林论宣传鼓动选录

中国人民解放军东北军区政治部编辑。[哈尔滨],中国人民解放军东北军区政治部,1948 年。46 页,18cm。JF0168/A56

提要:本书是列宁、斯大林有关宣传鼓动的论著以及叙述他们怎么进行宣传工作的文章的摘录汇编,用以提高党内宣教工作干部的理论水平和业务知识。内容包括论宣传鼓动工作的重要、论宣传工作的方法、论宣讲家的修养、论理论的重要、论学习等 5 章。

列宁主义概论

(苏)斯大林著。[宝丰],中原新华书店,1948 年。155 页,18cm。JF0049/A323

解放社,1949 年 8 月。194 页,18cm。JF0211/A323

苏北,苏北新华书店,1949 年 8 月。164 页,18cm。JF0212/A323。

太行新华书店,1949 年。232 页,18cm。JF0171/A323

[北平],华北军区政治部(据解放社版翻印),1949 年。196 页,18cm。JF0050/A323

提要:干部必读。收入《关于列宁主义底基础——1924 年 4 月初在斯维尔德洛夫大学里的讲演》、《关于列宁主义问题》两篇文章,系统论述列宁主义基本问题。

列宁主义问题：第二分册

（苏）斯大林著；唯真译。解放社，1948年。274页，17cm。JF0002/A361

提要：第二分册收《论列宁主义底几个问题》、《论党在农民问题上的三个基本口号》等4篇文章。

毛泽东自传

（美）爱德迦·史诺（Edgar Snow）笔录；方霖译。香港，新民主出版社，1948年。56页，19cm。972/781

提要：美国记者史诺在1936年6月至10月访问陕北革命根据地，根据采访结合自己所见创作出《红星照耀中国》（亦名《西行漫记》）。其中毛泽东谈他个人生平经历的部分曾在英文杂志*ASIA*上连载，后被多次译成中文编印成册单独发行。正文包括少年时代、长沙时代、革命的前奏、国民革命时代、新政权运动、红军之成长等六章。封面及题名页题有附录《中国共产党年表》，但本册实际上没有。正文前有译者记。

史诺（1905—1972），通译斯诺，美国著名记者和作家。1928年来中国，曾任欧美几家报社驻华记者、通讯员，并一度兼任北平燕京大学新闻系讲师。1936年6月斯诺访问陕甘宁边区，写了大量通讯报道，成为第一个采访红区的西方记者。抗日战争爆发后，又任《每日先驱报》和美国《星期六晚邮报》驻华战地记者。1942年去中亚和苏联前线采访，离开中国。新中国成立后，曾三次来华访问。著有《红星照耀中国》（《西行漫记》）、《红区内幕》（《续西行漫记》）等著作。

毛泽东传

（美）史诺著。远东书店，[1948]年。79页，13cm。JF0012/A751

提要：《毛泽东自传》的又一译本。

毛泽东的思想及作风

张如心著。佳木斯，东北书店，1948年。101页，18cm。JF0160/A751

提要：收中国人民伟大领袖毛泽东同志略历、毛泽东的人生观、毛泽东的科学方法、毛泽东的科学预见、毛泽东的作风5篇文章。后附《人民领袖是怎样爱咱们》等两篇。（作者介绍见《论毛泽东》）

毛泽东同志在延安文艺座谈会上的讲话

毛泽东著。哈尔滨，东北书店，1948年。35页，18cm。JF0115/A42

真理社，[1937—1949]年。34页，19cm。JF0107/A42

提要：这是毛泽东1942年5月在延安举行的文艺座谈会上的讲话。包括5月2日所作引言和5月23日所作结论两部分，1943年10月19日在延安《解放日报》正式发表。这个讲话旨在解决中国无产阶级文艺发展道路上遇到的理论和实践问题，诸如党的文艺工作和党的整个工作的关系问题，明确提出“文艺为工农兵服务”的方针，强调文艺工作者必须到群众中去、到斗争中去。

毛泽东选集：上册

毛泽东著。[平山]，中共晋冀鲁豫中央局，1948年。512页，肖像，25cm。JF0119/A41

提要:辑 1927 年 3 月—1945 年 8 月 9 日期间的著作共 45 篇。分大革命时期、内战时期、抗战以来 3 部分,包括《湖南农民运动考察报告》、《井冈山前委对中央的报告》、《长冈乡调查》、《中国革命战争的战略问题》、《论反对日本帝国主义进攻的方针办法与前途》、《反对自由主义》、《论持久战》、《统一战线中的独立自主问题》、《当前时局的最大危机》、《中国革命与中国共产党》、《新民主主义论》、《反对党八股》、《论联合政府》、《关于抗战最后阶段的声明》等。

毛泽东选集:下册

毛泽东著。[平山],中共晋冀鲁豫中央局,1948 年。[523]页,肖像,25cm。JF0120/A41

[平山],中共晋冀鲁豫中央局,1948 年。522 页,图像,25cm。JF0064/A41

提要:内容见上册提要。

毛泽东选集:1 -6 卷

毛泽东著。[哈尔滨],[东北书店],1948 年。999 页,22cm。JF0065/A41

哈尔滨,东北书店,1948 年。999 页,肖像,22cm。JF0116/A41

哈尔滨,东北书店,1948 年。999 页,肖像,22cm。JF0117/A41

提要:第 1 卷收 5 篇,有《湖南农民运动考察报告》、《长冈乡调查》等;第 2 卷收 8 篇,有《统一战线中的独立自主问题》、《新民主主义论》、《中国革命与中国共产党》、《论联合政府》等;第 3 卷收 19 篇,有《中国抗日民族统一战线在目前阶段的任务》、《论反对日本帝国主义进攻的方针办法与前途》、《一九四五年的任务》等;第 4 卷收 6 篇,有《井冈山前委对中央的报告》、《抗日游击战争的战略问题》、《论持久战》等;第 5 卷有《经济问题与财政问题》、《论合作社》等;第 6 卷有《中国共产党在民族战争中的地位》、《反对自由主义》、《在延安文艺座谈会上的讲话》、《文教统一战线方针》等。叶剑英称赞东北书店版的《毛泽东选集》是解放区出版的最好的一部精装本。

唯物论与经验批判论

(苏)列宁著;曹葆华译。[平山],华北新华书店,1948 年。815 页,图,18cm。JF0276/A223

东北书店,[1937—1949]年。367 页,23cm。JF0291/A223

提要:另有译名《唯物主义和经验批判主义》。20 世纪初,第二国际机会主义者用主观唯心主义的新形式"经验批判主义"(也称"马赫主义")来修正马克思主义,这是列宁批判经验批判主义哲学思潮、阐述辩证唯物主义认识论的一部论战性著作,书中阐明辩证唯物主义真理论,论证真理的客观性以及绝对真理与相对真理的辩证关系,提出生活、实践的观点是认识论的首先的和基本的观点。

写成于 1908 年,1930 年笛秋和朱铁笙将它首次译成中文,由上海明日书店出版发行;1932 年上海神州国光社出版了傅子东的译本;1947 年华北新华书店出版了曹葆华的译本;1949 年上海生活·读书·新知联合发行所出版了陈晓时的译本。

唯物论与经验批判论:下册

(苏)列宁著;曹葆华译。

[平山],华北新华书店,1948年。[415]页,图,18cm。JF0180/A223

[平山],华北新华书店,1948年。[415]页,图,19cm。JF0032/A223

提要:即《唯物主义和经验批判主义》。书前冠:《列宁底"唯物论与经验批判论"——党的斗争底文件》(尤金);正文内及附注有引用的书目;书末附人名索引。

游击战争的战略问题

毛泽东著。香港,新民主出版社,1948年。34页,肖像,19cm。JF0041/A424

提要:即《抗日游击战争的战略问题》。抗日战争爆发后,相对于国民党军队的正规作战,游击战争的作用、影响遭到普遍质疑和轻视,为回答和解决中国共产党所领导的军队要不要坚持和怎样坚持独立自主的游击战争的问题,统一和提高全党全军对抗日游击战略地位的认识,毛泽东写下这篇文章。文章论述游击战争的必然性和必要性,并在此基础上,阐明抗日游击战争的6个具体战略问题:(1)主动地、灵活地、有计划地执行防御战中的进攻战,持久战中的速决战和内线作战中的外线作战;(2)和正规战争相配合;(3)建立根据地;(4)战略防御和战略进攻;(5)向运动战发展;(6)正确的指挥关系。

新民主主义论

毛泽东著。中原新华书店,1949年1月。40页,18cm。JF0248/A424

北平,1949年2月。36页,18cm。JF0159/A424

[石家庄],华北新华书店,1949年2月。71页,18cm。JF0249/A424

[菏泽],冀鲁豫新华书店,1949年6月。61页,18cm。JF0250/A424

解放社,1949年。71页,18cm。JF0035/A424

新华书店,1949年。44页,18cm。JF0036/A424

上海,新华书店,1949年。46页,18cm。JF0087/A424

解放社,1949年。71页,17cm。JF0088/A424

新唐山日报社,1949年。43页,18cm。JF0089/A424

山东,山东新华书店,1949年。54页,18cm。JF0039/A424

东北书店,1949年。80页,图像,17cm。JF0011/A424

[北京],中国大辞典编纂处,1949年。85页,18cm。JF0098/A424

陕甘宁边区新华书店,1949年。75页,18cm。JF0251/A424

上海,长江出版社,1949年。53页,18cm。JF0447/A424

[1937—1949]年。50页,18cm。JF0186/A424

华北第一监狱印,[1940—1949]。50页,18cm。JF0147/A424

[1940—1949]年。49页,17cm。JF0174/A424

提要:这是毛泽东1940年1月在陕甘宁边区文化协会第一次代表大会上的讲演,原题为《新民主主义的政治与新民主主义的文化》。该文在分析半殖民地半封建的中国社会的特点及其基本矛盾后指出:中国革命必须分两步走,第一步是民主主义的革命,第二步是社会主义的革命;提出新民主主义革命总路线以及相应的政治、经济、文化纲领,描绘出新民主主义社会的蓝图。在1940年

2月15日出版的《中国文化》第1期上发表时，题目改为《新民主主义论》。1940年3月，延安解放社出版最早的单行本。

法兰西内战

(德)马克思著；吴黎平，刘云译。大连，生活书店，1949年3月。153页，18cm。JF0214/A123

提要：本书是马克思于1871年4—5月为国际工人协会总委员会所写的就巴黎公社问题致欧洲和美国全体会员的宣言，分析巴黎公社的发展过程和历史意义，总结巴黎公社历史经验，发展了马克思主义关于无产阶级革命和无产阶级专政的学说。

本书还包括恩格斯写的《卡·马克思〈法兰西内战〉》一书导言、马克思写的国际工人协会总委员会关于普法战争的两篇宣言。书后附马克思致路·库格曼论及巴黎公社的信(两封)和列宁在《卡·马克思致路·库格曼书信集俄译文序言》中论巴黎公社的摘录。

列宁选集：第1卷

(苏)列宁著。[沈阳]，东北书店，1949年3月。342页，图像，18cm。JF0016/A21

提要：内收2篇文章：《十九世纪末期俄国底土地问题》、《俄国资本主义底发展》。

毛泽东的故事

1949年3月。33页，18cm。JF0713/A752

提要：内容与前文《毛泽东故事选》基本相同，顺序有所改变。

德国的革命与反革命

(德)恩格斯著；柯柏年译。解放社，1949年4月。212页，18cm。JF0177/A12

提要：《革命与反革命》的又一译本。

列宁传

(苏)凯尔任采夫著；仝程、朔望译。大连，读书出版社，1949年4月。366页，19cm。JF0819/A731

提要：本书是列宁的传记资料，译自苏联外国工人出版社1937年出版的英文本，该英文本据俄文本第2版修正本翻译。本书含乌里亚诺夫底家庭、西伯利亚的放逐、火星报、世界大战、在彼得格勒、为和平而斗争、在敌人包围中、晚年、人·革命家·领袖等23个章节。

毛泽东论知识分子

毛泽东著。教育出版社，1949年4月。34页，18cm。JF0233/A464

提要：这是毛泽东关于如何对待知识分子的资料汇编，主要观点是：共产党必须善于吸收知识分子，有区分地正确对待知识分子，进而发展革命的文化运动、建立广泛的统一战线；人民的政府应有计划地从广大人民中培养各类知识分子干部，并注意团结和教育现有一切有用的知识分子，对其改造，造就无产阶级自己的知识分子队伍。附《任弼时论知识分子》(任弼时)，《夏衍论脑力劳动者的道路》(夏衍)。

列宁文选:第6册

(苏)列宁著。解放社,1949年5月。371页,17cm。JF0182/A21

提要:内收《论粮食税》、《论清党》、《十月革命四周年》、《新时光、新形式的旧错误》、《论合作制》、《宁肯少些,但要好些》等21篇文章。

论文艺问题:在延安文艺座谈会上的讲话

毛泽东著。上海,新华书店,1949年5月。31页,19cm。JF0818/A424

提要:内容与《在延安文艺座谈会上的讲话》相同。

列宁文选:第5册

(苏)列宁著。解放社,1949年6月。713页,18cm。JF0199/A21

提要:内收《论饥荒》、《致各省县苏维埃电》、《告红军士兵同志们》、《与燃烧恐慌作斗争》、《论劳动纪律》、《土地问题提纲初稿》等21篇文章。

在延安文艺座谈会上的讲话

毛泽东著。解放社,1949年6月。46页,17cm。JF0101/A424

[汉口],中原新华书店,1949年6月。27页,18cm。JF0118/A424

上海,新华书店,1949年7月。33页,18cm。JF0013/A424

[扬州],苏北新华书店,1949年8月。27页,18cm。JF0074/A424

[北京],解放社,1950年。46页,17cm。JF0153/A424

[北京],解放社,1950年5月。46页,17cm。JF0165/A424

提要:这是毛泽东1942年5月在延安举行的文艺座谈会上的讲话。包括5月2日所作引言和5月23日所作结论两部分,1943年10月19日在延安《解放日报》正式发表。这个讲话旨在解决中国无产阶级文艺发展道路上遇到的理论和实践问题,诸如党的文艺工作和党的整体工作的关系问题,明确提出文艺为工农兵服务的方针,强调文艺工作者必须到群众中去、到斗争中去。

列宁

明之著。长春,新中国书局,1949年7月。66页,冠像,18cm。JF0762/A732

提要:内分他是谁、他的幼年、在学校里、走进了革命、在牢狱中和流放地、他领导着革命前进、向全世界号召、一九一七年、对敌人能够宽容吗、他永远活着等10节,简要介绍列宁的生平事迹、主要功绩和重要思想。

论人民民主专政

毛泽东著。解放社,1949年7月。21页,18cm。JF0058/A42

[西安],群众日报社,1949年7月。18页,18cm。JF0060/A42

[济南],山东新华书店,1949年8月。21页,18cm。JF0061/A42

［扬州］，苏北新华书店，1949 年 8 月。21 页，18cm。JF0059/A42

［北京］，新华书店，1949 年 10 月。21 页，18cm。JF0014/A42

广州，新华书店，1949 年 10 月。21 页，18cm。JF0158/A42

莫斯科，外国文书籍出版局，1949 年。15 页，20cm。JF0142/A42

［1949］年。16 页，19cm。JF1060/A425

提要：这是 1949 年 6 月全国性政权即将建立之际，毛泽东为纪念中国共产党成立二十八周年而写的一篇论文。文章根据马克思主义国家学说，结合中国实际，论述即将成立的中华人民共和国人民民主专政的国家性质，各阶级在国家中的地位及其相互关系，国家对内、对外政策等。

农民运动与农村调查

毛泽东著。香港，新民主出版社，1949 年 7 月。184 页，18cm。JF0109/A46

提要：目次：1、湖南农民运动考察报告，2、兴国调查，3、长冈乡调查，4、才溪乡调查，5、农村调查序言二。

中国共产党红军第四军第九次代表大会决议案：一九二九年十二月闽西古田会议

毛泽东著。上海，新华书店，1949 年 7 月。48 页，18cm。JF0070/A42

山东，山东新华书店，1949 年。48 页，18cm。JF0069/A42

［扬州］，苏北新华书店，1949 年。42 页，18cm。JF0071/A42

提要：这是 1929 年 12 月召开的古田会议决议。会议总结南昌起义以来红军建设经验，指出红四军党内各种非无产阶级思想的表现、来源及纠正方法，强调要把党的思想建设放在首位，坚持以无产阶级思想来建设党和人民军队，阐明党对军队的绝对领导权。此决议奠定军队政治工作的基础，是中国共产党和红军建设的纲领性文献。

忆列宁

（苏）高尔基著；蒋路译。上海，时代出版社，1949 年 8 月。122 页，19cm。JF0244/A732

提要：照片，特写集。本书包括作者在列宁逝世后所写的 15 篇特写，生动地描绘了列宁光辉的斗争生活和亲切可爱的领袖形象。书末附列宁给高尔基的 15 封信。（作者介绍见《列宁》）

列宁斯大林论社会主义经济建设：上册

解放社编辑部编。北京，解放社编辑部，1949 年 9 月。614 页，20cm。JF0422/A266

北京，解放社编辑部，1949 年 12 月。614 页，20cm。JF0424/A266

北京，解放社编辑部，1949 年。618 页，21cm。JF0033/A266

提要：干部必读资料。收列宁 1917 年 9 月至 1923 年 3 月所作有关苏维埃社会主义经济建设的论文、报告 28 篇，包括：《灾祸临头和防止之法》、《关于工人监督条例草案》、《关于国民经济社会化的法令草案》、《关于消费公社之命令、草案》、《怎样组织比赛》等；斯大林 1925 年所作《论新经济政策及国家资本主义》等报告 3 篇。末附“简要注释”。

列宁斯大林论社会主义经济建设:下册

解放社编辑部编。

北京,解放社编辑部,1949年12月。741页,20cm。JF0423/A266

北京,解放社,1949年12月。741页,21cm。JF0047/A566

提要:干部必读资料。包括1926年3月至1938年5月斯大林所作有关社会主义国家工业化、农业集体化等问题的论文、报告共32篇。

列宁选集:第17卷

(苏)列宁著。东北新华书店,1949年9月。268页,18cm。JF0197/A21

提要:收24篇文章,包括新经济政策、论社会主义劳动等4方面。

费儿巴赫

(德)恩格斯著;曹真译。上海,文源出版社,1949年10月。65页,19cm。JF0257/A124

提要:通称《费尔巴哈论》(又名《机械论的唯物论批判》),以浓缩的形式再现唯物主义的发展历程,概述黑格尔到马克思这一段时期哲学思想上的进化,审视和批判旧唯物主义的局限性和唯心主义的错误,阐述现代唯物主义的基本精神。附录:马克思《费儿巴赫论纲要》(通称《关于费尔巴哈的提纲》),主要阐述马克思实践的观点,以及人是一切社会关系总和的观点。

列宁论检察制度与监察工作

(苏)列宁著。[北京],新华书店,1949年10月。54页,18cm。JF0239/A266

提要:收列宁关于检察制度与监察工作问题的文章,包括《论〈两重〉从属制与法制》、《怎样改组工农检察院》、《宁肯少些,但要好些》三篇,另有附录《工农检查人民委员部》,译自《苏联小百科辞典》词条,介绍其成立背景、性质和机构组织等。

列宁家书集

徐懋庸译。上海,三联书店,1949年11月。476页,18cm。JF0229/A23

提要:本书收录1893—1917年列宁从西伯利亚或者外国寄给他的母亲和姐妹们的书信的一部分,反映出列宁生活化的一面。正文前有巴比塞的长篇序言,介绍书信寄送背景、主要内容、写作特点以及阅读时需要注意的地方等。

徐懋庸(1911—1977),原名徐茂荣,浙江上虞人。早年参加大革命运动,1934年参加中国左翼作家联盟,写作的杂文笔法犀利,揭露时弊不留情面。1938年赴延安,同年加入中国共产党,后任抗日军政大学政教科科长,晋冀鲁豫边区文联主任、冀察热辽联大校长等职。建国后,任中共武汉大学党委书记、副校长,中南文化部副部长、教育部副部长等职。著有《徐懋庸杂文集》、《徐懋庸回忆录》等。

论列宁主义基础

(苏)斯大林著。北京,解放社,1949年11月。127页,20cm。JF0019/A361

莫斯科,外国文书籍出版局,1949 年。200 页,肖像,20cm。JF0021/A361

解放社,1949 年。127 页,21cm。JF0023/A361

莫斯科,外国文书籍出版局,1950 年。200 页,肖像,20cm。JF0022/A361

提要:1924 年 1 月列宁病逝后,联共(布)在全国范围内开始大力宣传列宁主义。本文是 1924 年 4 月斯大林在斯维尔德洛夫大学的讲演稿,定义列宁主义是帝国主义和无产阶级革命时代的马克思主义,认为列宁在新的历史条件下对马克思主义发展做出多方面贡献,并成功指引俄国人民建立了世界上第一个社会主义国家并取得社会主义建设的巨大成就,开辟了人类历史新纪元。正文分列宁主义底历史根源、方法、理论、无产阶级专政、农民问题、民族问题、党、工作作风等 9 个部分。

马恩列斯思想方法论

[马恩列斯思想方法论编辑委员会]辑。北京,解放社,1949 年 11 月。446 页,20cm。JF0217/A563

[北京],解放社,1950 年 4 月。443 页,21cm。JF0294/A563

新华书店,[1942—1949]年。[428]页,18cm。JF0521/A563

提要:内容与《思想方法论》基本相同。

社会主义从空想到科学的发展

(德)恩格斯著。北京,解放社,1949 年 11 月。108 页,20cm。JF0179/A122

[正定],华北大学,1949 年。127 页,19cm。JF0475/A122

[北京],解放社,1950 年。107 页,21cm。JF0476/A122

提要:这是一部阐述科学社会主义的思想来源、理论基础和基本原理的著作。它指出空想社会主义是科学社会主义的直接思想来源;唯物史观和剩余价值学说两大理论的发现使社会主义从空想变成了科学;资本主义基本矛盾的发展导致社会主义必然代替资本主义,并预测出未来新社会的基本经济特征。

马恩列斯论妇女解放

全国民主妇女联合会筹备委员会辑。北京,新华书店,1949 年 12 月。109 页,肖像,18cm。JF0243/A564

提要:内收《论家族形态之发展》(节录恩格斯《家族私有财产及国家之起源》第二章)、《论资本阶级的家庭》(摘自马克思、恩格斯《共产党宣言》)、《苏维埃共和国女工运动的任务》、《国际劳动妇女节》(列宁)、《集体农庄对妇女解放之作用与意义》(摘录斯大林《在全苏联集体农庄突击队员第一次代表大会上的演说》)等 8 篇。附录:高尔诺夫斯基《共产主义道德问题》。

斯大林论苏联伟大卫国战争

(苏)斯大林著。上海,时代出版社,1949 年 12 月。176 页,照片,20cm。JF0247/A36

莫斯科,外国文书籍出版局,1949 年。174 页,20cm。JF0228/A36

提要:1941 年 6 月 22 日,希特勒撕毁《苏德互不侵犯条约》闪电突袭苏联,7 月 3 日,斯大林向苏联人民发表广播演说，号召全体苏联人民团结起来，全力以赴坚决抗战，苏联卫国战争全面爆发。1945年5月2日苏联占领德国柏林，5月8日，德国举行无条件投降仪式，苏德战争就此结束。本书收录1941年7月至1945年9月斯大林关于卫国战争的广播演说、总司令命令、告民众书、答记者问、阅军讲话、纪念致辞等内容，表达出与法西斯做殊死斗争、决不后退的主张以及抗战必胜的决心。

德国农民战争

(德)恩格斯著；钱亦石译。解放社，1949年。237页，17cm。JF0001/ A122

[大连]，生活书店，1949年。248页，19cm。JF0029/ A122。

提要：1848—1849年德国革命失败以后，为总结革命经验和失败原因，恩格斯于1850年夏秋在伦敦撰写了此书，回顾16世纪德国爆发的农民战争，赞扬德意志民族的革命传统，用以激发革命失败后德国人民的低落情绪；同时运用阶级分析方法，分析德国社会各阶级的地位和作用，指出德国资产阶级具有软弱性和反动性，提出工农联盟思想。正文共7章。另有两篇附录：《1525年德国农民的十二个条件》和《注释17条》。

帝国主义是资本主义的最高阶段

(苏)列宁著。解放社，1949年。1册合订，21cm。JF0596/A22

提要：封面有“干部必读”字样。由《帝国主义是资本主义的最高阶段》、《国家与革命》、《共产主义运动中的“左派”幼稚病》、《论列宁主义基础》合订。

费尔巴哈与德国古典哲学的终结

(德)恩格斯著；张仲实译。北平，解放社，1949年。104页，17cm。JF0161/A124

提要：这是论述马克思主义哲学和黑格尔、费尔巴哈哲学之间的批判继承关系的哲学著作，系统阐述辩证唯物主义和历史唯物主义的基本原理，指出以黑格尔和费尔巴哈为代表的德国古典哲学和19世纪中叶自然科学领域中的三大发现是马克思主义哲学产生的理论来源和自然科学基础。

写于1886年，1888年出版单行本。20世纪20年代末30年代初传入中国，曾出版过林超真、彭嘉生、张仲实等人的6种译本。1936年被国民党政府列为禁书。本版由张仲实据《马克思恩格斯文选》(两卷集)1948年俄文版重新校译。

(译者介绍见《马克思主义基本问题》)

改造我们的学习

毛泽东著。上海，解放社，1949年。48页，18cm。JF0045/A424

[扬州]，苏北新华书店，1949年。39页，18cm。F0096/A424

解放社，1949年。30页，17cm。JF0097/A424

上海，解放社，1950年1月。48页，18cm。JF0151/A424

提要：内收《改造我们的学习》、《整顿学风党风文风》、《反对党八股》三篇文章。

《改造我们的学习》是1941年5月毛泽东在延安高级干部会议上所作的报告，主要针对党内在学风中存在的问题，从研究现状、研究历史、学习马列主义等角度举例说明主观主义的危害，提出改造全党学习方法和学习制度的任务,号召全党坚持理论联系实际,将马克思列宁主义普遍真理和中国革命具体实践相结合,理论和实际相统一。

1942年2月,毛泽东连续发表《整顿党的作风》、《反对党八股》两篇演说,4月中共中央宣传部作出《关于在延安讨论中央决定及毛泽东同志整顿三风报告的决定》,此后各解放区陆续开展整风运动,主要内容是:反对主观主义以整顿学风,反对宗派主义以整顿党风,反对党八股以整顿文风。

哥达纲领批判

(德)马克思著;何思敬、徐冰译。解放社,1949年。137页,18cm。JF0187/A124

提要:原名《德国工人党纲领批注》,是1875年马克思对德国工人运动中的两派即爱森纳赫派和拉萨尔派即将通过的党纲草案作出的批判,但直至1891年才由于恩格斯的坚持而首次在德国社会民主党理论刊物《新时代》上公开发表。它对拉萨尔主义(19世纪德国工人运动中的机会主义思潮)的政治观点、经济观点和策略思想进行批判,同时在关于资本主义向社会主义的过渡时期、关于无产阶级国家的作用和演变,以及关于共产主义社会的发展阶段等问题上,推动了科学共产主义理论发展。

共产党宣言

(德)马克思、恩格斯著。解放社,1949年。71页,21cm。JF0164/A122

解放社,1949年。79页,18cm。JF0167/A122

大众出版社,[1937—1949]年。48页,19cm。JF0030/A122

提要:曾被译为《共产主义宣言》,是马克思和恩格斯为共产主义者同盟起草的纲领,是国际共产主义运动第一个纲领性文献,也是马克思主义诞生的重要标志。它系统地论述科学社会主义理论,运用辩证唯物主义和历史唯物主义分析生产力与生产关系、经济基础与上层建筑的矛盾,分析阶级和阶级斗争,论证资本主义必然灭亡、社会主义必然胜利,并号召全世界无产者联合起来,用革命的暴力手段推翻资产阶级统治。

1848年在伦敦有单行本问世,1920年8月陈望道翻译出最早的中文完整译本,1938年后多由解放社出版。

黑格尔《逻辑学》一书摘要:哲学笔记之一

(苏)列宁著;曹葆华译。北平,解放社,1949年。221页,18cm。JF0076/A223

提要:这是列宁研读哲学著作和探讨马克思主义哲学时所作的笔记汇编,汇集了列宁1895—1916年所写的有关哲学的读书摘要、评注、札记和短文,包含第1版和第2版的序言、存在论、本质论、主观的逻辑或概念论等内容。

译自《列宁全集》第38卷,书前有亚多拉特斯基著《关于列宁哲学著作》,这是俄文本《哲学笔记》的序言。书末附录:列宁《关于辩证法》及译者后记。

经济问题与财政问题

毛泽东著。[沈阳],东北书店,1949年。175页,19cm。JF0132/A466

中原新华书店,1949年。176页,18cm。JF0133/A466

提要：这是毛泽东1942年12月在中共中央西北局高级干部会议上的报告，曾被东北行政委员会教育部规定为高中一年级政治课参考书。报告在批评不开源只节流的保守观点以及不切实际大发展计划的冒险思想的基础上，指出发展经济、保障供给是经济工作和财政工作的总方针，提出"公私兼顾"或"军民兼顾"口号，认为在当前条件下，党的首要工作是领导人民发展生产，增加其物质福利，并逐步提高他们的政治觉悟和文化程度。

卡尔·马克思——人·思想家·革命者

（德）恩格斯等著；何封等译。长春，读书出版社，1949年。194页，18cm。JF0090/A715

提要：译文集。内收《卡尔·马克思》（恩格斯著、何封译）、《关于马克思之死致索尔格的信》（恩格斯著、何封译）、《马克思安葬演说词》（恩格斯著、何封译）、《卡尔·马克思》（伊里诺·马克思著、何封译）、《六月事变》（马克思著、何封译）、《一八四八年的革命与无产阶级》（马克思著、何封译）、《卡尔·马克思》（普列哈诺夫著、何封译）、《卡尔·马克思》（列宁著、董秋斯译）、《忆马克思》（拉伐格著、董秋斯译）、《星期日在荒原上的遨游》（李卜克内西著、董秋斯译）、《马克思与小孩子》（李卜克内西著、董秋斯译）、《马克思主义之停滞与进展》（卢森堡著、蒋天佐译）、《一个工人对于卡尔·马克思的回忆》（莱斯奈尔著、林淡秋译）、《马克思与达尔文主义》（K. 替米里亚崔夫著、克士译）、《马克思与隐喻法》（梅林著、罗稷南译）等15篇文章。

列宁传

（苏）雅洛斯拉夫斯基著；莫文译。天津，知识书店，1949年。59页，17cm。JF0003/A731

提要：本书是列宁的传记，根据1935年苏联外国工人出版社中译本翻印，包含列宁底儿童时代与幼年时代、列宁底青年时代和初期的革命工作、列宁从充军中回来并开始组织政党、一九一七年、军事共产主义时期底非常手段、列宁施行新经济政策、列宁的经济计划、列宁底病和列宁底出殡等章节。

列宁论马克思恩格斯与马克思主义

（苏）列宁著。解放社，1949年。127页，17cm。JF0509/A261。

提要：列宁重要论文摘录选编。收有关马克思和恩格斯生活、活动及其革命理论的文章17篇，前面4篇介绍马克思生平、学说并概述唯物论、辩证法，其后内容按照发表年月排列。书后有附录：中共中央宣传部重印《"左派"幼稚病》第二章前言。

列宁论新经济政策

（苏）列宁著。［北平］，中外出版社，1949年。226页，18cm。JF0043/A266

提要：内收《论粮食税》、《俄国共产党（波）第十一次代表大会上中央委员会底政治报告》（摘录）、《俄国革命五周年与世界革命底前途》、《论合作制》（附一：合作社问题；附二：苏联合作社）、《新经济政策时期的商业问题》、《新经济政策下职工会底作用与任务》、《资产阶级专门家问题》7篇文献。卷首有《代序：苏联由新经济政策到第一个五年计划》［摘录《联共（布）党史简明教程》第9章、第10章］。附录：《灾祸临头和防止之法》。

列宁战争论

（苏）列宁著。北平，新中国书局，1949 年。174 页，18cm。JF0018/A265

提要：辑录列宁有关战争的论述。分 4 部分：关于日俄战争与 1905 年革命、关于第一次帝国主义战争和国际社会主义运动、关于布列斯特和约和其他。本书编译于 1940 年，时值第二次世界大战爆发、国内抗战艰难时期，对研究列宁的军事政治理论大有裨益。

列宁主义基础

（苏）斯大林著。北平，天下图书公司，1949 年。120 页，17cm。JF0216/ A 316

提要：内容与前书基本相同，为著者在斯维尔德洛夫大学的讲演。分列宁主义底历史根源、方法、理论、无产阶级专政、农民问题、民族问题、党、工作作风等 9 个部分。

列宁主义问题

（苏）斯大林著。莫斯科，外国文书籍出版局，1949 年。798 页，23cm。JF0025/A361

提要：本书据苏联国立政治书籍出版局 1939 年俄文版（第 11 版）译出，包含《论列宁主义基础》、《十月革命与俄国共产党人底策略》、《论列宁主义底几个问题》、《论党在农民问题上的三个基本口号》、《论十月革命准备期内无产阶级与贫农专政的口号》、《十月革命底国际性质》、《在粮食战线上》、《列宁与联合中农问题》、《论联共（布）党内的右倾》、《大转变的一年》、《论苏联土地政策底几个问题》等 27 篇文章，涉及苏俄革命和建设的各个方面。

论列斯创造的社会主义政治经济学

（苏）列昂节夫著；施滨译。香港，新民主出版社，1949 年。57 页，18cm。JF0304/A821. 66

提要：内收列昂节夫的讲演稿 5 篇：《列宁斯大林乃是社会主义政治经济学的创始人》、《社会主义经济法则底性质》、《苏维埃国家对于经济的作用》、《准备采用社会主义生产方式的一些基本问题》、《社会主义国民经济制度的一些基本问题》。

列昂节夫（1901—1974），又译做列翁节夫，苏联经济学家。1919 年加入苏联共产党，1925 年从红色教授学院毕业后在高校从事政治经济学和工业经济教学工作。1930 年后从事马克思恩格斯经济著作的翻译编辑出版工作。1939 年成为苏联科学院院士。主要著作有《论马克思的〈资本论〉》、《论列宁关于帝国主义的笔记》、《金元帝国在西欧》、《什么是政治经济学》、《什么是资本主义》等。

论民族殖民地问题

（苏）列宁著；张仲实译。解放社，1949 年。229 页，18cm。JF0075/A264

提要：内分民族纷争与工人反对它的斗争、帝国主义列强对世界之分割、殖民地压迫及民族自决权——苏维埃政权与民族问题以及被压迫人民反对帝国主义的革命斗争与苏联和共产国际在这一斗争中的作用等 4 编。选辑列宁关于民族殖民地问题的论文、演说及他起草的决议案等。有克鲁普斯卡亚《列宁论民族殖民地问题》。附录民族殖民地问题参考书目。

论中国革命

（苏）斯大林著。［北京］，新华书店，1949 年。261 页，18cm。JF0173/A364

提要：本书为纪念斯大林七十诞辰而编选，正文前有陈伯达庆贺文章《斯大林与中国革命》为序。在十月社会主义革命以后，特别是在中国1925—1927年革命时期，斯大林做了一些关于中国革命问题的演讲、报告和论文，分析中国革命的动力、任务、性质、前途和意义，中国的革命实践基本印证了他的预见性。

马克思主义与民族问题

（苏）斯大林著；王唯真译。解放社，1949年。115页，18cm。JF0227/A321

莫斯科，外国文书籍出版局，1950年。86页，20cm。JF0224/A321

提要：包含民族、民族运动、民族文化自治、俄国境内民族问题等内容。文章批判民族主义和一部分社会民主党人在民族问题上的机会主义观点，号召用国际主义和阶级斗争去对抗民族主义；认为俄国民族问题是国家解放总问题的一部分，只有国家完全民主化，才能解决俄国的民族问题，而实行民族自决、区域自治、民族平等、民族团结等原则是解决俄国民族问题的必要条件。

马克斯底经济学说

（德）考茨基著；铎梅译。［上海］，社会科学研究社，1949年。［37］，411页，18cm。JF0009/A811.23

提要：另有译名《卡尔·马克思的经济学说》。此书最早发表于1878年，是宣传马克思主义、解说《资本论》的通俗著作，内容分3编：商品、货币、资本；剩余价值；工钱与资本所得。

考茨基（1854—1938），德国和国际工人运动理论家，第二国际机会主义派别领袖之一。1877年加入德国社会主义工人党（后为德国社会民主党）。19世纪80年代后，对马克思的《资本论》和唯物史观以及党的纲领作了通俗论述，受到赞誉。并出版过《土地问题》、《剩余价值学说史》等马克思主义著作，被认为是恩格斯逝世后第二国际的主要理论代表。1914年9月发表《帝国主义》一文，提出“超帝国主义”论，还要求党服从机会主义者的领导，同帝国主义政府合作，鼓吹社会和平主义，被认为是机会主义派别领袖。

毛泽东思想初学入门

萧棠选辑。［1949］年。60页，19cm。JF0129/A84

提要：本书是建国前夕宣传毛泽东思想的著作之一，包括辩证唯物主义和历史唯物主义两部分，内分要反对主观主义宣传辩证唯物主义、辩证唯物主义的能动认识论、辩证唯物主义的实践方法论、中国社会发展的规律性、近代中国社会构造与社会变革的规律性、人民在历史上的作用等6章，明确指出“毛泽东思想就是马克思列宁主义的理论与中国革命的实践之统一的思想，就是中国的共产主义，中国的马克思主义”。

十月革命底国际性质：纪念苏联十月革命三十二周年学习材料

北京，北京市中苏友好协会印，［1949］年。29页，18cm。JF0306/A324

提要：本书是纪念苏联十月革命三十二周年学习材料，但此文写于1927年，是斯大林为纪念十月革命十周年而作，主要阐述十月革命历史意义和其对世界革命的影响。文章认为，十月革命并不只是“民族范围内的革命”，而是具有国际性、世界性的革命，它是全世界人类史中由资本主义世界到社会主义新世界的根本转折点。

斯大林论中国革命问题

(苏)斯大林著。[天津],联合出版社,1949年。112页,19cm。JF0026/A36

[上海],时代出版社,1949年。213页,肖像,21cm。JF0218/A36

提要:内含《论中国革命的前途》、《中国革命问题》、《论中国革命问题》、《给初古诺夫的信》、《和中山大学学生的谈话》、《中国的革命和共产国际的任务》、《关于中国》等篇章,论述中国革命的性质、任务、阶段、前途等问题。这些是斯大林在20世纪20年代中国大革命时期发表的言论,但在1948年苏联国立政治出版局陆续出版的《斯大林文集》中才首次公布。

斯大林选集:第2卷

(苏)斯大林著。长春,东北新华书店,1949年。361页,18cm。JF0004/A31

提要:第二册收《关于列宁主义底问题》、《论联共党内的反对派联盟》、《论联共党内社会民主主义的倾向》等6篇。

斯大林选集:第3卷

(苏)斯大林著。长春,东北新华书店,1949年。384页,18cm。JF0005/A31

提要:第三册收《关于工农政府问题》、《关于党在农民问题上的三个基本口号》、《与第一次美国工人代表团的谈话》、《俄国反对派底政治面目》、《托洛茨斯反对派之过去与现在》、《粮食战线上的问题》等17篇。

通俗资本论

(德)马克思原著;[德]博洽德编;李季译。上海,学用社,1949年。436,18页,19cm。JF0034/A811.23

提要:《资本论》是马克思的心血之作,它分析资本主义发展过程,预见经济周期的存在,创建剩余价值学说。但原著卷帙浩繁,不利于普及和传播。本书实际上是三卷本《资本论》的摘录,同时对其先后次序作了重新编排,原结构体系有所改变。编者博洽德,也称波洽特,是德国社会民主党成员,曾翻译过《资本论》第2、3卷。附录:博洽德《马克思危机说的本质》。

在莫斯科城斯大林选区两次选民大会上的演说:一九三七年十二月十一日和一九四六年二月九日

(苏)斯大林著。莫斯科,外国文书籍出版局,1949年。32页,20cm。JF0220/A32

提要:1936年11月,斯大林领导苏联建立普选制度,提出在无产阶级国家的选举中应该采用竞选方式,并确定1937年12月12日是苏联最高苏维埃代表的选举日。在此之前,共产党和非党联盟提出的候选人,在各选区接见选民,发表竞选演说。斯大林也在选举日前一天在他被提名的选区发表演说,感谢选民对他的信任,并保证选民"可以大胆地信赖斯大林同志"。

斯大林在1946年2月9日的演说中,阐述第二次世界大战的起源和性质,并对苏联获得战争的胜利做出总结。他认为,二战的发生不是偶然,而是具有深刻的经济、政治根源,是世界各种经济和政治势力在现代垄断资本主义基础上发展的必然产物。

论十月革命

(苏)斯大林著。天津,联合图书出版社,1950年2月。61页,18cm。JF0215/A36

提要:内收《十月革命与俄国共产党人底策略》、《论十月革命准备时期内无产阶级与贫农专政的口号》、《十月革命的国际性质》等3篇文章,论述十月革命的内外环境、革命特点、斗争策略、斗争口号以及革命性质等内容。

略论党内的意见分歧

(苏)斯大林著。北京,解放社,1950年3月。80页,19cm。JF0225/A321

提要:收《略论党内的意见分歧》和《答〈社会民主党人报〉》。前者是对若尔塔尼亚《多数派还是少数派》、《什么是党?》等文章的答复和批判,认为社会民主党人仅充当自发的工人运动的看客没有前途,主张社会主义应和工人运动相结合。后者涉及意识与存在关系,社会主义意识的创造、渗透等问题。这两篇文章捍卫马克思主义政党的思想基础,拥护并发展列宁关于将社会主义意识灌输到自发的工人运动中去、革命理论需与工人运动相结合、社会民主党需起到革命领导作用等思想。

德意志意识形态

(德)马克思、恩格斯著。上海,群益出版社,1950年9月。152页,18cm。JF0166/A121

提要:写于1845至1846年,是马、恩创立历史唯物主义理论体系的一部著作,对费尔巴哈和青年黑格尔派布·鲍威尔和施蒂纳所代表的德国直观唯物主义及唯心主义哲学,以及各式各样的德国社会主义作了批判,并在此基础上阐述了唯物史观的基本内容。

马克思主义与语言学问题

(苏)斯大林著;曹葆华等译。[北京],解放社,1950年10月。73页,18cm。JF0209/A32

提要:内容与《斯大林论语言学问题》基本相同。

论马克思恩格斯及马克思主义

(苏)列宁著。莫斯科,外国文书籍出版局,1950年。487页,图像,22cm。JF0083/A261

提要:收《卡尔·马克思》、《弗里德利赫·恩格斯》、《论马恩通信集》、《在马恩纪念碑揭幕典礼上的演说》、《马克思主义底三个来源与三个组成部分》、《马克思学说底历史命运》、《俄国社会民主党人底抗议书》、《我们的纲领》、《做什么?》等47篇。正文后有简要注释、书内所引马恩著作索引以及名目索引。

马恩列斯手册

联合图书出版社编辑部编辑。天津,联合图书出版社,1950年。190页,17cm。JF0095/A5

提要:本书为初学者学习马、恩、列、斯而编写,包括马恩列斯生平、学说、主要著作、年谱以及马列怎样学习、怎样学习马列主义等方面内容。相对于马恩列斯全集，本书内容简要，能让读者对他们的著述、生平、学说等有一个概括性的认识。

十月革命与俄国共产党人底策略

（苏）斯大林著。莫斯科，外国文书籍出版局，1950年。47页，20cm。JF0223/A323

提要：本文是1925年发表的《到十月革命之路》一书的序言。马克思曾有关于无产阶级世界革命的看法，认为一国革命难以存活，因而苏联在十月革命后一直盼望欧洲革命高潮尤其是德国革命的爆发。1919到1920年的欧洲革命运动和一系列大规模造成准革命形势的总罢工给人以希望，但1923年德国革命的失败助长了革命工人的失望情绪和苏俄境内的反动浪潮，正是在这一背景下，斯大林在该文中提出“列宁的‘社会主义在一个国家内胜利’的理论”，这一看法在1926年《论列宁主义的几个问题》一文中正式发展成：一国可以建成社会主义。

斯大林论语言学问题

（苏）斯大林著；草婴译。上海，时代社，1950年。57页，肖像，20cm。JF0219/A367

提要：1950年5月至7月，苏联《真理报》展开语言学大讨论，主要针对马尔的“语言新学说”进行批判，这次讨论以斯大林发表《论马克思主义在语言学中的问题》（另有译名《关于语言学里的马克思主义》）告一段落。文章批驳马尔的“语言是上层建筑”、“语言具有阶级性”、“语言发展具有阶段性”等观点，论述语言的本性、特点、地位及其发生发展规律、在社会发展中的作用等内容。

本书另收斯大林《论语言学的几个问题》、《给同志们的回答》两篇文章，进一步阐明语言既不是基础也不是上层建筑等问题，澄清当时苏联语言学界存在的一些模糊观念。

《共产党人》发刊词

毛泽东等著。[1939—1949]年。12页，19cm。JF1273/A424

提要：《共产党人》是抗日战争时期中共中央主办的党内刊物。1939年10月在延安创刊，内部发行，不定期出版，1941年8月停刊，共19期。发刊词指出当时抗日民族统一战线有所动摇，该刊任务是帮助建设一个全国范围的、广大群众性的、思想上政治上组织上完全巩固的布尔什维克化的中国共产党，并明确提出统一战线、武装斗争、党的建设是中国共产党在中国革命中战胜敌人的三大法宝。

马克思略传

[河北]，冀中新华书店，[1941—1949]年。53页，12cm。JF0692/A711

提要：内收3篇文章：

1.《马克思略传》（萧三译自1940年版俄文《哲学简要词典》），介绍马克思的生平事迹、主要著作及其社会影响。

2.《马克思是怎样学习的》（M. 格略塞尔作，葆荃译），是《论马列主义古典作家们研究与写作的方法》一书的摘录，介绍马克思研究各种科学、阅读书籍及学习外语的情形。

3.《马克思之为人》（柯柏年），本文分学者的风度、革命的精神、良师兼益友、模范的丈夫、标准的父亲等小节介绍马克思为人。

新文艺运动的方向

毛泽东著。[上海],新智识书店,[1942—1949]年。29页,19cm。JF1252/A424

提要:这是毛泽东于1942年5月在延安举行的文艺座谈会上的讲话,因而本文通称《在延安文艺座谈会上的讲话》。文章研究文艺工作和一般革命工作之间的正确关系,指明文艺工作正确的发展方向,以便进而解决中国无产阶级文艺发展道路上遇到的理论和实践问题。

哲学、宗教

辩证唯物论与历史唯物论基本问题:4分册

博古编译。延安,解放社,1943年。358页,18cm。JF0290/B0-0

华北新华书店,1948年。659页,18cm。JF0281/B0-0

提要:主要汇译1936—1941年苏联《哲学杂志》、《在马克思主义旗帜下》所发表的有关哲学论文,以配合学习和研究《联共(布)党史》。第4分册:马克思主义的历史唯物论。书末附录:《论机械论和孟塞维化的唯心论底反马克思主义的实质》。

博古(1907—1946),原名秦邦宪,字则民,江苏无锡人,中国共产党早期领导人之一。曾任中共中央总书记、红军总政治部代理主任,推行过王明的"左"倾错误路线,后期翻译大量的马列著作,对全党普及和提高马列主义理论水平起到了重要作用。主要译著有《苏联共产党(布)历史简明教程》、《辩证唯物论与历史唯物论基本问题》、《共产党宣言》、《社会主义从空想到科学的发展》、《卡尔·马克思》等。

辩证法唯物论入门

胡绳著。冀中新华书店,1947年6月。75页,18cm。JF0253/B02

哈尔滨,新知书店,1948年9月。98页,18cm。JF0256/B02

北平,新中书店,[1949]年。78页,17cm。JF0254/B02

光华书店,[1937—1949]年。72页,18cm。JF0255/B02

提要:这是讲述辩证唯物论的通俗读物,系统梳理辩证法唯物论的基本内容,并注重用中国的具体事例来阐明理论,努力使马克思主义理论中国化。全书分为辩证唯物论的战斗性、辩证唯物论、唯物辩证法、辩证唯物论的认识原理等5章。

胡绳(1918—2000),笔名蒲韧,江苏苏州人,1937年后,历任武汉《全民周刊》、《读书月报》、《大众生活》等刊物编辑、编委。建国后,历任中共中央宣传部教材编写组组长、华北人民政府教科书编审委员会副主任、人民出版社社长、中共中央宣传部秘书长、中共中央党史研究室主任等职。一生著述丰富,为研究、阐释和普及毛泽东思想,向干部群众进行马克思主义的启蒙教育,宣传党的方针政策,付出过大量心血。著作有《从鸦片战争到五四运动》、《中国共产党的七十年》、《现实主义当代流变史》等。

新哲学研究纲要

哲学研究社编。哈尔滨,新知书店,1947年6月。109,51页,19cm。JF1244/B0-0

东北,新知书店,1947年8月。109,51页,19cm。JF0274/B0-0

提要:分两部分:1. 辩证法唯物论研究提纲,内分什么是哲学、什么是辩证法、什么是唯物论等

3章;2. 辩证唯物论与历史唯物论研究提纲,内分马列主义哲学的形成、唯物辩证法诸法则与诸范畴、唯物辩证法的认识论、历史唯物论及列宁斯大林对马克思学说的发展等6章。书末附:斯大林著《辩证唯物论与历史唯物论》。

大众哲学

艾思奇著。晋察冀新华书店,1947年8月。283页,18cm。JF0267/B02

冀东新华书店,1948年2月。281页,18cm。JF0268/B02

华北新华书店,1948年12月。283页,18cm。JF1288/B02

哈尔滨,光华书店,1948年。293页,18cm。JF0270/B02

天津,天津新华书店,1949年4月。283页,18cm。JF0265/B02

北平,华北人民革命大学,1949年5月。263页,18cm。JF0271/B02

山东,山东新华书店,1949年5月。297页,18cm。JF0269/B02

浙江,浙江新华书店,1949年7月。228页,18cm。JF0272/B02

北京,光华出版部励志书店,[194?]年。218页,18cm。JF0266/B02

新华书店,1950年。206页,18cm。JF0273/B02

提要:本书以通俗形式讲述辩证唯物主义基本哲学原理,是宣传马克思主义哲学的通俗读物。分绪论、唯心论二元论和唯物论、辩证法唯物论的认识论、唯物辩证法的基本规律、思想和范畴等5章。本书最初于1934至1935年在《读书生活》连载,1936年出版最早的单行本。

艾思奇(1910—1966),原名李生萱,云南腾冲人。早年留学日本,1935年参加中国共产党。1937年到延安后任中央研究院文化思想研究室主任、中共中央文委秘书长、《解放日报》副总编辑等职。建国后任中共中央高级党校副校长、中国哲学会副会长、中国科学院哲学社会科学部学部委员等职。长期从事马克思主义哲学研究、宣传和教育工作,注意把马克思主义哲学通俗化和大众化,在宣传毛泽东哲学思想方面亦有一定成就。著作有《大众哲学》、《哲学与生活》、《艾思奇文集》等。

辩证唯物论与历史唯物论基本问题:第1分册

博古编译。安东,东北书店,1947年。210页,18cm。JF0282/B0-0

华北新华书店,1948年。364页,18cm。JF0280/B0-0

提要:主要汇译1936—1941年苏联《哲学杂志》、《在马克思主义旗帜下》所发表的有关哲学论文,以配合学习和研究《联共(布)党史》。第1分册:辩证唯物论——马克思主义政党的宇宙观,书末附联共(布)中央审定的《辩证唯物论与历史唯物论研究提纲》。

辩证法的逻辑

(德)狄慈根著;柯柏年译。大连,生活书店,1948年6月。200页,18cm。JF0259/B015

提要:著者通称为狄慈根。本书自英译本 *Letters on logic*(《逻辑书简》)转译,是约瑟夫·狄慈根1880—1883年致其子欧根·狄慈根的书信集,书中强调"对立之统一",主张从事物之间的相互联系上去研究事物,是关于唯物辩证法的入门读物。

约瑟夫·狄慈根(1828—1888),德国工人哲学家,曾积极参加德国社会民主党的革命活动。1884年移居美国后,曾任《社会主义者》、芝加哥《工人报》编辑,在L. 费尔巴哈的影响下转到了唯物主义和无神论的立场，又受马克思、恩格斯的影响成长为辩证唯物主义哲学家，对辩证唯物主义认识论有独到认识。著有《人脑活动的本质》、《论逻辑书简》、《一个社会主义者在认识论领域中的漫游》、《哲学的成就》等。

柯柏年（1904—1985），原名李春蕃，笔名马丽英、丽英、福英等。出生于广东潮安城（今潮州湘桥区），马克思主义著作翻译家。1938 年到延安后，历任中央马列学院西方革命史室主任、延安外国语学校教员、中共中央外事组翻译处处长等职。主要译著有《社会主义从空想到科学的发展》、《哥达纲领批判》、《帝国主义论》、《法国的革命和反革命》、《马恩通信选集》、《拿破仑第三政变记》等。

马克思主义基本问题

（俄）普列汉诺夫著；张仲实译。哈尔滨，光华书店，1948 年 8 月。147 页，18cm。JF0152/B512.54

提要：本书以通俗的方式将关于马克思主义哲学的各种基本问题，如辩证唯物论、历史唯物论等内容做了简明而系统的论述。书末附录：《辩证法与逻辑》，《中文注解》，《名词索引》，《人名索引》。

普列汉诺夫（1856—1918），俄罗斯人，曾任俄国社会民主工党总委员会主席，是俄国马克思主义政党的创始人和领袖之一。长期流亡国外，大力宣传马克思主义，是俄国和国际工人运动著名活动家。1903 年后成为孟什维克领袖，革命立场多有变化。主要著作有《社会主义和政治斗争》、《我们的意见分歧》、《论一元论历史观的发展》、《论个人在历史上的作用》、《战斗的唯物主义》等。

张仲实（1903—1987），原名张安人，笔名任远、实甫，陕西陇县人，著名马列著作翻译家，编辑出版家。1935 年初任生活书店总编辑，1940 年去延安后历任中共中央马列学院编译主任、中共中央宣传部出版处处长等职，主管马恩列斯著作的翻译和出版工作。其主要译著有《论民族问题》、《费尔巴哈与德国古典哲学的终结》、《家族、私有制和国家的起源》、《马克思主义的基本问题》、《政治经济学讲话》等。

辩证法唯物论

（苏）米丁著。哈尔滨，生活书店，1948 年。539 页，19cm。JF0289/B02

提要：本书详细阐述辩证唯物主义基本哲学原理，厘清二元论、真理、认识、实践、质量互变、对立统一等主要命题。内分马列主义——普罗列塔利亚的世界观、唯物论和唯心论、辩证法唯物论、唯物辩证法之诸法则、哲学中两条阵线的斗争、辩证唯物论发展中的列宁阶段等 6 章。

米丁（1901—1989），苏联哲学家，社会活动家，1919 年加入俄国共产党（布尔什维克）。1930 年后历任共产主义教育科学院副院长、哲学研究所副所长、苏联科学院院长等职。著有《唯物主义辩证法的战斗性问题》、《哲学的现代》、《列宁和现实的哲学问题》、《哲学和社会进步对当代资产阶级社会进步观的分析》、《哲学史》（参编）等。

苏联哲学问题

（苏）日丹诺夫著；李立三译。晋察冀新华书店，1948 年。33 页，18cm。JF0260/B512.59

提要：这是日丹诺夫 1947 年 6 月 20 日在讨论亚历山大洛夫《西欧哲学史》一书问题时的发言。

当时近百名哲学家审查《西欧哲学史》一书,从批判该书到一般哲学问题,争论激烈。日丹诺夫做总结发言时,对该书缺点和苏联哲学界存在的问题进行了批评。

日丹诺夫(1896—1948),原苏共中央书记,是苏联领导人之一,深受斯大林器重。主要负责意识形态领域工作、推动与制定苏联文化政策。在任期间强力推行艺术作品社会主义化,他的思想在20世纪50年代晚期前,被称作日丹诺夫主义,是苏联特有的文化产物。他曾试着建构起一个新的艺术哲学,主张以简单、科学性的图表或符号来象征某些道德价值。

李立三(1899—1967),原名李隆郅,曾用名李能至、李敏然等,湖南醴陵人,中共早期著名的工人运动领袖。曾任中共苏区中央政治局常委兼秘书长和宣传部长,建国后历任中共中央工委书记,中华全国总工会副主席、党组书记等职,1967年受迫害致死。一生忠于革命事业,积极探索革命真理,坚持学习马列著作以及党的方针政策,曾翻译过文学作品《考验》、《俄罗斯人物》等。

展开反对巫神的斗争

陕甘宁边区政府办公厅编。冀南新华书店(翻印),1948年。54页,18cm。JF0593/B917

提要:翻印本。这是冀南新华书店编辑部针对当时流行的“神水”骗人误人事件而翻印,以使冀南边区人民提高认识、破除迷信。内含展开反对巫神的斗争(1944年4月29日《解放日报》社论)、巫神的罪恶种种、各地反巫神斗争介绍以及一个转变好了的巫神等章节。

历史唯物论序说:社会学大纲第二篇

李达著。新华书店,1949年5月。80页,18cm。JF0275/B03

提要:论述历史唯物主义的基本出发点,区别历史唯物主义与历史唯心主义,指出历史唯物主义的产生是哲学的大变革。内分历史唯物论序说、资产阶级社会学及历史哲学之批判等两章。

李达(1890—1966),字永锡,湖南零陵人。中国共产党内著名的马克思主义理论家之一,中共“一大”代表。1921年9月创办党的第一个出版社——人民出版社,出版马克思列宁主义的著作和革命丛书。1923年与陈独秀在国共合作问题上有较大分歧后脱离党组织,之后长期从事理论研究和教育工作,建国后历任北京政法大学、湖南大学、武汉大学校长等职,在宣传马克思主义、宣传毛泽东哲学思想方面,有卓越贡献。

平凡的真理

冯定著。大连,新中国书局,1949年5月。239页,17cm。JF0367/B023.3

提要:本书是讲述辩证唯物论与历史唯物论的基本原理的通俗著作。内分三编:上编——信不信由你(基本的认识)、中编——宇宙的钥匙(普遍的规律)、下编——当战士与做学生(真实的生活)。

冯定(1902—1983),笔名贝叶,浙江宁波人,哲学家、教育家。上世纪30年代发表大量有关青年思想修养的文章,之后主要从事革命的文化宣传教育工作。建国后历任马列学院一分院副院长、中国辩证唯物主义研究会顾问、北京市哲学会会长等职。代表作为《平凡的真理》,该书通俗又有理论深度,被多次重印,影响广泛。

社会的经济构造:社会学大纲第三篇

李达著。新华书店,1949 年 5 月。155 页,18cm。JF0393/B032

提要:论述历史唯物主义关于生产力、生产关系、经济基础与上层建筑、生产方式等问题的观点。内分生产力与生产关系、经济构造之历史的形态等两章。

社会的意识形态:社会学大纲第五篇

李达著。新华书店,1949 年 5 月。67 页,18cm。JF0426/B036

提要:在阐明意识形态一般概念的基础上,详细论述哲学、法律、政治、宗教、文学、艺术等社会意识形态的产生与发展。内分意识形态的一般概念、意识形态的发展等两章。

论一元论历史观之发展

(俄)普列汉诺夫著;博古译。上海,新华书店,1949 年 9 月。323 页,18cm。JF0285/B03

提要:本书据苏联国家出版局 1938 年版本译出,在叙述西方近代思想发展史的基础上,介绍马克思主义唯物论,批判民粹派“实践的理性”观点。内分十八世纪底法国唯物论、复辟时代底法国历史家、社会主义者 = 乌托邦主义者、德国的唯心论哲学、现代唯物论、结论等 6 部分。(作者介绍见《马克思主义基本问题》)

辩证唯物论讲话

(苏)波齐涅尔著;胡明译。上海,光华出版社,1949 年。218 页,18cm。JF0292/B02

提要:重点阐述马克思主义哲学辩证唯物论和历史唯物论观点,含导论、辩证唯物论的认识论、经验批判论是观念论的变种、自然科学中的革命和观念论、历史唯物论与经验批判论等 6 章。

辩证唯物论与历史唯物论基本问题:3 分册

博古编译。东北,新中国书局,1949 年。379 页,18cm。JF0288/B0 - 0

提要:主要汇译 1936—1941 年苏联《哲学杂志》、《在马克思主义旗帜下》所发表的有关哲学论文,以配合学习和研究《联共(布)党史》。第 3 分册:马克思主义的哲学唯物论。

论群众哲学

(苏)米丁著。上海,光华出版社,1949 年。231 页,18cm。JF0287/B0 - 0

提要:论述辩证唯物论与历史唯物论,全书分 5 篇:辩证唯物论为马列主义党的世界观、唯物辩证法为无产阶级哲学、马克斯是辩证唯物论创始人、恩格斯与辩证唯物论、史达林与唯物辩证法。书前有《再版代序》,与初版内容变化较大。(作者介绍见《辩证法唯物论》)

唯物辩证法

(苏)罗森塔尔著;岳光译。北平,新华书店,1949 年。205 页,18cm。JF0263/B024

提要:论述唯物辩证法基本内容,分导言、现象的普遍联系与相互依存、现象的运动与转化、新生与发展当作量变向质变转化着的发展、作为对立面斗争看发展、唯物论辩证法的范畴等 6 章。

罗森塔尔(1906—1975),苏联哲学家,心理学家。曾任《文学批评》杂志副主编、苏联科学院哲学研究所辩证唯物主义研究室主任等职,致力于研究辩证唯物主义、美学和哲学史。著有《反对文学理论中的庸俗社会学》、《唯物辩证法》、《普列汉诺夫的美学问题》、《列宁和辩证法 》等著作。另有主编作品:《马克思主义辩证法史 · 从马克思主义产生到列宁阶段之前》和《哲学辞典》。

唯物辩证法:社会学大纲第一篇

李达著。新华书店,1949 年。356 页,18cm。JF0277/B024

提要:详细阐述马克思主义哲学关于唯物辩证法的基本原理。全书分 4 章:当作人类认识史的综合看的唯物辩证法、当作科学的科学看的唯物辩证法、唯物辩证法的诸规律、当作认识论和论理学看的唯物辩证法。

西洋哲学史简编

(苏)薛格洛夫主编。新华书店,1949 年。447 页,18cm。JF0286/B5

提要:本书以通俗的形式说明欧洲哲学的发展历史,论证辩证唯物主义产生发展的必然性。全书分为 10 章:古代哲学、中世哲学、文艺复兴时期哲学、17—18 世纪唯物论与唯心论的斗争、德国古典唯心论、黑格尔学派之解体与费尔巴哈、马克思恩格斯哲学观点的发展、19 世纪后半期与 20 世纪的资产阶级哲学、俄国哲学史、列宁斯大林对马克思主义哲学的发展。

新妇女的人生观

陈伯达著。[天津],知识书店,1949 年。20 页,13cm。JF1254/B821

提要:本书认为新式妇女应具有战斗的、解放的、大众的、独立自主、自尊自信的人生观,应将个人家庭利益与民族、社会、大众利益相结合,学习和运用辩证唯物论以便在各方面武装自己。

陈伯达(1904—1989),原名陈建相,字仲顺,福建泉州惠安人。1927 年加入中国共产党,同年去莫斯科中山大学学习。1930 年回国后,先后在北平中国大学、延安中共中央党校、马列学院任教,并在中共中央宣传部、军委、中央秘书处、中央政治研究室等机构工作。长期担任毛泽东同志秘书,著有《毛泽东论中国革命》等书,并协助毛泽东起草过一些党的文件。曾任"中央文革小组"组长,"文革"后被逮捕判刑。

新人生观

俞铭璜著。东北书店,[1949] 年。54 页,18cm。JF0264/B821.1

提要:大华印刷局翻印,讲述革命人生观的通俗读物。内分人生观是什么、为何要讲人生观、各种不同人生观、革命的人生观、人生观的革命等 5 章,引导青年投身革命、树立革命的人生观,为党和人民的事业做奉献。

俞铭璜(1916—1963),笔名萃仓、颇之、丁大年等,江苏如皋人,著名文艺理论家。曾组织进步文艺团体"春泥社"、"春泥社剧团"等。建国后历任杭州市委宣传部部长、苏北区党委宣传部副部长、江苏省委宣传部部长等职。著有《新人生观》、《共产主义人生观》、《两点论》等,这些著作多收入《俞铭璜文集》。

社会科学总论

激流中的水花

全民抗战社编。生活书店,1940 年 4 月。181 页,19cm。JF1259/C913 - 49

提要:选自 1938 年 3 月至 1939 年 10 月间《抗战》(三日刊)、《全民周刊》、《全民抗战》(周刊)等三种刊物中的读者来信,分为工作与学习、政治与思想、婚姻与家庭、健康与法律等 4 编,共 53 篇。

社会科学概论

徐懋庸等编著。辽东,建国书社,1946 年。294 页,19cm。300/896

提要:概述人类社会历史及 20 世纪以来国际形势发展。共分 10 章,资本主义以前的社会(杜民)、资本主义(刘芝明)、帝国主义(徐懋庸)、资产阶级性革命与革命转变问题(徐冰)、社会主义革命与无产阶级专政(杜民)、苏联概述(苏华)、从第一次帝国主义战争到第二次帝国主义战争(何干之、徐国林)、殖民地半殖民地国家内民族革命(杨松)、农民问题(陈伯达)、政党(陈昌浩)等。正文前有增订再版序言,说明编写之目的以及初版再版差异等。(编者介绍见《列宁家书集》)

社会科学概论 增订本

社会科学研究会编。东北书店,1946 年。207 页,19cm。JF0587/C

哈尔滨,东北书店,1948 年 9 月。234 页,18cm。JF0489/C

长春,东北书店,1949 年 6 月。214 页,18cm。JF0258/C

提要:包括资本主义以前的社会、资本主义、帝国主义、资产阶级性革命与革命转变问题、社会主义革命与无产阶级专政、苏联概述、殖民地半殖民地国家内民族革命、农民问题和政党等 9 章,书前有增订本序言。

读书偶译

邹韬奋著。哈尔滨,韬奋出版社,1948 年。272 页,19cm。JF0261/C53

提要:本书是作者 1937 年被国民党政府羁押于江苏高等法院看守所期间,摘译早年在英国伦敦博物院图书馆读书时记下的英文笔记。内容包括黑格尔和辩证法、卡尔的经济学、恩格斯的生平和工作、伊里奇的生平和他的理论等。

邹韬奋(1895—1944),原名邹恩润,曾用名李晋卿,江西余江人,是我国著名的新闻记者、政论家、出版家。1926 年出任《生活》周刊主编,1932 年 7 月创办生活书店,出版进步刊物。1935 年后积极参加抗日救亡运动,是救国会七君子之一。1937 年全国抗战爆发后,创办《抗战》、《全民抗战》等刊物,1944 年病逝,被追认为共产党员。其主要著作收入《韬奋文集》,以他名字命名的中国韬奋出版奖是目前我国出版界最高的奖项。

社会科学基础教程

杨松,陈伯达等著。大连,大众书店,1948 年。208 页,19cm。JF1237/C

提要:分 9 章:资本主义以前的社会(杜民)、资本主义(刘芝明)、帝国主义(徐懋庸)、资产阶级性革命与革命转变问题(徐冰)、社会主义革命与无产阶级专政(杜民)、苏联概述(苏华)、殖民地半殖民地国家内民族革命(杨松)、农民问题(陈伯达)、政党(陈昌浩)等。正文前有增订再版序言,说明编写之目的以及初版再版差异等。

社会科学简明教程

韶华辑译。上海,光华出版社,1948 年。351 页,18cm。JF0594/C

上海,光华出版社,1949 年。365 页,18cm。JF0595/C

提要:根据苏联新百科全书版辑译,包括社会、社会发展史、社会意识形态、政治、阶级、民族、妇女、农民、职工、殖民地、国际等 11 讲,阐述了马列主义关于社会发展、历史与阶级意识、殖民地理论以及国际划分等观点。

社会科学概论

杨松等编。冀东新华书店,1949 年 6 月。257 页,19cm。JF0606/C

提要:高、初中二年政治课参考书,分 9 章:资本主义以前的社会(杜民)、资本主义(刘芝明)、帝国主义(徐懋庸)、苏联概述(苏华)、殖民地半殖民地国家内民族革命(杨松)、农民问题(陈伯达)等。

社会科学概论

瞿秋白著。天津,天津联合出版社,1949 年。86 页,18cm。JF0589/C

提要:这是 1924 年瞿秋白任上海大学社会科学系主任时,在上海学生联合会、复旦大学、南洋大学等单位共同举办的夏令讲学会上的演讲,系统介绍马列主义关于社会科学方面的论述,阐述马克思历史唯物主义观点,内分总论、社会之意义、经济、政治、法律、道德、宗教、风俗、艺术、哲学、科学、社会现象之联系等 12 章。

瞿秋白(1899—1935),江苏常州人,散文作家,文学评论家。他曾两度担任中国共产党最高领导人,是中国共产党早期主要领导人之一,也是中国革命文学事业的重要奠基者之一。曾翻译《国际歌》,创办《热血日报》,并参与建立上海大学,培养出大批栋梁。1935 年被捕后慷慨就义。代表作品为《赤都心史》、《饿乡纪程》、《多余的话》,另有《俄国资产阶级革命与农民问题》、《瞿秋白论文集》、《中国革命中之争论问题》等著作。

守常文集

李大钊著。上海,北新书局,1949 年。259 页,21cm。JF0687/C53

提要:李大钊的文稿经李乐光搜集整理,在国民党的反动统治下,历经辗转曲折直至 1939 年才由北新书局出版，定名《守常全集》。在送往书店途中即被反动当局没收，幸存几册。建国后重印，改名《守常文集》。全书分上、下卷，收《唯物史观在现代史学上的价值》、《东西文明根本之异点》、《中国古代经济思想之特点》、《我的马克思主义观》、《“五一”运动史》、《十月革命与中国人民》、《庶民的胜利》等30篇文章。

李大钊(1889—1927)，字守常，河北乐亭人，中国共产党的主要创始人之一，是中共早期卓越的领导人。1913年留学日本，1916年回国后任北京大学图书馆主任兼经济学教授，并成为新文化运动主将。俄国十月革命后，积极宣传马克思主义，是中国共产主义先驱之一，1920年初与陈独秀相约，分别在北京和上海活动，筹建中国共产党，并全面负责共产党在北方的各项反帝反封建工作。1927年被捕后英勇就义。他始终把自己的学识与拯救国家和民族的命运紧紧联系在一起，以开拓者的无畏姿态坚持认为马克思主义是这个时代的真理，并以实际行动不断践行着这一理念。

政治、法律

时代文选:第1集

史仁编。[延安],新华书局,1937年。108页,19cm。830/455

提要:《时代文选》是连载刊物。本书为第1集,旨在收集对认识1937年中国乃至世界局势有所帮助的文献。内收《日本议会解散和其政治趋势》(思锦)、《迎接对日直接抗战伟大时期的到来》(洛甫)、《中国抗日民族统一战线在目前阶段的任务》(毛泽东)、《我们对修改国民大会法规的意见》(周恩来)、《论西班牙战争》(朱德)、《文艺在苏区》(丁玲)等13篇。末附文件4篇。

新华日报社论:第3集

新华日报馆编。汉口,新华日报馆,1938年。122页,19cm。JF0337/D609

提要:《新群丛书》第四种。《新华日报》是抗日战争时期和解放战争初期中国共产党的大型机关报,是中国共产党第一张在全国公开发行的报纸。本书收录从1938年3月1日到31日为期一个月的《新华日报》社论,内含《论最近的欧洲局势》、《加强和扩大空军》、《扩大春耕运动》、《论山西战局》、《人类的光荣》、《中欧危机的焦点》等31篇。

抗战中的政党和派别

张执一著。重庆,读书生活出版社,1939年3月。135页,18cm。JF0520/D693.74

提要:本书介绍了国民党、共产党、中华民族解放行动委员会(第三党)、国家社会党、中国青年党、全国救国联合会、民盟等党派的政纲、组织、重要宣言等。附录:托洛斯基派。作者张执一以其敏锐的政治目光,记录下当时各政党和派别对待抗日的政治表现和基本态度,撰写出版了该书。这几乎是当年唯一论述各政党状况的专著。

张执一(1911—1983),湖北汉阳人。1929年加入中国共产党,曾任中共武昌区委宣传委员、武昌农民行动委员会书记。1935年后在上海从事学运、军运工作。1939年后任新四军豫鄂挺进纵队政治部联络部部长、第五师旅政治部主任、中共中央上海局外县工作委员会书记等职。建国后历任中共中央中南局统战部部长、中南军政委员会秘书长、中共中央统战部副部长、全国政协副秘书长、中共中央统战部顾问等职,是全国人大代表、全国政协常委。著有诗集《行踪吟草》。

人事行政与组织

杨礼恭著。重庆,青年书店,1940年10月。76页,18cm。JF0399/D035.2

重庆,青年书店,1941年。76页,18cm。JF0370/D035.2

提要:本书详细地论述了人事行政和组织的相关知识。包括绪说、公务员之任用、公务员之训练、考核与赏罚、保障与升调、生活之改善、组织系统与联系、分工合作等8章。

关于宪政诸问题

毛泽东、陈绍禹等著。[延安],新华日报馆,1940年。54页,19cm。JF0127/D693.2

提要:抗日战争时期,宪政问题备受关注,特别是1939年9月国民参政会第四次会议通过了召集国民大会、实行宪政决的议案,在各界引起强烈反响,各地纷纷成立宪政促进会。宪政问题成为抗日民主运动重要目标。本书收录有关宪政方面的论著,包括毛泽东在延安各界宪政促进会成立大会的演讲《新民主主义的宪政》,《促进宪政运动努力的方向》(陈绍禹),《中国宪政运动之史的发展》(史乃展),《孙中山先生的宪政观》(吴克坚),《国民大会选举法》等8篇。

陈绍禹(1904—1974),又名陈绍玉,字露清,曾用名王明,安徽六安金寨县人。曾任中共中央政治局常委、中共驻共产国际代表。1942年在整风运动上受到批评,后任中共中央政治研究室主任、法制问题研究委员会委员等职。1956年后长期留居苏联,并发表《论中国事件》、《列宁、列宁主义和中国革命》、《中国共产党五十年和毛泽东的叛逆行为》等著作。

联共党史参考资料:第一辑

[延安],新华日报,1941年9月。241页,18cm。JF0448/D351.23

提要:本书收录联共(布)党史的有关文献,包括《俄国为什么废除了农奴制度》(拜尔兴著、戈宝权译)、《沙皇俄罗斯的资本主义之发展》(A. 谢斯他科夫主编、戈宝权译)、《什么是乌托邦社会主义》(戈宝权译自《布尔塞维克》杂志)、《列宁论工农联盟及马克思主义者底任务》、《应该抵制杜马吗?》(列宁著、徐冰译)等23篇文章。

整风

山东,胶东联合社,1942年8月。162页,17cm。JF0444/D264

提要:1942年春,延安整风运动开始。其内容是反对主观主义以整顿学风,反对宗派主义以整顿党风,反对党八股以整顿文风,其中心是反对主观主义,树立马克思主义的思想路线。本书收录了关于整风运动的22个文件,包括整顿学风党风文风、反对党八股、中共中央关于增强党性的决定、改造我们的学习等。书前有陆定一《为什么整顿三风是党的思想革命》和彭真《领会二十二个文件的精神与实质》的序言。

整风文献

解放社编。中共晋绥分局,1943年。305页,18cm。JF0548/D264

[延安],解放社,1944年9月。217页,18cm。JF0429/D264

[延安],解放社,1944年9月。217页,19cm。JF0354/D264

胶东新华书店,1946年。236页,19cm。JF0407/D264

通化,光明书店,1946年。237页,21cm。JF0599/D264

大连,大众书店,1947年7月。391页,18cm。JF0549/D264

[平山],晋察冀新华书店,1947年9月。320页,18cm。JF0551/D264

冀中新华书店,1947年。261页,19cm。JF0341/D264

大连,大众书店,1948年4月。391页,18cm。JF0356/D264

佳木斯,东北书店,1948年10月。277页,18cm。JF0495/D264

佳木斯,东北书店,1948 年 10 月。277 页,18cm。JF0600/D264

华东新华书店,1949 年 1 月。327 页,18cm。F0547/D264

佳木斯,东北书店,1949 年 2 月。277 页,18cm。JF0494/D264

天津,新华书店,1949 年 4 月。320 页,17cm。JF0552/D264

新华书店,1949 年 5 月。320 页,17cm。JF0351/D264

香港,新青年出版社,1949 年 6 月。320 页,17cm。JF0550/D264

[北平],新华书店,1949 年 9 月。320 页,18cm。JF0492/D264

[北平],新华书店,1949 年 9 月。320 页,18cm。JF0493/D264

大连,新中国书局,1949 年。277 页,18cm。JF0353/D264

[北平],华北人民革命大学教务处,[194?]年。318 页,18cm。JF0352/D264

提要:1942 年春,整风运动开始。其内容是:反对主观主义以整顿学风,反对宗派主义以整顿党风,反对党八股以整顿文风。贯彻的方针是:"惩前毖后,治病救人",用"团结—批评—团结"的方式,达到既要弄清思想,又要团结同志的目的。采用的方法是:在精读马克思列宁主义基本文件基础上,反省自己的工作、思想,实事求是地进行批评与自我批评,具体分析产生错误的原因和克服错误的方法。党的高级干部还着重对于党的历史进行了学习、研究和讨论。本书收录了有关整风运动的论著,包括毛泽东《整顿学风、党风、文风》、《反对党八股》、《中共中央关于延安干部学校的决定》,刘少奇《论共产党员的修养》,以及斯大林、季米特洛夫等的文章共 27 篇。

中国需要真正民主政治

张澜著。[1943]年。16 页,19cm。JF0973/D693.2

提要:本书介绍近代民主政治的消长及民主政治和党治的概念,主张以选举、罢免、创制、复决四权训导人民,培养其行使民权的能力与经验,从而加速宪政的准备实施。包括近代民主政治的消长、什么叫民主政治、什么叫党治、训政与宪政、中国今天需要从速实行真正民主政治等 5 部分。

张澜(1872—1955),字表方,四川南充(今西充县莲池乡)人。参加过四川保路运动,曾任成都大学校长,1941 年参加发起中国民主政团同盟(1944 年改为中国民主同盟),继黄炎培后任民盟中央执行委员会主席、民盟第一届中央委员会主席,建国后任中华人民共和国中央人民政府副主席、全国人大常委会副委员长等职。

整顿三风文件:改造思想必须精读的二十二个文件

山东,新华书店,1944 年 5 月。182 页,17cm。JF0533/D264

提要:1942 年,延安开展了以"反对主观主义以整顿学风,反对宗派主义以整顿党风,反对党八股以整顿文风"为主旨的整风运动。本书收录 22 个相关文件,包括整顿学风党风文风(毛泽东)、反对党八股(毛泽东)、中共中央关于增强党性的决定、斯大林论党的布尔什维克化等。书后有附件 2 篇和《整风学习参考文章目录》。

七月以来的时局

晋察冀日报社编。[阜平],晋察冀日报社,1944 年 10 月。139 页,19cm。JF0923/D693.09

提要:本书反映抗战 7 年来的时局。内收《解放日报》社论《中国共产党创立二十三周年》、《豫湘战役为什么失败》、《欧洲战局》,新华社评论《湘战的真相》、《延安观察家评国内战局》,周恩来双十节讲演《如何解决》等22篇。并有《中国共产党中央委员会抗战七周年纪念口号》。

关于学习问题给淮北区党委的信

刘子久著。[延安],解放社,1944年。28页,18cm。JF1024/D261

提要:这封信是刘子久同志写给淮北区党委的,代表党内党外广大群众说出了心里想说的话。他指出自夸自满、自高自大、官僚主义、脱离群众等弊病,在各抗日根据地里依然存在;认真关心群众利益,认真发扬党内外的民主,认真向广大群众中与各个阶层中的模范人物学习,发扬这些模范人物的事迹等作风,还没有完全普及。中央同志看过信后,委托新华通讯社广播淮北及各地,使各地各级领导机关中的同志以及广大党内外群众均能阅读。

刘子久(1901—1988),原名刘俊才,曾用名刘干,山东广饶人。1924年秋加入中国共产党,曾负责农运工作以及党的地下工作。建国后历任中共全国总工会文教部部长、政策研究室主任、书记处书记、中国教育工会代主席、国家劳动部副部长、党组成员等职,曾被选为第一、三、四届全国政协委员。

盟邦人士的诤言

[延安],新华书店,1944年。1册,20cm。987/780.5

提要:本书是英、美报刊对中国共产党和中国形势相关评论的资料汇集。内收《论中国在联合战争中的地位》(华生)、《对中国政府之批评》(罗果夫)、《中国军队的实情》(罗辛格)、《胜利需在中国争取》(史蒂华)、《远东的混乱》(美国《新共和国杂志》)、《论中国形势》(史温格)、《烦恼的中国》(爱金生)、《关于中国的近况》(格尔德)等13篇。篇首有《解放日报》时评代序:《盟邦人士的诤言》。

英美报章杂志论中国

[阜平],晋察冀日报社编。1944年。80页,18cm。JF1149/D693.09

提要:本书是评论英、美报刊对中国共产党和中国形势相关评论的资料汇集。内收《远东的混乱》(美国《新共和国杂志》)、《关于中国的近况》(格尔德)、《胜利需在中国争取》(史蒂华)、《烦恼的中国》(爱金生)、《论中国形势》(史温格)等14篇。篇首有《解放日报》时评:《盟邦人士的诤言》。

整风文献:下册

毛泽东著。[濮县],冀鲁豫书店,1944年。1册,19cm。JF0340/D264

提要:本书收录了有关整风运动的论著,包括《怎样做一个共产党员》、《反对自由主义》、《反对党八股》、《评中国之命运》等15篇。

中国共产党对中华民族的贡献

[安东],辽东建国书社,1944年。110页,18cm。JF0396/D231

提要:《抗战文献》之三。记录八路军、新四军等中国共产党领导下的抗日队伍在抗日战争中的成绩及各个抗日根据地的情况,说明中国共产党在抗日战争中的作用和对中华民族的贡献。收

《八路军新四军的抗战成绩与敌后抗日根据地的概况》、《百炼成钢的晋察冀边区》、《一二九师与晋冀鲁豫》、《新山东的成长》、《战斗中生长的晋绥边区》、《新四军和华中抗日根据地》、《屹立在南海上的东江与琼崖抗日根据地》等7篇文章。

评《中国之命运》

陈伯达等著。张家口,新华书店晋察冀分店,1945年9月。112页,19cm。JF0442/D693.09

提要:本书收录《评〈中国之命运〉》(陈伯达)、《谁革命？革谁的命?》(范文澜)、《〈中国之命运〉——极端唯心论的愚民哲学》(艾思奇)、《驳蒋介石的文化观》(齐燕铭)等4篇文章。

司法工作学习材料:第1辑

晋察冀边区高等法院编。[张家口],晋察冀边区高等法院,1945年12月。72页,19cm。JF1051/D929.6

提要:本书收录陕甘宁边区司法工作的有关报告及会议总结。包括《关于改善司法工作——摘录陕甘宁边区政府一九四三年工作总结》、《司法工作报告——高等法院王院长在边区司法会议上的报告》、《司法会议的结论——边委会宋主任在边区司法会议上的结论》、《监所工作的几点检查——司法工作报告第四部分补充材料》等4篇文章。

论领导方法

滨海区党委,滨海军区政治部编辑。山东,胶东新华书店,1945年。56页,18cm。JF0531/D25

山东,山东新华书店,1949年7月。86页,17cm。JF0505/D25

提要:本书选辑中共中央指示及各负责同志的文章,收《论领导方法》和《关于工作作风问题》(高岗)。附录:《我们的动员方式》(王赤军)、《我的几点工作经验》(齐长发)、《马锡五的审判方式》(解放日报)等5篇。具体介绍了从群众中来、到群众中去,抓住工作的中心一环,一般号召与个别指导相结合,领导骨干与广大群众相结合,创造典型、开展英雄主义运动,发挥创造性,反对脱离群众与自满等7种领导方法。

胜利民主和平大宪章

晋察冀日报资料室编。晋察冀日报资料室,1945年。32页,18cm。JF1235/D816

提要:抗日战争胜利前夕出版的会议资料集,收《大西洋宪章》、莫斯科三国外长会议文件、德黑兰会议公报、克里米亚会议联合声明及《解放日报》的两篇社论和一篇时评。

时时刻刻为老百姓兴利除弊,领导方法与作风

高岗著。华北新华书店,[1945]年。40页,18cm。JF1112/D25

提要:内收《关于工作作风问题》、《时时刻刻为老百姓兴利除弊》、《合作社要为群众作事》、《从生产线上开展妇女运动》、《党在春耕运动中要解决的三个问题》以及高岗与基层干部谈话记录《春耕领导的两个典型》(鲁直整理)等6篇材料。

高岗(1905—1954),原名高崇德,字硕卿,陕西省横山县人。陕甘宁革命根据地领导人之一,建国后曾任中共中央东北局第一书记、中华人民共和国中央人民政府副主席等职;1954年2月在

中共七届四中全会上因同饶漱石进行分裂党、篡夺党和国家最高权力的阴谋活动受到揭发和批判，1954年8月17日自杀身亡；1955年3月中共全国代表会议通过决议，开除其党籍，撤销其党内外一切职务。

亚洲的决策

(美)拉铁摩尔著。重庆，中外出版社，1945年。117页，19cm。JF0611/D730.0

提要：全书共6章：先提出亚洲在战争和政治中的重要性，总述第二次世界大战中，在亚洲所发生的事件、所形成的意见和所做的决定，大致决定着世界各地事态的演进。再分别讲述二战中日本帝国主义，中国国民革命及民族主义运动，然后概括地分析亚洲各小国在二战后的政治倾向。最后从美国"安全的政治性"角度考虑亚洲各国，及"一个美国对亚洲政策的要点"。

拉铁摩尔(1900—1989)，美国著名汉学家、蒙古学家，蒋介石的政治顾问。1922年周游新疆、内蒙和东北各地，著有《中国的亚洲内陆边疆》一书。曾访问过延安，1938年起执教于霍普金斯大学。1941年由罗斯福推荐任蒋介石的私人政治顾问，次年回国。后任职于战时情报局，负责太平洋战区工作。1944年曾建议美方施加压力使蒋介石政府调整与中共的关系。20世纪50年代受麦卡锡主义的迫害，流亡英国。著有《亚洲问题解决》、《美国与亚洲》等。

中苏友好同盟条约全文

[涉县]，太行新华日报，1945年。14页，19cm。JF0948/D829

提要：《中苏友好同盟条约》是1945年8月14日中华民国政府与苏联政府就对日作战后期及战争结束后解决双方争议问题的一个条约。条约共八条，主要内容是：两国在对日战争中，"彼此互给一切必要之军事及其它援助与支持"、"不与日本单独谈判"或"缔结停战协定或和约"、战后"共同密切友好合作"、"彼此给予一切可能之经济援助"、"不缔结反对对方的任何同盟"、"不参加反对对方的任何集团"。同时，苏联政府声明：一切援助给予国民政府，并重申尊重中国在东三省之完全主权及领土的完整。中华民国政府声明：日本战败后如外蒙古公民投票证实其独立的愿望，中国政府承认外蒙古之独立。另外，此条约还规定：中苏共管长春铁路三十年，旅顺为共享海军基地三十年，大连为自由港，苏军进入东北后，收复区内由中华民国派员设立行政机构并派军事代表和苏联联系。日本投降后最迟三个月内苏军全部撤出东三省。条约有效期为三十年。

论共产党员的修养

刘少奇著。张家口，新华书店，1946年4月。78页，19cm。JF1220/D263

[平山]，华北新华书店，1947年6月。134页，18cm。JF1231/D263

[蒙阴]，山东新华书店总店，1947年10月。101页，18cm。JF1225/D263

[平山]，晋察冀军区政治部，1947年10月。115页，18cm。JF0556/D263

华东新华书店总店，1949年1月。138页，18cm。JF1208/D263

[兴县]，晋绥新华书店，[1949]年。129页，18cm。JF0450/D263

提要：本书是1939年7月8日刘少奇同志在延安马列学院所作的公开演讲，分绪论、党员思想意识的修养、组织上的和纪律上的修养等三部分。包括共产党员为什么要进行修养，作为马克思、恩格斯、列宁、斯大林最好的学生，共产党员的修养和群众的革命实践等内容。

刘少奇(1898—1969)，湖南宁乡县人。中华人民共和国开国元勋，党和国家主要领导人之一。

曾主持制定《中华人民共和国土地改革法》、参与制定《中华人民共和国宪法》，并且是社会主义建设过程中一系列重大决策的制定者和实施者之一。此外，他也是党内公认的党建理论家，代表作有《论共产党员的修养》、《论党》、《论党内斗争》等。

论共产党员的修养：上册

刘少奇著。[张家口]，华北新华书店，1946 年 5 月。83 页，18cm。JF1064/D263

[平山]，华北新华书店，1947 年 3 月。83 页，18cm。JF1223/D263

[平山]，晋察冀新华书店，1947 年 9 月。82 页，18cm。JF1209/D263

[平山]，华北新华书店，1947 年 12 月。83 页，18cm。JF1221/D263

[正定]，华北大学，1949 年 3 月。94 页，18cm。教学用书之七。JF1207/D263

提要：本书是 1939 年 7 月 8 日刘少奇同志在延安马列学院所作公开演讲的上半部分。包括绪论和党员思想意识的修养。其内容有共产党员为什么要进行修养，作为马克思、恩格斯、列宁、斯大林最好的学生，修养的各方面及修养的方法等。

关于党的群众路线问题

[刘少奇著]。[长治]，太岳区党委，1946 年 7 月。13 页，18cm。JF0847/D252

提要：本书摘自刘少奇同志在党的“七大”上作的修改党章的报告中关于党的总纲第 4 部分，着重论述党的群众路线，指出它“是我们党的根本的政治路线，也是我们党的根本的组织路线”。同时还详细阐述了为贯彻群众路线必须坚持的几个群众观点，即：一切为了人民群众的观点，一切向人民群众负责的观点，相信群众自己解放自己的观点，向人民群众学习的观点。

联共（布）党史简明教程

联共（布）中央党史委员会编著。山东，胶东新华书店，1946 年 7 月。399 页，19cm。JF0607/D351.23

中国出版社译。中国出版社，1946 年。427 页，18cm。JF0366/D351.23

提要：本书简略地叙述了苏联共产党（布）的历史。分 12 章，概述苏联共产党在社会民主工党、日俄战争、第一次世界大战、十月社会主义革命、国民经济恢复、国家社会主义工业化、农业集体化等各革命时期的斗争发展历史。包括为在俄国建立社会民主工党而斗争、俄国社会民主工党的成立，党内布尔什维克和孟什维克两派的出现、孟什维克和布尔什维克在日俄战争和俄国第一次革命时期、孟什维克和布尔什维克在斯托雷平反动时期等。

袁世凯再版

范文澜等著。[安东]，辽东建国书社，1946 年 7 月。42 页，19cm。JF1190/D693.09

提要：内收《袁世凯再版》（范文澜）、《蒋介石应当爱国》（陈伯达）以及《解放日报》社论《请重庆看罗马》、《法西斯主义就是祸国叛国亡国的主义》、《国民党真愿为秦桧耶?》、《国民党与民族主义》、《根绝国内的法西斯宣传》等 7 篇。

范文澜（1893—1969），字仲云，浙江绍兴人，历史学家。曾在南开大学、北京大学、北京师范大学、中国大学、辅仁大学等校任教。主编《中国通史简编》，并长期从事该书的修订工作。还著有：《中国近代史》（上册）、《历史考略》、《群经概论》、《水浒注写景文钞》、《文心雕龙注》、《太平天国革命运动》、《范文澜史学论文集》等。

中共晋察冀中央局关于传达与执行中央五四指示的决定

[张家口],[中共晋察冀中央局],1946年7月。28页,18cm。JF0497/D651.1

提要:为消灭封建制度,彻底解决土地问题,1946年5月4日,中共中央发出了《关于清算减租及土地问题的指示》(即《五四指示》)。指示规定了不可侵犯中农的土地,对富农和地主、地主中的大中小、恶霸非恶霸应有所区别,各地纷纷传达和执行。本书就是中共晋察冀中央局的传达文件。

论民族民主革命

吴理平著。[大连],大众书店,1946年8月。310页,18cm。JF0512/D026

提要:本书概述资产阶级性民主革命(民族民主革命)的几个基本问题。包括绪论、论资产阶级性革命的社会经济内容、论资产阶级性革命的几种类型、论无产阶级在资产阶级性民主革命中的方针、论民主共和国、论革命转变等6章,有简短结语。

马叙伦言论集

马叙伦著。临沂,山东新华书店,1946年8月。145页,18cm。JF0946/D693.09

大连,大众书店,民国36年[1947]。170页,19cm。307.2/418.7

提要:马叙伦(1885—1970),辛亥革命前参加同盟会,民国后历任上海《国粹学报》、《大共和日报》编辑、总编辑,清华大学、北京大学等校教授,北洋政府和国民党政府教育部次长等职。1946年在上海发起组织中国民主促进会,致力于民主爱国运动。本书收录了马叙伦的有关言论,包括《卷头语》及《走上民主的路吧》、《政治协商会的大礁是什么》、《怎样结束昆明惨案》、《当前一个严重问题》、《这是什么算盘》、《戴笠将军的遭难》、《对于敬师运动的感想》等24篇文章。

战后中国的两条路线

徐林仪编。临沂,山东新华书店,1946年8月。12,485页,19cm。JF0585/D693.09

提要:本书分上下两编。上编分蒋介石应当爱国、中国法西斯的回光返照、全民族爱国运动的开展等3章,共39篇。著者有陈伯达、陈世民、(美)威廉·格雷、徐方略、马寅初、钱塘、(苏)马西努、肃扬等。下编分美国对外政策的分析、中美人民和呼声与正义的谴责、美国国内危机与和平民主运动、英美矛盾与被压迫民族反美运动等4章,共53篇。作者有赫生、张仲实、(美)福斯特、彦修、(美)贝泼尔等。书前有《中国共产党中央委员会为"七七"九周年纪念宣言》。附录《战后中东新问题》(金仲华)等14篇。

论党

刘少奇著。[张家口],华北新华书店,1946年10月。105页,17cm。JF0428/D263

提要:刘少奇同志长期主持中央一线工作,在党的建设方面有突出建树,丰富了马克思列宁主义、毛泽东思想关于党的建设的理论。本书收录了刘少奇同志关于党的建设方面的7篇文章,包括《人的阶级性》、《作一个好党员,建设一个好的党》、《论党内斗争》、《反对党内各种不良倾向》、《民主精神与官僚主义》、《算清党内的塞维主义思想》、《答宋亮同志》等。附:宋亮同志给少奇同志的信。

论共产党员的修养，第二部分

刘少奇著。[张家口]，华北新华书店，1946 年 10 月。46 页，18cm。JF1222/D263

[张家口]，华北新华书店，1946 年 10 月。46 页，18cm。JF1224/D263

朝城，冀鲁豫书店，1947 年 5 月。48 页，18cm。JF1233/D263

提要：本书是根据刘少奇在华中党校的报告记录整理而成，但并未经过他亲自校阅。主要论述组织上和纪律上的修养。其内容有党员与党及其他党员的关系、民主集中制之执行、"愿意"与"强迫"的统一、自由与必然等。

党的政策选集

[张家口]，晋察冀日报社(翻印)，1946 年。270 页，图，19cm。JF0317/D24

提要：本书收录了中国共产党在政治、经济、文化等各方面政策决定、指示、讲话及报告的汇编。包括毛泽东《〈共产党人〉发刊词》，《毛泽东同志在苏区党代表大会上的政治报告及结论》，《中央关于目前形势与党的任务的决定》(1937 年 8 月 25 日洛川会议)，《陕甘宁边区施政纲领》(1941 年 5 月 1 日批准)，刘少奇《肃清"立三路线"的残余——关门主义、冒险主义》，《中央关于领导方法的决定》(1943 年 6 月通过)等 25 篇。附《湖南农民运动考察报告》。

论孙中山主义

陈伯达著。作者出版社，1946 年。164 页，17cm。JF0347/D693.0

提要：本书是《三民主义概论》的重改本，原书写于抗日战争时期。它介绍了孙中山先生及其提出的三民主义，即民族主义、民权主义、民生主义。对于三民主义提出的背景和具体内容作了详细论述，内分孙中山先生及其学说、三民主义的历史根源、三民主义与三大政策的革命完整性、三民主义简说、科学共产主义与三民主义等 5 部分。(作者介绍见《新妇女的人生观》)

时事评论

东北民主联军总政治部宣传部编。[沈阳]，东北民主联军总政治部宣传部，1946 年。49 页，19cm。JF0381/D693.74

提要：本书主要收录国民党二中全会所涉及有关问题的社论和讲话。包括《评国民党二中全会》(《解放日报》3 月 19 日社论)、《周恩来同志在记者招待会上发表对国民党二中全会谈话》、《破产的政治理论》(《解放日报》3 月 22 日社论)、《中共代表团发言人驳斥吴铁城欺人强辩》、《出尔反尔》(《新华日报》社论)、《东北应无条件停战》(《解放日报》4 月 12 日社论)等 8 篇。

太行区党委关于农村阶级划分标准与具体划分的规定

冀鲁豫区党委翻印，1946 年。23 页，17cm。JF0398/D693.7

提要：本书是深入贯彻阶级复查工作的参考资料，全书分为为什么提出这个规定、这次提出的划分原则与对四二年暂行办法中一个重要修正、农村各个阶级阶层的具体划分 3 部分，详细介绍贫农、中农、地主阶级等各阶级成分及划分原则。

为和平民主而战

时论丛刊社编。[上海],时论丛刊社,1946 年。[22]页,19cm。JF0388/D693.09

提要:《时论丛刊》之一。共收录 3 篇文章,分别为:一、《周恩来同志在渝招待中外记者对目前中国政治形势发表声明》,主要涉及实现政协决议、改组政府、军事问题及东北问题。二、《重庆事件与东北问题》(《解放日报》1946 年 2 月 25 日社论),主要评论重庆事件和东北问题。三、《驳蒋介石》(《解放日报》1946 年 4 月 7 日社论),主要揭露蒋介石独裁统治。

怎样爱护区村干部:工作、作风、学习、打算

华北新华书店编辑部编。[张家口],华北新华书店,1946 年。46 页,19cm。JF1171/D630.3

提要:收《个人工作前途问题》(王如成、赵长亭)、《村干部的家庭问题》(苏里)、《区村干部怎样学习》(解索)、《赵金柱三变作风》(石峰)、《李马保培养知识份子的方法》(赵正晶)、《强迫同自愿》(马羽)等 14 篇文章。

中国游记

[安东],辽东建国书社,1946。62 页,19cm。307.1/453.66

提要:《时论选集》之 14,辑选《新华日报》、《解放日报》等所载时论、报道(包括译文)十余篇,包括《国民党当局"民主"运动的真相》、《重庆的戏剧运动》、《中国的政治僵局》、《盟国舆论》等,从多方面揭露了国民党统治区的黑暗统治。书名是其中一篇译文的篇名。

群众工作手册:第 7 辑

东北日报社编。[哈尔滨],东北书店,1947 年 8 月。40 页,18cm。JF0400/D252-62

提要:本书收录了东北地区群众工作总结,包括《松江省群运总结》、《北安地区群运总结》、《嫩江地区群运总结》、《三肇地区群运总结》、《合江省一年群运总结》、《牡丹江专区群运总结》、《辽吉群工会议总结》等 7 篇。

知识分子的任务与出路

于毅夫著。[哈尔滨],东北书店,1947 年 9 月。36 页,18cm。JF1147/D663.5

[哈尔滨],东北书店,1947 年。35 页,18cm。JF0369/D663.5

提要:本书最初是作者应齐齐哈尔市教育工作者大会和青年学员之邀去阐述"知识分子的任务与出路"问题而写的,他认为东北知识分子受了十四年的敌伪奴役压迫,思想上迷失了方向,一般的认不清自己本身的缺点,同时也认不清自己本身应肩负的时代任务,所以着重地指出知识分子所犯的种种毛病,同时也说明了知识分子的革命性。号召知识分子克服旧的思想观念,鼓足勇气,创造新的世界。书中包括知识分子与半知识分子、知识分子的特点、知识分子的任务与出路 3 部分。

于毅夫(1903—1982),原名于成泽,笔名洪波、逸凡,吉林双城(今属黑龙江肇东)人。1936 年加入中国共产党。后任东北抗日救亡总会宣传部部长、新华社华中分社总编辑、嫩江省人民政府主席。建国后历任黑龙江省人民政府主席、中共中央统战部副部长、中共吉林省委书记处书记、吉林省政协副主席等职。

翻身道理

王希坚著。[平山],晋察冀新华书店(翻印),1947年10月。36页,18cm。JF1264/D422.62

提要:据山东解放区出版物翻印。内分谁养活谁、耕者有其田、吴满有方向、翻身后的三件事等4部分共21节,号召广大农民翻身解放、当家做主,提倡劳动光荣、争当英雄。每个小节后附有讨论问题。

王希坚(1918—1995),山东诸城人,我国当代著名作家、诗人。1937年加入中国共产党。1941年任八路军独立旅政治宣传科科长,《山东群众》、《群众文化》主编等职。建国后历任新华书店山东总分店编辑部副主任,山东省文联副主席,中国作协第一、二届理事等职。著有长篇小说《地覆天翻记》、《迎春曲》、《雨过天晴》,诗集《翻身民歌》等。

中国土地法大纲

[平山],晋察冀新华书店,1947年11月。6页,18cm。JF0498/D922.3

[平山],中共晋察冀中央局(翻印),1947年12月。6页,18cm。JF0499/D922.3

提要:《中国土地法大纲》于1947年9月13日在全国土地会议上获得通过,全文共16条。主要内容是:废除一切地主的土地所有权,并征收富农多余的土地财产;按乡村人口平均分配土地;乡村农会、贫农团及其委员会为土改的合法执行机关。附录:中共中央关于公布《中国土地法大纲》的决议。

中国政治思想史:第1分册

吕振羽著。佳木斯,东北书店,1947年11月。239页,19cm。JF0559/D092

中国政治思想史:第2分册

吕振羽著。[安东],东北书店辽东总分店,1949年6月。366页,19cm。JF0546/D092

提要:本书系《中国政治思想史讲义》修改扩充而成,是研究中国哲学史乃至中国社会思想史的重要参考资料。第1分册分为导言、商朝奴隶制时代的巫教神学和"八卦"哲学、初期封建政治思想的演化、初期封建制发育成熟时代政治思想的各流派、初期封建制矛盾发展时代政治思想的各流派等5编。第2分册分为专制主义的封建制初期政治思想各流派及其演变、矛盾斗争扩大期中的各派政治思想、地主阶级经济复兴时代的各派政治思想、封建主义衰落时期政治思想的各流派、封建主义崩溃期的各派政治思想等5编。

吕振羽(1900—1980),名典爱,字行仁,湖南邵阳人,中国早期马克思主义历史科学拓荒者之一。建国后历任中共中央历史问题研究委员会委员、大连大学校长兼党委书记、中央党校教授及历史教研室顾问等职。撰写了大量史学理论研究、民族史方面的论文,多辑入《史学研究论文集》、《史论集》、《吕振羽史论选集》等著作。

关于修改党章的报告

刘少奇著。[滨州],中共渤海区委,1947年。114页,18cm。JF0597/D21

哈尔滨,东北书店,1948年。116页,19cm。JF0541/D21

北平,新民主出版社,1949年2月。113页,19cm。JF1026/D21

［菏泽］，冀鲁豫新华书店，1949 年 3 月。113 页，18cm。JF1025/D21

提要：《关于修改党章的报告》是刘少奇同志 1945 年 5 月 14 日在中国共产党第七次全国代表大会上所作的报告。包括引言、关于党章的总纲、关于党员、关于党员的义务与权利、关于党内民主集中制、关于干部问题、关于党的基础组织、关于奖励与处分、党的严肃性与灵活性等 9 章。

狐群狗党现形记：青年党、民社党、政学系介绍

华北新华书店编辑部编辑。［平山］，华北新华书店，1947 年。55 页，18cm。JF0716/D693.74

提要：1947 年，蒋介石对国民政府进行改组，新增加了官僚财团的政学系、由保皇党研究系出身的民社党和国家主义派的青年党三种新成分。本书对新加三种成分的情况进行了一一说明。全书收录了《政学系介绍》（新华社）、《政学系人物介绍》、《民社党介绍》（新华社）、《民社党的历史道路》（王坪）、《谈附蒋为奸的张君劢》、《青年党介绍》（新华社）、《青年党外史》（陈永年）、《青年党的真面貌》（史敬棠）、《"中和党"如此这般》（林南）等 13 篇。

回顾与前瞻

薄一波等著。［平山］，华北新华书店，1947 年。87 页，18cm。JF1040/D23

提要： 1947 年时事学习文件之四。主要内容是对 1946 年国共关系及世界形势和中国战局的回顾，对 1947 年战争形势的展望。内收《毛主席新年祝词》（毛泽东）、《一九四七年十大任务》（朱德）、《艰苦奋斗迎接光明》（《解放日报》评论）、《回顾与前瞻》（薄一波）、《对于战后国际形势中几个基本问题的解释》（陆定一）等 5 篇。附录《论战局》（《解放日报》社评论）、《评马歇尔离华声明》（周恩来）、《比较》（陆定一）等 9 篇。

薄一波（1908—2007），原名薄书存，山西定襄县人。1925 年加入中国共产党，曾在山西，天津等地从事兵运等工作。建国后历任华北局第一书记、财政部部长、国务院第三办公室主任、国家经济委员会主任、国务院副总理等职。著有《若干重大决策与事件的回顾》、《领袖元帅与战友》等著作。

蒋介石卖国真相：美帝国主义侵略下急剧殖民地化的中国

方克编著。佳木斯，东北书店，1947 年。108 页，18cm。JF0605/D693.09

提要：本书介绍中国急剧殖民地化的原因、事实，以及殖民地化的中国社会面貌，进而揭露蒋介石投靠美国的卖国真相。本书分为中国殖民地化的危机异常严重、中国急剧殖民地化的原因何在、中国急剧殖民地化的事实表现、殖民地化的中国的社会相等 4 节。有卷头语、卷末语。

方克（1918—2009），湖南桃江人。1938 年加入中国共产党，曾任抗大政治教育干事。1949 年后任湖南人民革命大学教务处处长、湖南省行政学院副院长、湖南省委党校副校长、《红旗》杂志副总编辑等职。晚年潜心研究辩证法，著有《王船山哲学思想研究》、《中国辩证法思想史》、《中国军事辩证法思想史》等著作。

论共产党员

刘少奇著。［哈尔滨］，东北书店，1947 年。120 页，18cm。JF0350/D263

提要：本书收录了刘少奇、陈云有关共产党员的修养、教育和培养问题的论述。包括人的阶级性、论共产党员的修养、作一个好的党员建设一个好的党、党的群众路线问题等 4 部分。附录：陈云

《怎样作一个共产党员》。

欧洲形势

东北日报社编。佳木斯,东北书店,1947年。133页,18cm。JF0610/D750.09

提要:本书收录有关欧洲形势、南斯拉夫问题文章14篇。包括《欧洲形势》、《联合国大会上维辛斯基演说全文》、《南斯拉夫人民阵线二届大会声明》、《日丹诺夫关于国际形势的报告》、《论九国共产党会议》、《苏联经济学家维什涅夫论战后欧洲经济形势》、《美共主席福斯特论美国资产阶级与外交政策》、《十月革命三十周年莫洛托夫演说全文》等。

谁要中国内战?

(美)罗辛格等著。[哈尔滨],东北书店,1947年。83页,19cm。JF0536/D693.09

提要:抗日战争胜利后美国干涉中国内战,给蒋介石各种军事援助,支持蒋介石打内战。外国的一些作家、记者、评论家纷纷发表评论。这本书的作者之一罗辛格是美国著名自由主义作家,时任美国外交政策协会编辑,考察上海、南京、北平、延安等地后,回国写了《谁要中国内战》这篇文章,对于中国内战及政治动向,有相当深刻的批判。另收有斯诺著《我们在中国干些什么》、史沫特莱著《我们正在建立一个法西斯的中国》、阿布兰著《我们如何失掉了朋友》、马西努评《美军驻华毫无理由》等11篇。附录:《美国武装干涉中国内政实录》。

最近一年间的国际动态:1946.7-1947.6

东北日报社编。佳木斯,东北书店,1947年。446页,18cm。JF0470/D5-53

提要:本书材料选自1946年7月至1947年6月的《解放日报》和《东北日报》,内分为国际形势中的基本问题、重要的国际会议、美国、欧洲和殖民地问题及日本朝鲜问题等章节,收《关于战后国际形势中几个基本问题的解释》(陆定一)、《评莫斯科外长会议》(《真理报》社论)、《论华莱士事件》(《解放日报》)、《新生的德国》(皮克),《战后英国经济》(瓦尔加)、《评日本大选》(《消息报》)、《朝鲜民主化的症结》(尹光)等文章。

工作文集

1948年1月。53页,18cm。参考材料之二。JF0577/D651.1

提要:本书是中共中央在解放区土地改革工作的文献汇编,主要收录相关讲话、报告和社论。包括《聂荣臻同志在晋察冀边区土地会议上开幕词摘要》、《平分土地与整顿队伍》(彭真同志在晋察冀边区土地会议上报告述要)、《要积极不要犯急性病》(《晋察冀日报》社论)、《晋察冀边区农会临代会告农民书》、《晋察鲁豫中央局召开全区土地会议》、《新形势新任务下彻底改变我们的作风》(高岗同志在冀察热辽分局干部会上报告)等6篇。

平分土地文献

东北日报社编。佳木斯,东北书店,1948年1月。50页,18cm。JF0436/D922.3

提要:本书收录了土地法大纲的相关文献,包括《关于公布中国土地法大纲的决议》、《中国土地法大纲》、《中国人民解放军宣言》、《中国人民解放军口号》、《中国共产党东北中央局告农民书》、《东北行政委员会布告》、《东北解放区实行土地法大纲补充办法》、《晋绥农委会发告农民书》等。

中国共产党党章及关于修改党章的报告

中共晋察冀中央局编。[平山],中共晋察冀中央局,1948年1月。131页,17cm。JF0513/D21

提要:1945年4月23日至6月11日,中国共产党第七次全国代表大会在延安召开。大会对六大党章进行了全面和重大的修改,最后通过了《中国共产党党章》,它是中国共产党第一部完全独立自主修改通过的党章。

本书收录了中共七大通过的《中国共产党党章》及刘少奇在七大所作《关于修改党章的报告》。《中国共产党党章》包括总纲和十一章七十条。其结构体例上依次为:总纲,党员,党的组织机构,党的中央组织,党的省及边区之组织,党的地方、县、市及区之组织,党的基础组织,党的地下组织,党的监察机关,党外组织中党组,奖励与处分,经费。

目前党的政策汇编

[佳木斯],东北书店,1948年4月。97页,19cm。JF1014/D24

提要:本书收录了土地改革、整党工作政策及经验介绍共6篇,包括《目前形势和我们的任务》(毛泽东)、《中共中央关于在老区进行土地改革工作与整党工作的指示》、《土地改革中的几个问题》(任弼时)、《山西崞县是怎样进行土地改革的》、《晋察冀平山县农村整党典型经验》、《陕甘宁绥德黄家川村调剂土地典型经验》等。

世界政治手册

陈原编。大连,生活书店,1948年4月。272,66页,19cm。JF0342/D5-62

提要:本书介绍各国政治经济的基本情况,分析了各国政治经济在战时和战后的演变及发展,以便读者更好地了解和研究国际形势。书中按照英文字母顺序分别介绍了美国、英国、芬兰等国家,每一个国家都从政治局势、政府组织、政党、报纸及通讯社和经济概况等6方面进行介绍。书前有前言、国名索引。书后有附录:陈原、石啸冲所编《国际常识小辞典》。

陈原(1918—2004),广东新会人。中国语言学家,编辑出版家,世界语专家。建国后,先后在三联书店、世界知识出版社、人民出版社、国际书店、国家出版局以及商务印书馆等出版机构担任领导职务。晚年主要从事语言研究,广泛参加各种学术活动,任中国社会科学院语言文字应用研究所所长、商务印书馆顾问、国家语言文字工作委员会主任等职。代表作有《社会语言学》、《陈原语言学论著》、《遨游辞书奇境》等。

新生的内蒙

辽南书店编。辽宁,辽南书店,1948年4月。62页,19cm。JF0583/D672.6

提要:本书分为2部分。第1部分"内蒙自治运动的成就",内收《内蒙自治运动中的两条道路》(云泽报告摘录),《内蒙古解放的道路》(哈丰阿报告摘录)等3篇;第2部分"内蒙人民的控诉与斗争",内收《草原晴天》、《福地王爷庙》、《青年的觉悟》、《妇女的新生》等12篇。

职工运动文献:1

佳木斯,东北书店,1948 年 5 月。21 页,19cm。JF1199/D412.0

提要:内收《目前形势和我们的任务》(摘录)、《论联合政府》中关于工业问题部分、《经济问题与财政问题》中第四点、《抗日游击战争中各项基本问题》中关于群众运动的政策等章节。末附新华社社论《坚持职工运动的正确路线反对"左"倾冒险主义》。

职工运动文献:2

佳木斯,东北书店,1948 年 6 月。62 页,19cm。JF1200/D412.0

提要:辑入《中共中央委员会发布纪念"五一"节口号》、《纪念"五一"迎接新任务》、《工商业政策》(摘自任弼时同志的报告)、《发展工业的劳动政策与税收政策》、《中共吉林市委会关于保护私营工商业的决定》、《年余来哈市职工运动总结》、《钟子云同志在工代会上的讲话》等 7 篇文章。末附《统一公营企业及机关学校战时工薪标准》、《哈尔滨特别市公营企业机关学校战时工薪标准暂行办法》、《哈尔滨特别市优待专门技术人员暂行办法》、《哈尔滨工厂实验按件奖励的几个问题》等 4 篇材料。

共产主义常识

东北书店编。哈尔滨,东北书店,1948 年 7 月。180 页,18cm。JF0519/D0-0

提要:本书收录马克思、恩格斯、列宁和斯大林有关共产主义的谈话、演讲及论著。包括《论国家——1919 年 7 月 11 日在斯维尔德洛夫大学的演讲》(列宁)、《十月革命底国际性质——为十月革命十周年纪念而作》(斯大林)、《无产者与共产党人——〈共产党宣言〉第二章》(马克思、恩格斯)、《布尔塞维克党是怎样形成的——摘录〈联共党史〉第一、二章》、《列宁论民主与平等论领袖、政党、阶级、群众之间的关系》、《与第一次美国工人代表团的谈话》(斯大林)、《与英国作家威尔斯的谈话》(斯大林)、《论共产主义青年团底任务》(列宁)、《无产者阶级和无产者政党》(斯大林)等。

论共产党

大连,大众书店,1948 年 7 月。288 页,18cm。JF0578/D1

大连,大众书店,1948 年。288 页,18cm。JF0332/D1

提要:《干部学习丛书》之三。本书从各方面详细地介绍共产党。共 12 章,包括工人阶级,共产党,党是科学共产主义理论与工人运动的结合,党的组织结构的基本原则,支部,党员,干部,铁的纪律,组织的领导,党的宣传鼓动工作,党内两条战线的斗争,党与群众的关系。本书比新华日报华北分馆所编《论共产党》少收《共产党法规》等 5 篇及附录《共产党的布尔塞维克化的条件》、《关于联共(布)党章修改的决议》等 4 篇。

工作文集

1948 年 8 月。50 页,18cm。参考材料之九。JF0576/D22

提要:本书是中共中央各项工作的文献汇编。主要收录了土改整党工作、"左派"幼稚病等方面的文件、指示和社论。包括《人民解放战争两周年的总结和第三年的任务》(新华社社论)、《中共中央关于一九四八年土改整党工作的指示》、《统一意志统一行动统一纪律》(《东北日报》社论)、

《中共中央宣传部关于纪念“七一”和“七七”的通知》、《反对经验主义》（艾思奇）、《重印〈左派幼稚病〉第二章前言》（中共中央宣传部）、《布尔塞维克成功底基本条件之一》、《〈左派幼稚病〉第二章》、《华北解放区的当前任务》等9篇。

妇女运动文献

罗琼编。哈尔滨，东北书店，1948年9月。115页，19cm。JF0558/D442.9

提要：本书是从事妇女工作的干部和关心妇女工作者学习业务研究业务的参考材料，包括当时妇女运动政策和妇女问题的基本理论。收《中共中央关于各抗日根据地目前妇女工作方针的决定》、《总结妇女工作的几个基本认识》（刘少奇）、《动员广大妇女到生产运动中来》（朱德）、《迎接妇女工作的新方向》（蔡畅）、《论妇女地位的变迁》（恩格斯）、《苏维埃共和国女工运动的任务》（列宁）、《中国妇女在“五四”运动中走上了自己解放的道路》（吴玉章）等16篇文章。

论领导方法

［佳木斯］，东北书店辽北分店，1948年9月。69页，18cm。JF0561/D25

提要：本书是根据中央指示及各负责同志的文章编辑而成，收录《中共中央关于领导方法的决定》（1943年6月1日中央政治局通过）、《论领导方法》和高岗《关于工作作风问题》。附录：王赤军《我们的动员方式》，齐长发《我的几点工作经验》，解放日报《马锡五的审判方式》等6篇。具体介绍了从群众中来、到群众中去，抓住工作的中心一环，一般号召与个别指导相结合，领导骨干与广大群众相结合，创造典型、开展英雄主义运动，发挥创造性，反对脱离群众与自满等7种领导方法。

目前形势和我们的任务

解放社编。［平山］，华北新华书店，1948年9月。158页，17cm。JF0358/D24

长春，东北书店，1949年2月。158页，18cm。JF0488/D24

［石家庄］，华北新华书店，1949年2月。158页，18cm。JF0487/D24

［正定］，华北大学印，1949年3月。144页，17cm。JF0357/D24

上海，解放社，1949年6月。158页，18cm。JF1062/D24

山东新华书店，1949年6月。169页，18cm。JF1063/D24

［北平］，新华书店，1949年7月。158页，18cm。JF0430/D24

北京，新华书店，1949年11月。158页，18cm。JF0481/D24

北平，新华书店，1949年。158页，18cm。JF0482/D24

［唐山］，冀东新华书店，1949年。198页，19cm。JF0590/D24

提要：本书收1947年5月至1948年7月有关中国共产党政策的重要文件。包括《中共权威人士论时局》（1947年5月30日）、《中国人民解放军宣言》（1947年10月10日）、《中国共产党中央委员会关于公布中国土地法大纲的决议》（1947年10月10日）、《目前形势和我们的任务》（毛泽东）、《土地改革中的几个问题》（任弼时）、《坚持职工运动的正确路线反对“左倾”冒险主义》、《中共中央关于在老区半老区进行土地改革工作与整党工作的指示》（1948年2月22日）、《中共中央关于1933年两个文件的决定》、《关于农业社会主义的问答》（新华社）、《发展工业的劳动政策与税收政策》等14篇。

半年来国内的形势

毛泽东等著。佳木斯,东北书店,1948 年 10 月。119 页,18cm。JF0389/D693

提要:本书收录自 1948 年 1 月至 6 月有关国内形势的文章和社论,材料选自《东北日报》,以发表时间先后为序。包括《目前形势和我们的任务》(毛泽东)、《一年来美国的侵华活动》(王宗一)、《内蒙古一年来的概况》、《向美国人民致敬》(新华社时评)、《蒋介石的财政危机》、《为完全解放东北而战》(《东北日报》社论)、《告困守东北各城市蒋军官兵书》(林彪)、《华北解放区的当前任务》(《人民日报》社论)等 30 篇。

城市工作指南

毛泽东等著。[哈尔滨],东北书店,1948 年 10 月。72 页,18cm。JF0329/D929.6

提要:本书是中共中央各项工作的文献汇编。包含晋绥干部会上的讲话,毛主席论新民主主义的经济,毛主席论工业与文化、教育、知识分子,论发展工业的劳动政策税收政策(陈伯达),任弼时同志论对工商业政策,东北局关于保护新收复城市的指示,华北解放区工商业会议等 12 篇文章。附录:关于农业社会主义问答。

苏联共产党(波尔什维克)历史

苏联共产党(布)中央委员会所设专门委员会编。[平山],华北新华书店,1948 年 10 月。531 页,18cm。JF0537/D351.23

提要:本书是对苏联共产党(波尔什维克)历史的简要叙述。共分 12 章,前有导言,后有结束语。概述了苏联共产党在社会民主工党、日俄战争、第一次世界大战、十月社会主义革命、国民经济恢复、国家社会主义工业化、农业集体化等各革命时期的斗争发展历史。包括为在俄国建立社会民主工党而斗争、俄国社会民主工党之形成、波尔什维克政派组织与孟什维克政派组织之在党内出现、孟什维克与波尔什维克之在日俄战争和俄国第一次革命时期、孟什维克与波尔什维克之在斯托雷平反动时期等。

中国近代政治思想史料

龚稷编辑。佳木斯,东北书店,1948 年 10 月。196 页,318cm。JF0334/D092.5

提要:本书汇集 1905 年以来的历史文献 60 余篇,作为东北大学近代史教学的参考资料。共 4 辑。第一辑收集了光绪三十一年(1905)《同盟会宣言》(孙中山)、《中国的民主主义与民粹主义》(列宁)等。第二辑多半是“五四”前的作品,包括《新的旧的》(李大钊)、《文学革命论》(陈独秀)、《这样的战士》(鲁迅)等。第三辑包括《庶民的胜利》(李大钊)、《十月革命的世界意义》(斯大林)、《论五四》(毛泽东)等。第四辑包括当时工农大众生活史料和罢工统计的《劳工调查》、《中共中央第一次对于时局的主张》(1922 年 6 月 15 日)、孙中山《国民党改组问题》等。

城市工作指南:第 2 辑

东北书店辑。哈尔滨,东北书店,1948 年 11 月。46 页,18cm。JF0156/D929.6

提要:解放战争后期,为顺利接管新解放城市,最大限度的保护城市秩序和工商业发展,中国共产党制定了明确的城市政策及工商业政策。本书收录东北、华北解放区有关城市、工商业的政策和法令,内分入城布告、财经、文教三部分。包括东北行政委员会布告、东北野战军颁布新区作战入城布告、正确执行劳资两利方针、华北各地整顿工商业、迅速驱除敌币、石家庄纠正无理侵犯工人福利错误、华北教育会议确定正规教育制度、东北行政委员会关于教育工作的指示、华北文艺会议等18篇。

城市政策汇编:1

东北书店编。哈尔滨,东北书店,1948年11月。15页,19cm。JF1166/D24

[哈尔滨],东北书店,1948年。15页,18cm。JF0331/D24

提要:本书收录了人民解放军入城后的相关纪律和地方政府对于保护工商业的几个布告和指示。包括《中共中央东北局关于保护新收复城市的指示》、《东北野战军新区作战入城布告》、《东北人民解放军司令部颁布部队入城纪律》、《我军解放开封时安民布告》、《华东人民解放军解放济南前颁布约法七章》、《陕甘宁边区政府关于保护工商布告》等7篇。

论国际主义与民族主义

刘少奇著。哈尔滨,东北书店,1948年11月。29页,19cm。JF1228/D069

冀热察导报社,1948年。29页,22cm。JF1134/D069

[哈尔滨],中国人民解放军东北野战军政治部,1948年。43页,18cm。JF0604/D069

[杭州],浙江新华书店,1949年8月。35页,19cm。JF1227/D069

提要:本书对资产阶级的民族主义和无产阶级的国际主义进行详细解释和论述。内分资产阶级民族主义的民族观、无产阶级国际主义的民族观、世界压迫民族与被压迫民族的现状、目前世界的两大阵营与民族解放运动的道路、资产阶级的民族主义在一定历史条件下的进步性与马克思列宁主义对于这种民族主义的态度、结论——真正的爱国主义与国际主义互相结合等6节。

爱国主义与国际主义

(苏)斯卡特谢科夫等著。哈尔滨,东北书店,1948年12月。49页,19cm。JF1188/D069

提要:1948年初,苏联与南斯拉夫国家关系破裂,社会主义阵营初步分裂,本书是相关资料汇编,内收《中共中央关于南共问题的决议》、《共产党情报局关于南共状况的决议》、《南共领导脱离了马列主义关于阶级和阶级斗争的理论》、《南共的领导修改了马列主义关于党的学说》、《爱国主义与国际主义》(仲平译)、《匈共底思想理论工作问题》(拉科西著,程之平译)等6篇。

关于东北解放区民主政权建设总结

林枫著。长春,东北书店,1948年12月。16页,19cm。JF1022/D673

提要:林枫(1906—1977),原名郑永孝,黑龙江望奎人。1927年3月加入中国共产党,1946年8月任东北各省行政联合委员会主席。建国后,历任东北人民政府办公厅主任、中共中央东北局常委、中共中央副秘书长、中共中央党校校长、全国人大副委员长等职。

本书是著者在东北第一次行政会议上所作的关于东北解放区民主政权建设总结报告。包括东北解放区民主政权的概况、东北解放区民主政权的性质、东北解放区民主政权的任务及土地改革、财经、教育文化、领导作风与干部问题等方面内容,并对东北解放区在民主政权建设中产生的问题提出了意见和建议。

蒋党真相

翊勋著。佳木斯,东北书店,1948 年 12 月。135 页,19cm。JF1142/D693.74

大众出版社,1949 年 3 月。185 页,17cm。JF0545/D693.74

提要:《三十年来见闻杂记》之一。本书原在《新华文摘》上陆续发表,在印成单行本时改名为《蒋党真相》。该书是在作者多年搜集近代历史事件和重要人物的基础上编辑而成,包括《曾国藩的治兵术》、《阴谋起家的地主买办阶级的最后代理人》、《何应钦—陈诚—胡宗南》、《CC 团》、《蓝衣社》、《政学系》等 31 篇。附录《胜利前后》等 13 篇。

翊勋,为恽逸群的笔名。恽逸群(1905—1978),原名钥勋,字长安、逸群,笔名翊勋等,江苏武进(今常州)人,著名报人、出版家。1925 年参加国民党,1926 年 7 月加入中国共产党。1932 年开始投身新闻界,先后任《立报》、《生活日报》、《导报》、《译报》等报纸编辑,并参与发起成立“上海文化界救国会”,建国后任上海解放日报社社长、总编辑兼华东新闻出版局局长,1955 年因所谓“潘、杨事件”被捕入狱、备受迫害,1982 年恢复党籍和名誉。代表作品有《新闻学讲话》、《吴佩孚评传》、《中国内幕异闻录》、《蒋党真相》等。

中国法西斯特务真相

黄榟清等著。佳木斯,东北书店,1948 年 12 月。86 页,18cm。JF0518/D693.65

提要:本书记述中国法西斯特务组织及其活动。收录《中国法西斯特务往哪里去?》(黄榟清)、《敌伪国特见闻记》(罗仪)、《戴笠之死与军统》(陈公恕)、《军统局内幕》(一个重庆特务给一个昆明特务的信)、《血和泪的控诉》(一个忏悔的特务)、《第七中美特训班的内幕》(陈世民)、《我是蒋匪的一个大特务》(胡志毅)等 7 篇。

中国共产党党章

哈尔滨,东北书店,1948 年 12 月。33 页,18cm。JF0454/D21

[临沂],华东新华书店,1948 年。24 页,18cm。JF0314/D21

北京,新华书店,1949 年 12 月。23 页,17cm。JF0515/D21

[北京],新华书店,1949 年。131 页,18cm。JF0592/D21

中共晋冀鲁豫中央局,[1945—1949] 年。24 页,18cm。JF0453/D21

山东,胶东区党委翻印,[1945—1949]年。102 页,18cm。JF0580/D21

提要:这部党章于 1945 年 6 月 11 日在中国共产党第七次全国代表大会上获得通过。全文包括总纲、党员、党的组织机构、党的中央组织、党的省及边区之组织、党的地方县市及区之组织、党的基础组织、党的地下组织、党的监察机关、党外组织中的党组、奖励与处分、经费等 11 章 70 条,规定了党的性质、纲领、方针、党员的权利和义务等、党的各级组织、监察机关的职责和任务、党内奖励与处分的办法等。

城市工作手册

东北书店辑。[牡丹江],东北书店牡丹江分店,1948 年。47 页,19cm。JF1180/D24

提要:包括《目前形势和我们的任务》、《对工商业政策》、《打人杀人问题》、《坚持职工运动的正确路线反对“左”倾冒险主义》、《中共东北中央局关于知识分子的决定》、《新民主主义政治》、

《新民主主义经济》等9篇文章。附录:《发展工业的劳动政策与税收政策》。

东南欧新民主国家

时代书报出版社编译。上海,时代书报出版社,1948年。225页,图,24cm。JF0309/D754.01

提要:本书介绍波兰、捷克斯洛伐克、罗马尼亚、保加利亚、匈牙利、南斯拉夫和阿尔巴尼亚等几个东南欧新民主国家,每一个国家按照总论、经济、政治三个方面进行说明。

封建主义

(苏)E. 柯斯明斯基著。[石家庄],华北韬奋书店,1948年。42页,18cm。322.35/239.6

西安,西北新华书店,1949年。40页,18cm。322.35/239.6 :1

[正定],华北大学1949年。53页,18cm。322.35/239.6 :2

提要:本书译自苏联《大苏维埃百科全书》,分为总论、西欧的封建主义、早期的封建主义、封建主义完全发展的时期、封建主义的解体、专制封建制度等5节。

柯斯明斯基(1886—1959),苏联历史学家。1919年任莫斯科大学教授,1929年为共产主义学院历史研究所成员,1939—1949年任莫斯科大学中世纪史教研室主任,1936—1952年任苏联科学院历史研究所中世纪史研究组组长。主要著作有《13世纪的英国农村》、《13世纪英国农业史研究》、《17世纪英国资产阶级革命史》、《中世纪史学史》、《英国封建主义和中世纪史学史问题》等。

工作文集

1948年。32页,18cm。参考材料之三。JF0510/D22

提要:本书是中共中央各项工作的文献汇编。主要收录了有关土地改革、知识分子和军烈属等方面的文献。包括《整编后方机关帮助前方胜利》(新华社社论)、《中共东北中央局颁布关于知识分子的决定》、《中共晋冀鲁豫中央局告全体党员书》、《严整军队党肃清军阀主义与宗派主义》、《陕甘宁边府公布优待军烈属新决定》、《曲阳晓林村的三个会》、《前冀中农林厅长地主份子张省三被停止党籍与撤职》、《华北联大开除吴秀坤党籍学籍》等15篇。

关于订成份分浮财的几个文件

[1948]年。29页,20cm。JF1021/D663

提要:油印本。这是关于订成份分浮财的文件汇编,内收《根据什么标准来划分阶级》(任弼时,摘自报告《土地改革中的几个问题》第一节)、《分浮财的几个问题》(《晋察冀日报》社论)、《关于已被没收尚未分配的浮财之处理办法》(中共晋察冀中央局)、《在晋绥干部会议上的讲话》(毛泽东)等4篇材料。

关于南共问题的两个决议

华北新华书店编辑部编。[平山],华北新华书店,1948年。12页,18cm。JF0936/D17

提要:"两个决议"是指《情报局关于南斯拉夫共产党状况的决议》和《中共中央委员会关于南共问题的决议》。前者对南斯拉夫共产党在1948年的错误状况,做出7方面分析及决议;后者说明中国共产党中央委员会完全同意《情报局关于南斯拉夫共产党状况的决议》,并从几个方面指出南斯拉夫共产党的领导集团违反了马克思列宁主义的基本观点,认为南斯拉夫党内所发生的事件,不是偶然的和孤立的现象,而是阶级斗争在无产阶级革命队伍中的反映。

辽吉历史文件汇编:第一册

中共辽吉省委编。中共辽吉省委,1948 年。241 页,18cm。JF0859/D673.1

提要:收自 1946 年 1 月至 1948 年 5 月期间的文件共 110 种。这些文件可以分四期:第一期(1946 年 1 月到 5 月),我军且战且退,中央发布建立根据地与我军由大城市开始转到乡村的指示。第二期(1946 年"七七决议"到 11 月底),敌占长春后,向西继续进攻,东北局发出"七七决议"指示全东北党员下乡放手发动群众。第三期(1946 年 11 月初至 1947 年 3 月),我军休整,敌占康平、通、鲁、长岭。第四期(1947 年 3 月至 5 月),我军四下江南,东北局发布大生产指示与新收复区工作指示(五月五日指示)。

论布尔什维克的原则性

(苏)日丹诺夫等著。[安东],辽东书店,1948 年。100 页,18cm。JF0335/D351.26

提要:本书收录《与群众联系是党的领导者最重要的品质》(《真理报》社论)、《在批评和自我批评的精神上培养干部》(叶群译)、《论布尔什维克的原则性》(斯列波巨著、亚天译)、《论忠诚与老实》(斯列波夫著、齐生译)、《日丹诺夫同志在讨论阿列克山得洛夫所著〈西方哲学史〉一书会议上的报告》(立三译)等 8 篇文章。

论党

东北军政大学政治部编。[东北军政大学政治部],[1948]年。228 页,18cm。JF0554/D263

提要:本书由东北军政大学政治部从《整风文献》及刘少奇同志《论党》等文件中汇选编印而成,是进行思想教育的重要参考资料。同时它也是负责思想教育工作的干部,用以改造自己、尺量自己、锻炼自己所必须研究阅读的重要文献。全书包括《人的阶级性》、《作一个好党员,建设一个好的党》、《论共产党员的修养》、《反对党内各种不良倾向》、《民主精神与官僚主义》、《关于宽大政策的解释》、《毛泽东同志在延安文艺座谈会上的讲话》等 15 篇文章。

论战后国际形势

解放社编。邯郸,华北新华书店,1948 年。169 页,18cm。JF0602/D5-53

提要:第二次世界大战结束后,国际形势发生了巨大变化。本书收录斯大林、毛泽东等人关于战后国际形势的讲话,包括《斯大林同志在莫斯科斯大林选区选举前选民大会上的演说》(1946 年 2 月 9 日)、《论国际形势》(日丹诺夫)、《伟大十月社会主义革命三十周年纪念》(莫洛托夫)、《全世界革命力量团结起来反对帝国主义的侵略》(毛泽东)等 8 篇。

论忠诚与老实

(苏)斯列波夫等著。中共嫩江省委,1948 年。66 页,18cm。JF0609/D351.26

提要:本书主要论述布尔什维克应具备忠诚老实、善于联系群众、原则性强、勇于揭露自身缺点、不墨守成规、不断向前进步等优良品质；还进一步讲述如何更好地培养共产党员。收录《论忠诚与老实》、《论对缺点的不调和性及布尔什维克的严肃性》、《论布尔什维克的原则性》（斯列波夫）；《对新鲜事物之感觉是布尔什维克高贵的品质》（多尔库诺夫）等11篇文章。

美国的政党

（苏）吴龙斯基著。哈尔滨，光华书店，1948年。81页，17cm。JF0527/D771.264

提要：全书分美国政党的特殊性、两党制、为建立第三政党的斗争三部分介绍美国的政党制度，认为垄断集团与国家机器的结合加剧了垄断资本的帝国主义倾向，号召广大人民为建立第三政党而斗争。附：《美国的法西斯主义》、《关于第三党（进步党）》、《美国选举制度》等3篇。

民青两党内幕

罗欣编。大连，大众书店，1948年。34页，19cm。328.2/484.31

提要：1946年11月，国民党召开“国民大会”，中共和各民主党派拒绝参加，中国青年党与中国民主社会党却积极支持，并随后参加改组后的国民政府，1949年后赴台。本书收《青年党介绍》（新华社）、《青年党的真面目》（史敬棠）、《青年党外史》（陈永年）、《青年党的故事》（吴格）、《民社党介绍》（新华社）、《论青年党和民社党参加“国大”》（阿拿托立耶夫）等6篇文章，附录《民社党“抢官丑态”》、《民社党的上钩》、《周济道手里的王牌》、《伪汪治下的青年党》。

人民公敌蒋介石

陈伯达著。[平山]，晋察冀军区政治部（翻印），1948年。226页，18cm。JF0555/D693.09

上海，新华书店，1949年8月。226页，18cm。JF0934/D693.09

天津，新华书店，1949年12月。222页，18cm。JF0157/D693.09

提要：本书从历史与政治的角度，论述了蒋介石为什么是人民公敌。共分为6部分：帝国主义在中国的最后一个大狗牙，中国人民的第一号公敌、从假革命到反革命、代替北洋军阀而起的封建买办新王朝、抗战失败主义和继续与人民为敌、穷凶极恶，日暮途穷，即将被人民活捉审判、消灭蒋介石，打碎蒋家小朝廷的全部统治机构。（作者介绍见《新妇女的人生观》）

山西崞县是怎样进行土地改革的？

[谭政文]著。[牡丹江]，东北书店牡丹江分店，1948年。16页，18cm。JF0431/D651.1

[哈尔滨]，东北日报，[1948]年。24页，18cm。JF0434/D651.1

[菏泽]，中共冀鲁豫区党委，[1948]年。27页，18cm。JF0525/D651.1

提要：这是中共中央晋绥分局社会部部长谭政文1948年2月8日关于山西崞县召开土地改革代表会议情况的报告。报告前有毛泽东于1948年3月12日的批语，号召每个乡村的工作干部认真学习崞县土地改革的典型经验。本书论述了在土地改革中所解决的几个问题：关于错订成分的问题、关于平分土地问题、整顿组织（改造政权）健全与巩固组织问题、会议的领导方法与缺点。

谭政文（1910—1961），又名谭哲，号藻如，湖南资兴人。1927年7月加入中国共产党，建国后历任北平市人民政府公安局局长、广州市委书记、最高人民检察院副检察长等职。著有《审讯学》等。

社会主义与共产主义

(苏)尤津著。哈尔滨,光华书店,1948 年。74 页,17cm。JF1113/D0 - 0

提要:本书结合苏联的具体情况和斯大林 1936 年关于苏联宪法草案的报告,论述由社会主义过渡到共产主义的理论和实际问题。具体阐述共产党的最终目的是建设共产主义社会,这一目标是苏联社会主义国家的实际任务。现在要一边努力实现新的斯大林五年计划,解决苏联的基本经济任务,巩固苏联的经济与军事威力,巩固其国防力量及其国际地位,一边建设共产主义,为共产主义之彻底胜利而斗争。

什么是共产党:读本第 1 册草稿

辽南五分区宣传部编。[营口],辽南五分区宣传部,1948 年。24 页,19cm。JF0980/D219

提要:为使每个新党员提高自己的阶级觉悟和工作能力、了解党的知识、懂得革命的道理,辽南五分区宣传部编写此书,作为新党员学习读物。全书共 12 课,分述阶级、阶级压迫、阶级斗争,共产党的产生、性质、目标,以及新民主主义革命和社会主义苏联等。

苏联社会和国家制度

(苏)卡尔宾斯基著。上海,时代书报出版社,1948 年。99 页,18cm。JF0484/D751. 22

提要:根据 1948 年苏联最高国家政权机关最新修正的苏联新宪法原文,本书对苏联的社会和国家制度、公民的权利与义务作简明扼要的叙述,分 8 章:苏维埃社会主义社会、苏维埃社会主义国家、苏维埃社会主义共和国联邦的国家制度、苏联最高国家政权机关和最高国家行政机关、苏联的法院和检察机关、苏联公民的基本权利、苏联公民的基本义务、苏联人民的领导力量。

苏联职工会工作介绍

陈兵编。大连,新华书店,1948 年。194 页,18cm。JF0461/D415. 126

提要:本书介绍苏联职工会工作情况,内分为性质与任务、集体合同、文教工作和福利工作四部分,包括《列宁和斯大林论苏联职工会》、《苏联职工会战斗的行动纲领》、《新经济政策下职工会的作用与任务》、《苏联职工运动的道路》、《苏联集体合同的任务和内容》、《苏联职工会怎样培养干部》、《苏联职工会的基金用于何处》、《苏联职工会如何关怀工人福利》等 22 篇。附《苏联职工会章程》、《新民主主义国家的职工会》等 3 篇。

土地改革工作与整党工作

[中共冀鲁豫区党委]编。[菏泽],[中共冀鲁豫区党委],[1948]年。36 页,18cm。JF0460/D651. 1

提要:本书收录有关土地改革工作及整党工作的文献,包括《中共中央关于在老区、半老区进行土地改革工作与整党工作的指示》、《中共晋冀鲁豫中央局关于土地改革整党与民主运动的指示》、《平山老解放区土改经验》、《绥德黄家川抽补经验介绍》、《武安赵庄整党与民主运动密切结合》等 5 篇。

土地改革讲话

犹凤岐著。大连,光华书店,1948年。58页,17cm。JF0522/D651.1

提要:《少年文库》之一。本书以青少年的口吻来讲述劳动人民,地主,土地改革的背景、意义及改革后的新气象。全书分世界是谁创造的、地主是怎样发家的、国民党统治下的农民生活惨状、实行耕者有其田解除农民痛苦、土地改革后农村中的一番新气象5章。包括世界上有两种人、地主发家的故事、饥寒交迫的一幅图画、东北农民翻身的故事等25个小故事。

犹凤岐(1910—1997),贵州桐梓人。1933年8月加入中国共产党,1938年后历任中共四川万县中心县委委员、中共四川梁山县委书记、西南军政委员会秘书处处长等职。建国后先后担任国务院机关事务管理局副局长、对外文化联络委员会副秘书长兼办公厅主任、全国手工业合作总社办公厅主任、贵州省轻工业厅厅长等职。

土地改革中的几个问题

任弼时著。[菏泽],中共冀鲁豫区党委印,1948年。35页,19cm。JF0362/D651.1

[石家庄],华北新华书店,1949年2月。27页,19cm。JF0374/D651.1

[洛阳],新洛阳报社,1949年3月。23页,19cm。JF0401/D651.1

提要:本书是任弼时1948年1月12日在西北野战军前线委员会扩大会议上的讲话,共6部分:“根据什么标准来划分农村阶级”、“应该坚固地团结全体中农”、“对地主富农斗争的方法”、“对工商业政策”、“知识分子和开明绅士问题”、“打人杀人问题”。

任弼时(1904—1950),湖南湘阴人,曾任中共中央秘书长、中共中央书记处书记、共青团中央名誉主席等职,是中国共产党第一代领导集体的重要成员。曾主持过《关于若干历史问题的决议》的起草工作。

整党参考材料

[菏泽],中共冀鲁豫区党委印,1948年。29页,19cm。JF0397/D264

提要:1947至1948年中国共产党进行了以“三查三整”为主要内容的土改整党,着重加强思想教育,从思想上建党。“三查”即查阶级、查思想、查作风,“三整”即整顿组织、整顿思想、整顿作风。本书是中共冀鲁豫区党委为配合这次“整党”运动而印发的参考材料,包括《论布尔什维克的原则性》(蓝列波巨作,亚天贰译)、《论忠诚与老实》(斯列波夫作,齐生译)、《联共党(布)的建设问题》(马林可夫报告)等5篇文章。

整风文选

牡丹江,东北书店牡丹江分店,1948年。29页,19cm。JF0385/D264

提要:本书收录整风运动有关文献,包括《整顿学风、党风、文风》、《中共中央关于增强党性的决定》、《反对自由主义》、《反对党内几种不正确的倾向》等5篇文章。

中共中央关于一九三三年两个文件的决定

中共华北中央局编。[平山],华北新华书店,1948年。76页,18cm。JF0313/D651.1

[长治],太岳新华书店,[1948—1949]年。126页,18cm。JF0473/D651.1

提要:“一九三三年的两个文件”是指《怎样分析阶级》、《关于土地斗争中一些问题的决定》,它们都是当时中共中央为纠正土地改革工作中所发生的偏向,进而正确解决土地问题而发布的文件,后根据实践情况,内容有所删改。另附《中共中央关于一九四八年土地改革工作和整党工作的指示》、《毛泽东同志在晋绥干部会议上的讲话》、《任弼时同志土地改革中的几个问题》等讲话和指示。

中国土地法大纲及中共东北局告农民书

辽南新民师范学校编。[辽南],辽南新民师范学校,1948 年。26 页,18cm。JF0435/D922.3

提要:参考材料之一,收《中国共产党中央委员会 1947 年 10 月 10 日关于公布中国土地法大纲的决议》、《1947 年 9 月 13 日通过的中国土地法大纲》、《东北解放区实行土地法大纲补充办法》、《中共东北局告农民书》以及《阶级分析》5 种文献。

关于城市政策的几个文献

[石家庄],华北新华书店,1949 年 2 月。46 页,18cm。JF1027/D24

[石家庄],华北新华书店,1949 年。58 页,18cm。JF0323/D24

提要:本书收录了人民解放军和地方政府制定的关于城市政策的几个文献。包括《人民解放军平津前线司令部与人民约法八章》、《中共东北中央局关于保护新收复城市的指示》、《关于中国职工运动当前任务的决议》、《正确执行劳资两利方针》(新华社短评)、《保护国家财产》(《东北日报》社论)、《中共中原局宣传部关于宣传工作的指示》等 11 篇。

社会主义时代个人利益与公共利益的结合

贾波奇卡著。哈尔滨,光华书店,1949 年 2 月。36 页,17cm。JF0511/D751.24

提要:本书认为个人利益与公共利益正确结合是社会主义建设理论和实践方面重要议题,从背景、原因、实现形式、历史意义、组织领导力量等方面具体阐述了社会主义时期个人利益与公共利益相结合的问题。

天津市军事管制时期政策法令汇编:第一册

天津市军事管制委员会秘书处编。天津,天津市军事管制委员会秘书处,1949 年 2 月。51 页,18cm。JF0395/D929.6

提要:新中国建立之初,天津作为新解放城市,人民的政权还没有系统地建立,因此执行的是人民解放军的军事管制。为了使各机关、部队、团体和全市人民系统地了解军管时期各种政策法令,军管会秘书处特出版此书,将政策、法令分为施政总纲、军纪、搜集敌伪物资、治安、交通、金融、贸易、税收、其他 9 类,包括平津前线司令部布告、军管会第一号通告、人民政府工务局新建字第四号公告等。

论农民问题

陈伯达著。沈阳,东北书店,1949 年 3 月。31 页,19cm。JF1226/D420

提要:社会科学读本,包括问题的提法、资产阶级性革命中的农民、无产阶级革命中的农民、社

会主义建设中的农民、中国的农民土地问题等5章。附录:土地改革与中国资本主义的发展。(作者介绍见《新妇女的人生观》)

职工运动文献:3

沈阳,东北书店,1949年3月。50页,19cm。JF1201/D412.0

提要:内收《切实执行劳大决议迅速开展东北职工运动》、《关于中国职工运动当前任务的决议》、《关于职工运动当前任务决议案中几个问题的说明》、《中华全国总工会章程》、《历次劳动大会概述》等5篇。附录:中华全国总工会执行委员会执行委员名单。

职工运动文献:4

沈阳,东北书店,1949年3月。54页,19cm。JF1202/D412.0

提要:内收《东北局关于切实执行劳动保险条例的决定》、《东北行政委员会颁布东北公营企业战时暂行劳动保险条例》、《东北公营企业战时暂行劳动保险条例试行细则》等5种。另收《东北日报》社论《东北工人阶级获得的伟大果实》。附:苏联的社会保险三十年。

中国解放区妇女运动文献

全国民主妇女联合会筹备委员会编辑。新华书店,1949年3月。53页,图像,18cm。JF0557/D44

新华书店,1949年6月。59页,17cm。JF0941/D442.9

新华书店,1949年8月。59页,18cm。JF0942/D442.9

提要:本书是《妇运丛书》第一辑,介绍中国共产党在抗日战争及人民解放战争时期,指导解放区妇女运动的方针政策。包括《中国共产党中央委员会关于各抗日根据地目前妇女工作方针的决定》(1943年2月)、《迎接妇女工作的新方向》(1943年3月,蔡畅)、《总结妇女工作的几个基本认识》(1945年4月,刘少奇)、《土地改革与妇女工作的新任务》(1947年12月,邓颖超)、《发动广大妇女群众参加生产建设》(1948年9月,朱德)、《中国共产党中央委员会关于目前解放区农村妇女工作的决定》(1948年12月)等7篇。

中国学生的当前任务

中华全国学生第14届代表大会编。中华全国学生第14届代表大会,1949年3月。22页,照片,17cm。JF0420/D432

中华全国学生第14届代表大会,1949年。22页,图,19cm。JF0953/D432

提要:1949年3月1日至6日,中华全国学生第十四届代表大会在北平召开。会上正式成立中华全国学生联合会,讨论并制定了中华全国学生联合会章程,确定了全国学生联合会的任务。本书收录此次会议相关文献,包括《大会关于"中国学生运动的当前任务"的决议》、《中华全国学生联合会章程》、《大会通电》、《大会致世界民主青年联盟电》、《大会致国际学生联合会电》等8种。

国际主义与民族主义

解放社编。长春,东北书店,1949年4月。101页,18cm。JF0349/D069

新华书店,1949 年 5 月。154 页,17cm。JF0302/D069

山东,山东新华书店,1949 年 8 月。123 页,17cm。JF0359/D069

沈阳,东北新华书店,1949 年。102 页,18cm。JF0588/D069

提要:本书收录毛泽东等人关于国际主义、民族主义的论述及有关南斯拉夫共产党问题的决议、指示等。包括《全世界革命力量团结起来反对帝国主义的侵略》(毛泽东)、《爱国主义与民族主义》(刘少奇)、《爱国主义与国际主义》([苏]斯卡特谢科夫)、《欧洲共产党情报局关于南斯拉夫共产党问题的决议》、《中国共产党中央委员会关于南斯拉夫共产党问题的决议》、《中共中央东北局关于学习中央〈关于南斯拉夫共产党问题的决议〉的指示》、《南斯拉夫铁托集团的民族主义往何处去》等 9 篇。附录:《在内蒙古干部会议上的讲话》(高岗)。

中国人民解放军入城政策

中原新华书店编。[开封],中原新华书店,1949 年 4 月。105 页,17cm。JF0394/D24

提要:本书收录人民解放军入城后的纪律守则及有关城市接收和恢复的文件、讲话,包括《中国人民解放军宣言》、《对新区和新解放城市的政策》(陈伯达)、《不要打乱原来的企业机构》(《东北日报》)、《东北局关于保护新收复城市指示》、《工商业政策》(任弼时)、《天津接管工作如何获得重大成绩》、《沈阳的接收和恢复工作的成功经验》等 21 篇。

中国学生的当前任务

东北书店辑。长春,东北书店,1949 年 4 月。23 页,19cm。JF0952/D432

提要:本书收录中华全国学生第十四届代表大会相关文献,包括《中国共产党中央委员会致中华全国学生第十四届代表大会贺电》、《中华全国学生联合会章程》、《大会致世界民主青年联盟电》及《与工农群众结合,为工农群众服务》(冯文彬同志在大会上的讲话)等 8 种。

共产国际纲领

长春,东北书店,1949 年 5 月。83 页,18cm。JF0601/D165

提要:《共产国际纲领》是 1928 年 9 月 1 日共产国际(即第三国际)第六次代表大会上通过的文件,包括资本主义的世界系统其发展与其必然灭亡、资本主义的总危机与世界革命的第一时期、共产国际的最终目的——世界共产主义、从资本主义进到社会主义的过渡时期与无产阶级专政、苏联无产阶级专政与国际社会主义革命、共产国际在为无产阶级专政而斗争的战略与策略等 7 部分内容。

论群众路线

东北书店辑。长春,东北书店,1949 年 5 月。78 页,18cm。JF1081/D252

提要:内收《论群众路线》(刘少奇)、《有事和群众商量》(陈伯达)2 篇,阐述一切为了人民、一切向群众负责、相信群众自己解放自己、向人民群众学习以及要放手走群众路线等观点。末附《列宁论群众观点》。

社会的政治建筑,社会学大纲,第 4 篇

李达著。新华书店,1949 年 5 月。128 页,18cm。JF0427/D01

提要:本书是《社会学大纲》第4篇,它从历史唯物论角度论述了阶级、国家、社会革命等问题。全书分两章。第一章阶级,介绍了阶级的概念、发生、发展及资本主义社会的各阶级;第二章国家,介绍了国家的理论、起源、发展、近代国家和过渡期的国家。

政策汇编:第一分册

中共中央中原局编辑。[汉口],中共中央中原局,1949年5月。98页,17cm。JF0508/D24

提要:党内文件,收录了中共中央和毛泽东当时的指示、决定和讲话。分为形势与任务、军事两部分。"形势与任务"部分包括毛泽东《目前形势和我们的任务》、《中共中央关于自由资产阶级问题和开明绅士问题的指示》、新华社社论《将革命进行到底》等6篇。"军事"部分包括《中共中央关于各种出身的革命军人入党问题的决定》、《中共中央关于革命军人成分问题的决定》等5篇。

知识分子与教育问题

解放社编。新华书店,1949年5月。53页,17cm。JF0298/D663.5

提要:本书收录了中国共产党关于知识分子和教育问题的社论、讲话及指示。包括《"五四"运动》(毛泽东)、《论知识分子与青年学生》(摘自毛泽东《中国革命与中国共产党》)、《文化、教育、知识分子问题》(摘自毛泽东《论联合政府》)、《知识分子问题》(摘自任弼时《土地改革中的几个问题》)、《中共中央西北局关于新区学校教育的指示》,《中共中央中原局关于争取、团结、改造、培养知识分子的指示》(新华社)等11篇。

中国解放区妇女参战运动

全国民主妇女联合会筹备委员会编。辽东,东北书店,1949年5月。37页,19cm。JF0972/D442.9

提要:《妇运丛书》之一。本书讲在八年抗日战争和两年半人民解放战争中,解放区广大劳动妇女群众在中国共产党正确领导之下,积极参加战争、支援战争的英雄事迹。包括《赵老太太》(葫芦岛七分队三排全体指战员),《母亲》(孙逊),《钱秀清与蒋锦斋》(新华社),《红枪女将李兰英》(孙明),《淮海战役中的妇女》(冯皑),《中国解放区妇女参战运动》(赵烽)等10篇。

中国新民主主义青年团的任务与工作

冯文彬著。沈阳,东北书店,1949年5月。19页,18cm。JF0970/D292

提要:中国新民主主义青年团第一次全国代表大会于1949年4月11日至18日在北平召开,会议决定正式成立中国新民主主义青年团,制定青年团的工作纲领、团章,并选举青年团的中央委员会。本书是冯文彬同志于1949年4月12日在中国新民主主义青年团第一次全国代表大会上的报告,分为青年团的基本任务、青年团的工作、青年团的工作方法、青年团的工作作风、青年团与各方面的关系等5部分。

冯文彬(1910—1997),浙江诸暨人。1927年加入中国共产主义青年团,同年入党。1936年后任共青团中央书记、中共中央青年部部长等职。1949年负责筹建中国新民主主义青年团,后当选为团中央书记。

论新解放区土地政策

解放社编。上海,解放社,1949 年 6 月。25 页,18cm。JF1230/D651.1

北平,新华书店,1949 年 7 月。25 页,18cm。JF0500/D651.1

提要:人民解放军转入战略反攻后,获得大片新解放区。中共中央研究了新解放区土地分配情况,广泛征求意见后,制定了有关的具体政策。本书收录有关新解放区土地政策的文章,包括《有步骤地、有分别地消灭封建剥削制度》(摘自毛泽东《在晋绥干部会议上的讲话》)、《关于新区土地改革工作》(摘自《中共中央关于一九四八年土地改革工作和整党工作的指示》)、《停止新区土改、实行减租减息》(《豫西日报》社论)、《中共中央中原减租减息纲领》及《中共中央东北局对新区土地改革的指示》等 5 篇。

评《中国之命运》

陈伯达著。新华书店,1949 年 6 月。57 页,18cm。JF1125/D693.09

提要:《中国之命运》由蒋介石授意,陶希圣执笔而成,其核心是宣传只有国民党救中国,只有三民主义救中国,为制造新的反共摩擦做舆论准备。为了驳斥蒋介石的反动言论,陈伯达从中华民族、中国历史、中国近代思潮、国共关系等方面对其进行批驳。(作者介绍见《新妇女的人生观》)

为无产阶级政党的革命路线而斗争

解放社编。新华书店,1949 年 6 月。161 页,18cm。JF0975/D053

提要:本书收录多个无产阶级政党所发表的讲话、报告、决议等文献共 13 篇。其中包括欧洲共产党情报局、法国共产党政治局、美国共产党全国委员会、英国共产党执行委员会、意大利共产党、波兰工人党、希腊共产党中央委员会等 7 个无产阶级政党组织。

中国妇女第一次全国代表大会重要文献

中华全国民主妇女联合会宣传教育部编。[北京],中华全国民主妇女联合会,1949 年 6 月。86 页,18cm。JF0364/D442.2

提要:中国妇女第一次全国代表大会于 1949 年 3 月 24 日至 4 月 3 日在北平召开。这是中国妇女有史以来第一次全国规模的盛大会议。本书收录本次会议重要文献,包括《开幕词》(蔡畅)、《中国共产党中央委员会代表董必武同志在开幕典礼上讲话摘要》、《中国妇女运动当前的方针任务报告》(邓颖超)、《国民党统治区民主妇女运动报告》(李德全)、《世界民主妇女运动的现状及其任务报告》(蔡畅)、《关于城市妇女工作中的发言》(刘亚雄)、《关于儿童保育工作的发言》(康克清)、《中国妇女运动当前任务的决议》、《中华全国民主妇女联合会章程》、《朱德总司令在闭幕典礼上的讲话摘要》、《闭幕词》(雷洁琼)等 11 篇报告及决议。附大会日记等 4 种及大会各种照片 18 张。

中国共产党党章及关于修改党章的报告

[正定],华北大学,1949 年 6 月。139 页,19cm。JF0968/D21

[北平],中共中央华北局,1949 年 9 月。131 页,18cm。JF0937/D21

[北平],中共中央华北局,1949 年。131 页,17cm。JF0503/D21

提要:1945 年 4 月 23 日至 6 月 11 日,中国共产党第七次全国代表大会在延安召开。大会对六大党章进行了全面和重大修改,最后通过了《中国共产党章程》,它是新民主主义革命时期最完备的一部党章。

本书收录了中共七大通过的《中国共产党党章》及刘少奇在七大《关于修改党章的报告》。《中国共产党党章》包括总纲和十一章七十条。其结构体例上依次为:总纲,党员,党的组织机构,党的中央组织,党的省及边区之组织,党的地方、县、市及区之组织,党的基础组织,党的地下组织,党的监察机关,党外组织中党组,奖励与处分,经费。

中国职工运动当前任务

中共中央中原局宣传部编。新华书店,1949 年 6 月。62 页,18cm。JF0327/D412.0

提要:《中国共产党政策选集》之一。本书收录有关职工运动的讲话、决议和章程等,包括《坚持职工运动的正确路线反对"左"倾冒险主义》(新华社社论)、《中国职工运动的当前任务》(陈云)、《关于国民党统治区的职工运动》(朱学范)、《关于中华全国总工会章程》(李立三)、《对中国第六次全国劳动大会讨论中国职工运动当前任务问题总结》(李立三)、《关于中国职工运动当前任务的决议》(中国第六次全国劳动大会)等 10 篇。

中国职工运动的当前任务

解放社编。[菏泽],冀鲁豫新华书店,1949 年 6 月。76 页,18cm。JF0969/D412.0

冀南新华书店,1949 年。90 页,18cm。JF0955/D412.0

提要:本书收录 1948 年中国第六次全国劳动大会关于中国职工运动的相关文件。反映中国职工运动的当前任务的文件有:在大会上通过的《关于中国职工运动当前任务的决议》、《关于中国职工运动的当前任务》(陈云)、《对中国第六次全国劳动大会讨论中国职工运动当前任务问题的总结》(李立三)。关于如何开展职工运动的有:1948 年 2 月新华社社论《坚持职工运动的正确路线反对"左"倾冒险主义》、《关于国民党统治区的职工运动》(朱学范)。还有在大会上通过的《中华全国总工会章程》、《关于中华全国总工会章程》(李立三)等 10 篇。

进一步提高党的工作水准

辽东新华书店编。[安东],辽东新华书店,1949 年 8 月。157 页,18cm。JF0363/D351.25

提要:本书从工作方法、培养干部、党与非党干部、党的作用、党的会议及其他等五个方面收录了关于进一步提高党的工作水准的文章 26 篇。包括《进一步提高党的工作水准》(群译)、《党委书记》(朱允一译)、《与群众联系是党的领导者最重要的品质》(齐生译)、《掌握政治领导的艺术》(苏英译)、《日常指导我们的干部》(流水译)、《斯大林式的开心人》(北原译)、《波尔什维克报纸底伟大的力量》(A·格列布涅夫作,朱允译)、《提高党的会议底组织和教育作用》(张天恩译)等。

论思想改造

丁玲等著。天津,读者书店,1949 年 8 月。60 页,18cm。JF0311/D64

提要:本书收录了有关"思想改造"内容的文章 11 篇。包括《同青年朋友谈谈旧影响》(丁玲)、《什么是"正统观念"》(李光灿、林山)、《举起批评和自我批评的武器》(刘介愚)等。

丁玲(1904—1986),原名蒋伟,字冰之,笔名彬芷、从喧等,湖南临澧人,现代女作家。1928 年发表《莎菲女士的日记》,引起文坛热烈反响,1930 年参加中国左翼作家联盟。1936 年到陕北后,历任“中国文艺协会”主任、中央警卫团政治部副主任、西北战地服务团主任等职务。建国后,任中央文学研究所所长、中共中央宣传部文艺处处长、中国作协党组书记和《人民文学》主编等职。1955 年后多次遭受批判,1984 年正式恢复名誉。晚年出版了《魍魉世界》、《风雪人间》等作品。

论思想意识

刘少奇等著。长春,东北新华书店,1949 年 8 月。122 页,19cm。JF0657/D64

冀东新华书店,[194?]年。118 页,18cm。JF0455/D64

提要:全书分为三类。第一类:各种错误的思想意识,包括《反对自由主义》(毛泽东)、《入党动机》、《反对剥削阶级意识》(刘少奇)等 6 篇;《个人主义的发展规律》(吴芝圃)、《知识份子的特性》等 7 篇参考文件。第二类:反对军阀主义官僚主义,包括《反对脱离群众》(毛泽东)、《肃清军国主义倾向》(谭政)等 4 篇;《发扬民主精神》(刘少奇)等 3 篇参考文件。第三类:整风学习方法,包括《整风与坦白运动》(饶漱石)等 5 篇。书前有刘少奇的《人的阶级性》。

谁领导谁

天津民主青年联合会筹备会编。天津,读者书店,1949 年 8 月。22 页,17cm。JF1192/D663.5

提要:《学习丛书》之第一辑。《学习丛书》是关于青年同志思想、学习、生活修养等方面的文章汇编。本册内收张遐《谁领导谁》、《知识分子看无产阶级》、《无产阶级看知识分子》等 3 篇。末附《关于〈谁领导谁〉问题讨论总结》(北平《解放报》)。

中国解放区农村妇女生产运动

中华全国民主妇女联合会筹备委员会编。新华书店,1949 年 8 月。46 页,照片,17cm。JF0971/D442.9

提要:《妇运丛书》之一,该丛书由中华全国民主妇女联合会筹备委员会编印,共 10 册。本书通过 7 个具体事例反映八年抗日战争和两年半的人民解放战争中,解放区广大劳动妇女在中国共产党正确领导之下,热烈地支援战争,积极地参加土地改革运动、发展生产,在各个战线上创造辉煌成绩,成为战胜敌人、建设新中国不可缺少的力量。

揭破历史捏造者:历史事实考证

苏联情报局著。新华书店,1949 年 9 月。93 页,19cm。JF0876/D851.29

提要:本书根据苏联莫斯科外国文书籍出版局 1948 年版翻印。美、英、法三国合作公布了由德国外交部各种报告和外交官札记组成的汇编资料——《一九三九至一九四一年纳粹与苏联间的关系》,苏联方面认为美国公布其目的并不是要客观说明历史事件,而是要诬蔑苏联、削弱苏联的国际影响。因此苏联情报局也据攻占德国柏林时缴获的外交部秘密文件公布了《揭破历史捏造者》,以帮助人们了解希特勒侵略及第二次世界大战准备和发展的真实进程。

论领导方法

东北书店编辑部编辑。江苏,苏南新华书店,1949 年 9 月。64 页,18cm。JF0506/D25

提要:《学习丛书》之一,根据中央指示及各负责同志的文章编辑而成,收录《中共中央关于领导方法的决定》(1943 年 6 月 1 日中央政治局通过)、《论领导方法》和《关于工作作风问题》(高岗)。附录:《我们的动员方式》(王赤军)、《我的几点工作经验》(齐长发)、《一个具体的领导榜样》(午人)等 4 篇。具体介绍了从群众中来、到群众中去,抓住工作的中心一环,一般号召与个别指导相结合,领导骨干与广大群众相结合,创造典型、开展英雄主义运动,发挥创造性,反对脱离群众与自满等 7 种领导方法。

青年团的任务与工作

北平青年社编。北京,北平青年社,1949 年 9 月。74 页,19cm。JF1159/D297

北京,北平青年社,1949 年。74 页,19cm。JF1158/D297

提要:共青团早期重要文件汇编,收《中国共产党中央委员会关于建立中国新民主主义青年团的决议》、《任弼时同志在中国新民主主义青年团第一次全国代表大会上的政治报告》、《中国新民主主义青年团工作纲领》、《中国新民主主义青年团的任务与工作》、《冯文彬同志在中国新民主主义青年团第一次全国代表大会上的结论》、《中国新民主主义青年团团章》、《蒋南翔同志在青年团第一次全国代表大会上关于中国新民主主义青年团团章的报告》等 7 篇材料。

东欧新民主主义国家概况

苏南区党委宣传部编。[无锡],苏南新华书店,1949 年 11 月。159 页,18cm。JF0477/D507

提要:本书介绍了东欧新民主主义国家的基本情况,共两辑。第一辑"一般情况",综合介绍了东欧人民民主国家的整体情况,包括东南欧人民民主国家概况(朴明)、新民主主义国家地理介绍及其新面貌(欧阳)、计划经济(勃里格)、人民民主国家的经济进展(《新时代杂志》论文)、国际间的友好与合作(V·卡拉)等 13 篇。第二辑"各国概要",分别介绍了波兰、捷克斯洛伐克、匈牙利、保加利亚、罗马尼亚和阿尔巴尼亚等 6 个东欧国家的具体情况。

青年团在成长中

中国青年社编。中国青年社,1949 年 12 月。106 页,18cm。JF0507/D267

提要:《中国青年丛书》之一。分 5 部分介绍青年团的历史、活动、工厂中的青年团、农村中的青年团及学校中的青年团,收录《团的活动必须结合中心工作》(陈模)、《哈尔滨的青工讲座和团日》(杨凤岐)、《一个模范的工厂团支部》(冬青)、《延安冯庄青年团》(王黎)、《诚心诚意为群众服务》(群萤)等文章。

北平市目前中心工作

北平解放报编。北平,北平解放报,[1949]年。38 页,19cm。JF0524/D671

提要:本书是北平市委、市政府制定的一系列有关恢复城市政治、经济秩序的决定的资料汇编。收录《中共北平市委关于北平市目前中心工作的决定》、《中共北平市委关于生产与工会工作的初步计划》、《中共北平市委关于北平公营企业机构及员工薪金问题的指示》、《北平军管会关于本市辖区农业土地问题的决定》等 11 种。

党的建设问题

(苏)马林可夫等著。[北平],华北新华书店,1949 年。121 页,17cm。JF0446/D351.26

提要:本书论述了苏联共产党在党的建设方面的问题。共有 9 篇文章,包括《党的建设问题》(马林可夫)、《论布尔什维克的原则性》(蓝列波巨)、《论对缺点的不调和性及布尔什维克的严肃性》(斯列波夫)、《在批评和自我批评的精神下培养干部》(《党的生活》社论)、《领导者的工作方法——效率与远见》(西宁)等。相比华北新华书店 1948 年 6 月版,本版增收奥部洛高夫《共产党员的思想教育是党的组织的重要任务》(付克译)。

马林可夫(1902—1988),苏联政治家,苏联共产党的领导人。20 世纪 30 年代参与对苏联党政军的大清洗,50 年代任苏联部长会议主席,并一度兼任苏联共产党中央书记。倾向于集体领导制度,反对个人迷信以及核武器的探索与研发。同莫洛托夫一样,因反对赫鲁晓夫的《秘密报告》被认定为"反党",1961 年被开除党籍。

第六次全国劳动大会的决议及其它

华北总工会筹备委员会编。北平,职工出版社,1949 年。60 页,18cm。JF0462/D412.3

提要:全国第六次劳动大会于 1948 年 8 月 1 日至 22 日在哈尔滨举行,会议通过了《关于中国职工运动当前任务的决议》,并决定恢复中国工人阶级统一的全国组织——中华全国总工会。本书收录此次会议相关决议及文件,包括《李立三同志在第六次全国劳动大会上的开幕词》、《关于中国职工运动当前任务决议》、《中华全国总工会章程》、《胜利、团结、前进的大会》、《东北局关于公营企业中职员问题的决定》、《正确执行劳资两利方针》等 9 篇。

东北局关于执行中央"关于建立中国新民主主义青年团的决议"的指示

东北新民主主义青年团筹委会编。1949 年。1 册,19cm。JF0412/D22

提要:本书收录了《东北局关于执行中央"关于建立中国新民主主义青年团的决议"的指示》和《关于贯彻和采纳中共中央建团决议及所提团章草案的决定》等 2 篇。

干部学习参考文件

中共上海市委党校编。上海,中共上海市委党校(印),1949 年。203 页,18cm。JF0316/D64

提要:收录各种社论、讲话和决定等文件,专门为领导干部学习所用。包括《论人民民主专政》、《目前形势和我们的任务》、《在晋绥干部会上的讲话》、《工业问题》、《论自我批评》(毛泽东),《工商政策》(任弼时),《作一个好的党员建设一个好的党》、《组织上的和纪律上的修养》(刘少奇),《将革命进行到底》、《坚持职工运动的正确路线反对"左"倾冒险主义》(新华社社论),《促进人民祖国的财富》(新华社短评),《论忠诚与老实》(波斯列夫)等 29 篇。

工运文献

北平职工报社编。北平,北平职工报社编印,1949 年。44 页,18cm。JF0438/D412

提要:本书收录了俄国和我国工人运动的有关文献,包括《新经济政策下职工会底作用与任务》(俄国共产党中央委员会 1922 年 1 月 12 日决议案)、《群众工作的几个问题》、《企业管理民主化是改进生产的重要保证》、《中共东北局等发布指示加强工人政治文化教育工作》等 7 种文献。

其中《新经济政策下职工会底作用与任务》包括新经济政策与职工会、职工会中恢复志愿会员制、职工会与企业管理方法等 11 项。

国际问题讲话

沙溪著。[汉口],南海出版社,1949 年。115 页,17cm。JF1135/D815

提要:本书讲述第二次世界大战结束后的资本主义国家,殖民地、半殖民地国家,社会主义及新民主主义国家的政治概况。书前有乔木写的序言。全书共 6 章,包括战后资本主义世界总的形势、美国——反动势力的头子、马歇尔国家——美帝国主义的附庸、远东——美国败得最惨的地方、社会主义国家、新民主主义国家等。

华北人民政府法令汇编:第 1 集

华北人民政府秘书厅编。[北平],华北人民政府秘书厅,1949 年。218 页,26cm。JF0310/D929.6

提要:华北区完全解放后,为便于新划归华北管辖的地区各新解放区各级政府能统一执行华北各项法令而编制本书。所收华北人民政府公布施行的法令自 1948 年 10 月起至 1949 年 5 月底止。分总则、民政、生产建设、文化教育、金融、工商、交通、财政、司法、公安、其他等 11 类。包括华北人民政府施政方针、华北区各级荣军管理组织办法、一九四九年华北区治河计划、华北区战时出入边境管理办法、华北区农业税暂行税则等。后附:董必武主席在华北人民政府第二次委员会会议上关于本府成立以来的工作概况报告等。

领导人民革命的中国共产党奋斗史

扬弃编著。万人出版社,1949 年。44 页,18cm。JF0472/D23

提要:本书通过提问的方式系统地介绍了中国共产党的性质、特点、产生、理论、政策、具体纲领及怎样培养干部等,包括中国共产党成立于何时、它的简单历史怎样、中共是怎样一个政党、中共何以获得现在的成就、中共现在有怎样的特点、中共的性质怎样、中共的党员成分怎样、什么是中共的指导思想、由毛泽东思想产生的理论和政策是什么、中国社会的性质和革命的性质是怎样的、中共怎样在认识和利用中国革命的特点中发展起来、什么是中共的群众路线、什么叫“三三制”等 20 个问题。

论共产党员的修养:一九三九年七月八日在马列学院的演讲

刘少奇著。[北平],华北人民革命大学教务处印,[1949]年。82 页,18cm。JF0343/D263

提要:1939 年 7 月 8 日刘少奇在延安马列学院公开演讲,1949 年 6 月他对该讲稿进行校阅,并将最后一段删去,又附上 1941 年写的《人的阶级性》。全书分绪论、党员思想意识的修养及附录 3 部分。包括共产党员为什么要进行修养、作为马克思和列宁的好学生、共产党员的修养和群众的革命实践等内容。

企业政治鼓动经验

(苏)克列木涅瓦著。大连,新华书店,1949 年。84 页,19cm。JF0466/D415.126.2

提要:第二次世界大战之后苏联损失惨重,为提前完成第四个五年计划、更快重建国家,必须鼓舞和激励劳动人民斗志。本书介绍莫斯科先进鼓动团体和工作者的经验,以便更好地开展相应政治鼓动工作。正文分3节:鼓动工作底内容、鼓动工作底形式和方法、党组织是企业政治鼓动工作底领导者。有注释。

青年工作手册

华东军区第三野战军政治部宣传部编。华东军区第三野战军政治部宣传部(印),1949年。108页,18cm。JF0408/D432.6-62

提要:本书搜集了关于建设新民主主义青年团的一些重要文献。全书分三部分:第一部分包括中国新民主主义青年团团章、中华全国青年代表大会宣言等13篇文章;第二部分包括山东军区政治部关于部队建团工作指示、第四野战军部队青年团工作大纲(草案)等5篇文章;第三部分包括中共中央青年工作委员会通知、青年团中央组织部关于缴纳团费的通知等6篇文章。另有附录两篇、歌曲两首。

全国第六次劳动大会文献

唐山职工筹备会编。[唐山],冀东新华书店,[1949]年。30页,18cm。JF0326/D412.3

提要:全国第六次劳动大会于1948年8月1日至22日在哈尔滨举行。大会号召全国工人阶级紧密团结全国人民,积极支援人民解放军,迅速实现推翻国民党反动统治、建立新中国的历史任务。会议通过了《关于中国职工运动当前任务的决议》,并决定恢复中国工人阶级统一的全国组织——中华全国总工会。本书收录了会议相关文献,包括《关于中国职工运动当前任务的决议》、《关于职工运动当前任务决议案中几个问题的说明》、《中华全国总工会章程》等3篇。

十月革命三十二周年纪念文集

中共天津市委总学委会编。天津,中共天津市委总学委会,1949年。128页,18cm。JF0743/D822.251.2

提要:本书收录纪念十月革命三十二周年文章21篇,包括中苏友好协会主办十月革命三十二周年庆祝大会上刘少奇会长讲演词、罗申大使演说、十月社会主义革命与中国革命(陈伯达)、苏联在国际情势中的伟大作用(新时代社论)等。

思想领导与工作方法

大连,大众书店,[1949]年。127页,18cm。JF0361/D351.25

提要:本书收录有关思想领导和工作方法的文章20篇,包括《论党的布尔什维克化》(斯大林)、《论忠诚与老实》(斯列波夫)、《大胆公开地批评》(《文学报》社论)、《掌握政治领导的艺术》(《真理报》社论)、《列宁论苏维埃机关工作人员应如何工作》(付帝也娃)、《论伟大而质朴的人物》(雅可福烈夫)、《论工作中的党委制》(朱可夫)等。

苏联企业中的劳动英雄主义

(苏)苏尔著。山东,新华书店,1949年。75页,18cm。JF0464/D751.24

提要:内收《新兴的国家》、《新人》、《强大的推动力》、《生产更多的金属》、《与时间作战》、《科学与劳动的结合》、《动员后备力量》、《时间总是前进的》等11篇。

苏联消费合作社

(苏)基斯坦诺夫著。上海,时代出版社,1949年。110页,19cm。JF0463/D735.121.2

提要:消费合作社是苏联流通领域的合作社组织,本书主要讨论它在社会主义建设各阶段中的发展、活动、作用和意义。内分5章:合作社在苏联条件下的作用和意义、合作社体系的组织机构、苏联消费合作社发展的基本阶段、战后社会主义经济中的苏联消费合作社、苏联消费合作社和国际合作社联盟。

苏联与柏林问题:文件与演说

苏联大使馆新闻处编。南京,苏联大使馆新闻处,1949年。93页,18cm。JF0485/D851.22

提要:第二次世界大战后,根据《苏英美三国克里木(雅尔塔)会议公报》、《苏美英三国柏林(波茨坦)会议议定书》及其他有关文件规定,德国投降后,由苏、美、英、法四国分区占领柏林。东柏林为苏联占领,西柏林为美英法共同占领。1948年,东西柏林正式分裂。由于苏、美、英、法四国及两个德国的立场、利益不同,东西方就有关西柏林的主权及其重大问题展开了激烈斗争。本书收录了苏联政府关于柏林问题的有关照会、文件及演说等,包括苏联政府致英国政府的照会、德境苏联军政府告德国民众书、苏美英法四国政府颁给四国驻德占领军总司令的训令、关于柏林问题塔斯社的声明等。

天津市法令汇编:第1集

天津市人民政府秘书处编。天津,天津市人民政府秘书处,1949年。236页,19cm。JF0617/D929.6

提要:本书收录1949年1至6月间,天津市人民政府成立半年来公布施行的各种法令,同时还转载了与天津市有关的华北人民政府公布的重要法令。全书分市政、公安、财政、工务、公用、教育、卫生、工商和税务9类。包括《天津市调解仲裁委员会暂行组织条例》、《商用汽车管理暂行办法》、《华北区区外汇兑暂行办法》、《天津市人民政府卫生局卫生试验所组织规则》等。

在反封锁斗争中建立与壮大青年团

中国青年社编。上海,中国青年社,1949年。61页,18cm。JF0404/D296

提要:本书收录华东地区青年团工作的报告、总结和指示等,包括《中共中央关于建立中国新民主主义青年团的决议》、《中共中央华东局关于贯彻中央建团决议的指示》、《新华社关于华东青年工作会议的报道》、《工人运动与青年团——刘长胜同志在华东青年工作会议上的报告提要》等11篇文章。

战后美国

张一中编著。哈尔滨,东北书店,1949年。54页,18cm。JF0320/D771.209

提要:本书评论"二战"后美国政治形势及其内政、外交政策,认为美国处于从战时"繁荣"走向危机的前夜。它根据大连大众书店1948年8月初版翻印,其目的是为了帮助读者系统认识战后美国。包括《四万多吨的金山——战争与美国》、《好买卖没有了——从战时"繁荣"到恐慌前夜》、《充满矛盾的国家——美国人民的生活》、《士兵和俘虏的故事——美国式的"民主"》、《扩张武力和军人干政——美国走向军国主义》、《金元和刺刀——美国的扩张政策》、《"此路不通"——坐在火山上的美国》等11篇文章。附录:美国简史。

政策选集

中共北平市委宣传部编。北平,中共北平市委会宣传部印,1949年。265页,肖像,18cm。JF0307/D24

提要:本书收录党和政府公布的各种基本政策、法令、决议、决定、指示等,其目的是为了解决当时一批新干部政策水平低的问题。包括三部分:第一部分形势和任务,包括毛泽东的《目前形势和我们的任务》、《论人民民主专政》、《新政协筹备会上的讲词》、《中国人民解放军宣言》等6篇;第二部分城市政策,包括《中共北平市委关于目前中心工作的决定》、《彭真同志在北平市各界代表会议上的总结报告》、《中共中央东北局关于知识分子的决定》等16篇;第三部分农村政策,包括《中共中央关于公布中国土地法大纲的决议》、《关于一九三三年两个文件的决定》等6篇。

中共中央宣传部关于在延安讨论中央决定及毛泽东同志整顿三风报告的决定

[正定],华北大学,1949年。24页,18cm。JF0474/D22

提要:1942年春,延安整风运动开始。其内容是反对主观主义以整顿学风,反对宗派主义以整顿党风,反对党八股以整顿文风,其中心是反对主观主义,树立马克思主义的思想路线。本书收录《中共中央宣传部关于在延安讨论中央决定及毛泽东同志整顿三风报告的决定》、《中央宣传部通知》和毛泽东的《整顿学风党风文风》等。

中国共产党中央委员会关于建立中国新民主主义青年团的决议

[1949]年。[48]页,18cm。JF0403/D290

提要:中共中央决定在1949年夏季召开中国新民主主义青年团的第一次全国代表大会,正式成立中国新民主主义青年团,制定团的工作纲领、团章,并选举团的中央委员会。本书收录关于建立中国新民主主义青年团的决议全文和团章草案。

中华人民共和国万岁!

华中军区兼第四野战军政治部编。四野政治部,1949年。99页,19cm。JF0414/D62

提要:人民政协文献之一,主要收录中国人民政治协商会议的相关文献。全书分三部分:第一部分包括《论人民民主专政》(毛泽东)、《毛主席在中国人民政治协商筹备会开幕典礼上的讲词》,第二部分包括《中国人民政治协商会议共同纲领》、《中国人民政协组织法》、《中华人民共和国中央政府组织法》、《中国人民解放军总部命令》等,第三部分《中国人民对全世界的庄严宣言》(新华社社论)、《中华人民共和国万岁》(《人民日报》社论)。附录《中国人民政协一届全会代表名单》等。

为团结教育青年一代而斗争:中国新民主主义青年团第一次全国代表大会文献

中国青年社编。北京,青年出版社,1950 年 1 月。104 页,18cm。JF0365/D292

提要:中国新民主主义青年团第一次全国代表大会于 1949 年 4 月 11 日至 18 日在北平召开,标志着中国新民主主义青年团的正式建立。本书收录本次会议的相关文献资料,包括毛泽东、朱德的题词、《中国青年》第 6 期社论——庆祝中国新民主主义青年团第一次全国代表大会开幕、青年团工作等。

人民大宪章学习资料

联合社编辑部编。[天津],联合图书出版社,1950 年。188 页,17cm。JF0478/D921.04

提要:“人民的大宪章”即 1949 年 9 月 29 日中国人民政治协商会议第一届全体会议通过的《中华人民共和国政治协商会议共同纲领》。《共同纲领》作为新中国的根本大法,起着临时宪法的作用。本书是关于《共同纲领》的学习材料。包括资料、专论、问题解答、名词解释、讨论、学习提纲与问答、各民主党派及人民团体介绍等 7 部分。

无可奈何的供状:评美国关于中国问题的白皮书

群众日报社编辑。西安,群众日报社,[1950]年。82 页,18cm。JF0441/D822.371.2

提要:1949 年 8 月 5 日,美国国务院发表《美国同中国的关系》白皮书。毛泽东对此十分重视,先后为新华社撰写了六篇社论。本篇发表在 1949 年 8 月 13 日的《人民日报》上,主要揭露美国对华政策的帝国主义本质,指出白皮书“是一部颠倒黑白的‘杰作’”、“是美帝国主义反动政策在中国惨败的史册”,告诫人们认清美帝国主义对华政策的侵略本质和它对中国人民的仇恨,不要存在不切实际的幻想。

苏联共产党(布)历史简要读本

苏共(布)中央特设委员会编。北京,人民出版社,1951 年 5 月。564 页,21cm。JF0880/D351.21

提要:该书是由斯大林提议,联共(布)中央特设委员会编写,联共(布)中央全会审定的一部党史著作,是世界上第一个社会主义国家执政党的党史教科书。全书有导言、正文 12 章和结束语,介绍苏共从 19 世纪 80 年代最初出现的那些狭小的马克思主义小组和团体,发展到世界第一个社会主义工农国家的布尔什维克党所经历的革命历程。包括为在俄国建立社会民主工党而斗争、俄国社会民主工党的成立,党内布尔什维克和孟什维克两派的出现、孟什维克和布尔什维克在日俄战争和俄国第一次革命时期、孟什维克和布尔什维克在斯托雷平反动时期等内容。

党的论文选集

[北平],华北军政大学政治部编辑。[1937—1949]年。92 页,18cm。JF0586/D26

提要:本书收录了有关党的建设、制度及工作方法等论文 13 篇,包括《党的建设问题》、《论布尔什维克的原则性》、《论党的工作中的党委制》、《提高党的会议的组织和教育作用》等。

晋察冀边区婚姻条例中几个问题的阐述

王斐然编。[1937—1949]年。5 页,19cm。JF1234/D923.9

提要:这是一本5页的小册子,针对1943年2月正式实行的《晋察冀边区婚姻条例》中的几个问题做出具体阐述,包括男女双方自主自愿不包办、严格实行一夫一妻制、结婚仪式应该庄重严肃简朴、离婚应慎重等。附参考材料。

王斐然(1904—1994),河北阜平人。曾任北京市法学会副会长、顾问,是新中国第一代著名司法专家,参与了北京市法学会的筹建和发展。1924年加入中国共产党,1937年后参与晋察冀抗日根据地司法工作。曾为边区法院制定了《破坏坚壁财物治罪条例》、《惩治贪污条例》等法规。反对"乱世用重典",强调民事调解和劳动改造。

整顿学风党风文风

毛泽东著。[1937—1949]年。19页,19cm。JF0319/D264

提要:本书系1942年2月1日毛泽东在中央党校开学典礼会上所作的报告(编入《毛泽东选集》时改题为《整顿党的作风》)。毛泽东同志在延安整风时向全党提出反对主观主义、宗派主义、党八股的任务,指出"反对主观主义以整顿学风,反对宗派主义以整顿党风,反对党八股以整顿文风"。

莫洛托夫报告:1945年11月6日苏联十月革命28周年

(苏)莫洛托夫著。上海,时代书报社,[1937—1949]年。27页,15cm。JF0411/D15

提要:这是1945年11月苏联人民委员会苏维埃副主席兼外交部长莫洛托夫,在苏联十月革命二十八周年纪念大会上的报告,主要有四部分内容:第二次世界大战和苏联、全世界和平的建立与爱好和平各民族的利益、苏维埃国家的再加强和苏维埃民主的发展、转向和平建设之路与我们的任务。

莫洛托夫(1890—1986),苏联国务活动家、政治家,第二次世界大战时期任苏联人民委员会第一副主席兼外交人民委员,国防委员会副主席。是斯大林的亲密战友和坚定支持者,为斯大林领导班子二号人物,曾支持斯大林的集体化政策并参与领导了大清洗运动。对苏共二十大的反斯大林政策有不同意见,因而于1957年被打为"反党集团"头目,并被降为驻蒙古大使,1964年被开除党籍、勒令退休。

三民主义

孙中山著。[1937—1949]年。1册,18cm。JF0530/D693.0

提要:《三民主义》是孙中山晚年的主要著述之一。它由孙中山演讲、黄昌谷笔录、邹鲁读校而完成。本书对孙中山提出的"三民主义"——民族主义、民权主义、民生主义进行了详细论述。其中民族主义6讲,民权主义6讲,民生主义4讲。

孙中山(1866—1925),名孙文,字载之,号逸仙。中国近代民主主义革命的先行者,中华民国和中国国民党创始人,三民主义的倡导者。1905年成立中国同盟会。1911年辛亥革命后被推举为中华民国临时大总统。1940年,国民政府通令全国,尊称其为"中华民国国父"。遗著辑为《中山全书》、《总理全集》、《孙中山全集》等刊行。

现行法令汇集

晋察冀边区行政委员会编。上册。[张家口],晋察冀边区行政委员会,[1937—1949]年。380

页,19cm。JF0333/D929.6

下册。[张家口],晋察冀边区行政委员会,民国[1912—1949]。[324]页,19cm。324.18/342.4

提要:本书收1945年11月底之前的各部门重要现行法令。全书分为施政纲领、民政方面、教育方面、财政方面、实业方面、司法方面等六部分。其中民政方面包括政权建设、社会政策、社会管理、公安、卫生等内容,财政方面包括税务、抗战勤务、财务行政、货币金融等内容,实业方面包括农工业、贸易合作等内容。

建团文集:第2集

中国新民主主义青年团山东省筹备委员会编。山东,山东新华书店,[194?]年。61页,18cm。JF0413/D296

提要:本书收录了关于建立中国新民主主义青年团工作的文献,包括《在中国新民主主义青年团第一次全国代表大会上的讲话》(朱德)、《在中国新民主主义青年团第一次全国代表大会上的政治报告》(任弼时)、《青年团的任务与工作》(冯文彬)、《中国新民主主义青年团团章》及《中国新民主主义青年团工作纲领》等。

阎锡山批判

陈伯达等著。新华书店,[194?]年。[86]页,18cm。JF1087/D693.09

提要:本书收录陈伯达等人对阎锡山的批判文章,包括《阎锡山部六十一军破坏抗战向我进攻》(新华社)、《痛斥阎锡山通敌叛国罪行》(薄一波)、《晋西事变的真象》(韩钧)、《三年不言之言》(续范亭)、《寄山西土皇帝阎锡山的一封五千言书》(续范亭)、《阎锡山批判》(陈伯达)等6篇。附:《汾东人民的浩劫》、《汾东歌谣》、《阎锡山通敌叛国种种》等8篇。

整风文件

苏北出版社,[194?]年。203页,18cm。JF0539/D264

提要:1942年,延安开展以“反对主观主义以整顿学风,反对宗派主义以整顿党风,反对党八股以整顿文风”为主旨的整风运动。本书收录相关文件27篇,包括《中共中央宣传部关于在延安讨论中央决定及毛泽东同志整顿三风报告的决定》、《整顿学风党风文风》、《反对党八股》、《论共产党员的修养》以及《斯大林论领导与检查》等。

关于新的知识分子干部的一些问题

[1944—1949]年。24页,17cm。JF0301/D663.5

提要:本书是整风运动学习读物,包括旧知识界的分化和我们对新知识界的态度、旧知识界与无产阶级间的对抗问题、中国知识分子群与青年学生群、中央关于吸收知识分子的决定、知识分子的学习与改造、关于两种干部的学习方向与新老干部的结合问题等6部分。

青年团团员教材

黎群编。中国人民解放军第二野战军军事政治大学政治部(翻印),[1945—1949]年。66页,

18cm。JF1157/D296.19

提要:翻印本。为加强青年团团员教育的教材,可以帮助广大团员了解青年团的基本知识和组织制度,正文分为团员、团员的义务与权利、团的基本组成和团的组织原则等4讲14课。

中国共产党烈士传

华应申编。[涉县],太行群众书店,[1945—1949]年。224页,18cm。JF0676/D820

提要:本书收录了李大钊、向警予、苏兆征、邓中夏、刘华、彭湃、恽代英、蔡和森、瞿秋白、关向应、方志敏、刘志丹、左权、彭雪枫、王岩飞、叶挺、邓发、李兆麟、吉鸿昌等23位中国共产党烈士的革命事略及纪念文集。

华应申(1911—1981),原名遗曾,笔名革索,江苏无锡人。1935年参与创办新知书店,任副经理,出版发行大量的马列主义经典著作和抗日救亡书刊,同时用远方书店的名义编辑出版《苏联文学丛书》等著作。建国后任出版总署出版局副局长、发行事业管理局局长、新华书店总管理处副总经理、人民出版社副社长、广西壮族自治区文化局局长等职。编有《中国共产党烈士传》;与他人合译有《人类征服自然》、《苏联发明的故事》、《列宁的生平》;与他人一起主编有《大众文库》、《文艺创作丛书》、《新华小文库》、《新华文摘》和《文化翻身》等书刊。

世界战争与世界经济

王亚南著。曲江,新建设出版社,1942年。33页,18cm。JF0284/E195.2

提要:《时事小丛书》之七。全书分六节。回顾第一次世界大战前夕的世界经济形势,论述德、日两国当时的社会经济组织情况,阐明世界战争与世界经济基础及社会组织结构的关系,并分析了第二次世界大战的现状和前途。

王亚南(1901—1969),湖北黄冈人,马克思主义经济学家,历任中山大学、厦门大学、清华大学教授。1928年起与郭大力合作翻译《资本论》。毕生从事研究、介绍和宣传马克思主义政治经济学。建国后任厦门大学校长,历任中国社会科学院哲学社会科学学部委员、常委,《新建设》和《经济研究》编委,福建哲学社会科学联合会主任委员等职。著作有《中国半封建半殖民地经济形态研究》、《中国地主阶级封建制度论纲》、《政治经济学史大纲》等。

军 事

论第二战场

(德)威尔纳著;于怀译。[重庆],生生出版社,1944年2月。167页,图,18cm。JF0297/E195.2

提要: 全书分9章:决定的关头、苏联是怎样打胜仗的、红军是不能打败的、红军是能打胜仗的、德军是不能打胜的、德军是能打败仗的、英美一起来打、大家一起争取胜利、第二战场一定胜利等。

留守兵团的英雄和模范:第1集

八路军留守兵团政治部编。八路军留守兵团政治部,1944年。54页,19cm。JF0694/E221

提要:《战士小丛书》之一。内收八路军留守兵团的英雄和模范事迹18篇,包括《模范班长张秉权》、《七分校的劳动旗帜钱有才》、《文化学习的模范朱占国》等。

论解放区战场

朱德著。[阜平],晋察冀日报社,1945年。62页,18cm。JF1083/E297.3

张家口,新华书店晋察冀分店,1945年。59页,19cm。JF1082/E297.3

华北军政大学政治部,1945年。62页,19cm。JF0185/E297.3

上海,解放社,1949年7月。54页,18cm。JF1084/E297.3

提要:中国共产党第七次全国代表大会文献之二。这是1945年4月25日朱德在中国共产党第七次全国代表大会上的抗战军事报告,介绍抗战八年解放区战场的基本情况、共产党的抗战军事路线,并提出今后的军事任务。本馆所藏晋察冀日报社1945年6月版,版本为佳,封面有朱德木刻像。

内务条令、纪律条令、制式教练

东北军政大学总校编辑委员会编。[北安],东北军政大学总校编辑委员会,1946年8月。143页,18cm。JF0627/E266

提要:1945年10月,抗大总校及第1、3分校离开陕西,12月到达吉林省通化地区组建东北军事政治大学,林彪兼任校长和政治委员。该校教学中注重思想政治教育,强调理论联系实际、学以致用。本书是东北军政大学总校编辑的教材,分内务条令、纪律条令、制式教练三部分。

巩固和平与民主改革

晋冀鲁豫军区政治部编。[晋冀鲁豫军区政治部],1946年。16页,19cm。JF1048/E22

提要:《部队干部学习材料》之一。收文3篇:《蒋介石元旦演说与政治协商会议》、《中共中央关于停止国内军事冲突通告》和《和平实现》。附录:蒋介石元旦广播,并附研究题。

军民关系

第十八集团军总政治部宣传部编。光明出版社(翻印),1946年。104页,19cm。JF0380/E297.3

东北书店,1947年。40页,19cm。JF0379/E297.3

提要:解放区的内部宣传资料。全书主要讲述"陕甘宁边区留守部队的拥政爱民"和介绍"晋绥边区的拥爱模范安骏连"。前言中引用了毛泽东同志在招待陕甘宁边区劳动英雄的讲话内容,号召陕甘宁以及华中华北各根据地的军队克服自身生长出的一些军阀主义的毛病,积极开展拥政爱民活动,并做出成绩。

大小湖营歼灭战

晋冀鲁豫军区第三纵队政治部编。[武安],晋冀鲁豫军区第三纵队政治部,1947年6月。47页,19cm。JF0959/E297.4

提要:1947年3月23日晋冀鲁豫野战军在豫北发起攻势,战果丰富。本书是关于此次作战的资料汇编,收《再打几个大小胡营迎接全面反攻的到来》(赵兰田)、《关于歼敌四十九旅在战术上的经验教训》(向守之)、《快速纵队的快速毁灭》(李普)、《活捉李守正》(天晓)等20余篇文章。正文前有《晋冀鲁豫军区嘉奖令》,书中有各位英雄模范的木刻像。

军事参考资料选集:第1集

东北民主联军总司令部辑。东北军用图书社,1947年11月。155页,18cm。JF0566/E195.2

提要:本书选自国民党政府军训部编译的《第二次世界大战军事参考资料》,供高级干部参考学习使用。第1集介绍现代步兵编制与战术,收《论现代步兵》、《德国之扰乱战法及其对策》、《苏联红军对德军战车之作战方法》、《美军山地战教令》等28篇。

军事参考资料选集:第2集

东北民主联军总司令部辑。东北军用图书社,1947年11月。154页,18cm。JF0567/E195.2

提要:第2集侧重介绍苏英美军队的训练教育及骑炮兵等问题,收《市街突击战斗之研究》、《美军对倭军的战术之观感》、《渡河作战之研究》、《关于通讯联络诸问题》、《现代骑兵战术与编制之诸问题》、《哥萨克骑兵之训练与战术》等27篇。

军事参考资料选集:第3集

东北民主联军总司令部辑。东北军用图书社,1947年10月。199页,18cm。JF0568/E195.2

提要:本集收《论现代战术的基础》、《炮兵攻击》、《现代工兵之任务》、《地雷的研究及其使用》、《红军各兵种的作战性能》等20篇。

军事参考资料选集:第4集

东北民主联军总司令部辑。东北军用图书社,1947年10月。184页,18cm。JF0569/E195.2

提要:此集内容侧重于战车及其协同使用战术及其他军事技术等,收《本次大战战术之回顾与前瞻》、《现代军队中之步兵地位问题》、《现代步兵问题的几个意见》、《现代自动火器之新趋势》、《美国战时军事训练》、《论突破敌军防线》、《装甲师编组之最近趋势》等33篇。

爱国自卫战场快览

王林,岳巍编。河间,冀中新华书店,[1947]年。174页,19cm。JF0785/E297.4

提要:介绍1946年7月至1947年6月一年间蒋军破坏和平,进攻解放区,直至被歼的几次较大战役,包括苏北七战七捷、孟良崮战役等。书中有部分解放军高级指挥员简介。书后附有《十个月爱国自卫战争中生擒蒋军将官表》。

论东北战局

西满日报社编。[齐齐哈尔],西满日报社,1947年。41页,18cm。JF0571/E297.4

提要: 1946年6月到1947年6月,东北解放军利用运动战战略,打破了国民党军队的全面进攻,从战略防御开始进入战略大反攻。本书收录了这一时期论东北战局的社论、公报10篇,包括《中共权威人士评论目前战局》,新华社社论《东北一年》、《全力准备大反攻》,《东北日报》社论《论东北战局》,《自卫报》社论《战局在变化中》等。

十个月的参战工作

冀鲁豫区后方总指挥部编。冀鲁豫区后方总指挥部,1947年。[38]页,19cm。JF0699/E297.4

提要:1946年6月蒋介石撕毁政协决议,围攻中原解放区,全面内战爆发。本书介绍爱国自卫战争即人民解放战争开始以来,冀鲁豫边区十个月战勤工作概况,分4章:史的回溯、经验总结、几个具体问题、目前特点及今后工作。附录:《九个月参战民力统计》、《战勤供给制度》等5种。

向先进的食宿站看齐

冀鲁豫区后方总指挥部编。冀鲁豫书店,1947年。26页,18cm。JF1039/E297.4

提要:《参战丛书》第三辑。收《二指挥部第二食宿站》、《濮县红庙食宿站工作总结》、《怎样组织食宿站》、《食宿站工作经验谈》、《食宿站工作补充意见》等5篇。

怎样支援长期战争

冀鲁豫区后方总指挥部编。战友报社,1947年。44页,20cm。JF1167/E297.4

提要:这是有关战勤的调查研究和工作总结,内分能长期支持吗、发挥群众源源不绝的力量支援前线、参战动员工作、如何节约人力物力财力和组织领导问题等5部分。

战略原理

(俄)布尔林著。[齐齐哈尔],东北民主联军西满军区司令部(翻印),1947年。212页,19cm。

352. 4/353. 19

提要:这是布尔林在陆军大学担任教官时的讲义,论述现代军事战争战略之重要性。全书共4编。第1编(无标题)含绪论、战略与政略、战争之经济计划、战争之外交计划、战时之政略行动等5章;第2编战争之武装阵线,含总论、武装之建设、军事动员、国境战场之准备、会(作)战计划等5章;第3编配备会战以达成最终军事目的,含实施战争之法式、交通战略、有限目的之会战、战略行动等4章;第4编指挥,含战略指导、指挥之方法等2章。

战勤与生产

太岳政报社编。太岳政报社,1947年。46页,18cm。JF1174/E297. 4

提要:本书旨在为减少参战与生产之间的矛盾提供参考,收《太岳行署关于支援前线动用民力的几项决定》、《如何解决劳畜力困难及参战与生产的矛盾》、《一面参战一面生产的经验》、《石振明的联合互助大队》、《济源生产干训班的思想问题是怎样解决了的》等9篇文章。附材料两篇:《生产运动中的两个问题》及《战勤与播种结合及组织辅助劳力的经验》。

人民解放战争两周年的总结和第三年的任务

东北书店编。哈尔滨,东北书店,1948年8月。16页,19cm。JF0929/E297. 4

东北书店编。哈尔滨,东北书店,1948年10月。16页,19cm。JF0378/E297. 4

提要:本书主要论述解放战争开始两年后的时局。指出人民解放军军事上由防御转入进攻,政治上也取得了三个方面的胜利:土地改革,对城市、工商业制定了正确的政策,共产党获得了中产阶级的拥护。最后号召全党、全军和我们的政府努力完成第三年的任务,迎接更伟大的胜利。

红军野战参谋业务条令

刘亚楼译。中国人民解放军华北军区司令部翻印,1948年10月。192页,17cm。JF0445/E512. 26

提要:刘亚楼(1910—1965),福建武平人,中国人民解放军杰出将领之一。早年留学苏联,在伏龙芝军事学院学习。1948年1月任人民解放军东北军区兼东北野战军第一参谋长。

本书是苏联红军总参谋部在苏德战争开始后颁布的条令。因此其主要特点之一是适合于战争环境和需要。它明确而具体地规定了红军兵团和部队司令部战时参谋工作的基本原则和实际内容,可以启示和帮助我军认识和改进各级司令部的参谋工作,从而使参谋工作更加正规化。

库图佐夫的战略

(苏)雅洛斯拉夫泽夫著;君达译。哈尔滨,光华书店,1948年11月。39页,17cm。JF0572/E895. 12

提要:封面题著者:雅洛斯拉夫。通过介绍1812年库图佐夫击败拿破仑进攻的战事,总结出库图佐夫的战略,指出他善于正确确定战争每一阶段的战略目的、注重防御战略与进攻战略正确配合,并能广泛地组织正规军与游击队的协同作战。

论军队纪律

朱允一译。佳木斯,东北书店,1948年。27页,18cm。JF0565/E297. 4

提要:本书为《干部学习参考材料》之三。全书收录《论军队纪律》、《检查执行决议情况是布尔什维克领导的最重要的方法》、《党委书记》、《支部书记》、《共产党员的思想教育是党的组织的重要任务》、《教育青年干部如何做党的实际工作》等6篇文章,均译自苏联文献。这些文章有助于加强共产党员的理论修养。

人民解放战争两周年的总结和第三年的任务

中共冀鲁豫区党委宣传部编。[菏泽],冀鲁豫新华书店,1948年。32页,19cm。JF0318/E297.4

提要:本书收录了新华社社论《人民解放战争两周年的总结和第三年的任务》一文。并附录了解放战争第二年4个方面的总结。包括第二年的全年战绩,第二年的解放区面积、人口、城市发展统计,第二年敌我兵力损失比较,第二年俘毙敌将级军官及旅级上校军官名单。

自卫社论选集:三

中国人民解放军东北军区政治部编。中国人民解放军东北军区政治部,1948年。176页,18cm。JF0410/E297.4

提要:《自卫社论选集》共3集。本书为第3集,分十部分。主要选录第三次国内战争即人民解放战争中,论述中国共产党在政治上、军事上、组织上的相关政策和执行开展情况的文章。有《关于贯彻土地改革教育的指示》、《贯彻党的工作的群众路线》、《整训练兵的关键》、《继续整顿部队的纪律》等。

塔山阻击战政治工作汇编

中国人民解放军第四十一军政治部编。中国人民解放军第四十一军政治部,1949年3月。58页,19cm。JF1212/E297.4

提要:1948年10月,东北野战军第4、11纵队等部在辽宁省锦州西南塔山地区奋战六天六夜,最终抵御住增援锦州的国民党军。这一过程中战时政治工作作用明显,本书收录相关文献4篇:《略谈塔山阻击战》(莫文骅)、《塔山守备战政治工作几个主要经验》(欧阳文)、《塔山守备战之政治工作经验》(张秀川)、《廿八团二连塔山阻击战政治工作总结》(徐宗华、魏梓材)等。

连队的演唱运动

华北冀鲁豫军区政治部编。华北冀鲁豫军区政治部(印),1949年。78页,13cm。JF0647/E223

提要:《战友丛书》之一,主要介绍部队开展的"自编、自唱、自演运动"。这一运动内容上结合部队思想、工作和战斗任务,形式上大众化,活跃了部队生活。为了总结经验,更好地推广这一活动,使之成为普遍的群众性运动,特出版此书。

一九四八年西北战场大事记

群众日报社编。群众日报社,[1949]年。40页,13cm。JF0918/E297.4

提要:本书以大事记的形式记录了1948年西北战场(包括陕甘宁、晋绥、绥蒙等地)人民解放军和地方武装、民兵的战绩。1948 年，西北野战军发动春季攻势、秋季攻势，转入外线作战，战绩显著，光复延安，解放洛川，并消灭胡宗南大部。

中国人民解放战争三年战绩总结

[苏南新华书店]编。[无锡]，苏南新华书店，1949 年。48 页，19cm。JF0465/E297.4

提要：本书收录中国人民解放军总部发表的人民解放战争第一年、第二年、第三年及三年战绩总结(到 1949 年 7 月 15 日为止)。主要从全年战绩；解放区面积、人口与城市；敌我兵力损失比较；投诚与俘虏毙敌高级军官名单四个方面进行总结。另附：中国人民解放军三年战绩地图。

抗日游击战争的作用

[1937—1949]年。128 页，19cm。JF1107/E831

提要：本书就抗日游击战争的性质、作用、要素、组织方法等内容展开论述，并着重分析抗日游击队的组织问题、战术原则、活动方针、进攻战略、防御战术、追击战术、破坏战术、侦探和通讯联络等问题。

中国人民解放军宣言与口号

松江印刷局，[1937—1949]年。19cm。JF0383/E297.4

提要：本书介绍了解放军的基本政策，以及对蒋方人员的方针。号召全国同胞积极合作，解放区人民贯彻土地改革，巩固民主基础，发展生产，厉行节约，加强人民武装，肃清敌人残留据点，支援前线作战。号召全体指战员积极努力，完成解放全中国的伟大使命。本书还收录了《中国人民解放军口号》、《三大纪律八项注意》两个文件。

阵中手册

新四军山东军区政治部编。山东，山东新华书店，[1945—1949]年。136 页，16cm。JF0564/E222

提要：扉页有新四军军长陈毅、张云逸、饶漱石等人署名印发本书的命令，并规定营以上干部人手一册，人人必读，人人必学。全书共分 5 个单元，包括：认清时局、明瞭前途，中国革命战争中的运动战问题，人民战争与人民军队，实现耕者有其田，目前中国革命中的各阶级等。

八年抗战中的八路军与新四军

东北书店，[1946—1949]年。37 页，18cm。JF0700/E297.3

提要：本书为纪念抗战胜利一周年出版。在八年抗战中，中国共产党领导八路军、新四军、华南抗日纵队及人民浴血奋战，开辟了华北、华中、华南三大敌后战场，覆盖了全国重要的战略地区，包括大城市、海岸线和重要港口。本书叙述三大敌后战场开辟及发展的简单经过和三大敌后战场的大反攻。

经　济

帝国主义论

（苏）布鲁克等著。上海，上海杂志公司，1937 年 5 月。230 页，20cm。JF0502/F038

提要：译自《苏联大百科全书》第 27 卷的“帝国主义”条目，据列宁《帝国主义论》的理论体系，补充事实材料编写。内分生产的积集和独占、金融资本和金融寡头政治、资本的输出、资本家团体间的世界分割、不平衡发展的法则、资本主义的总危机等 9 章。

边区的劳动互助

中共西北中央局调查研究室编。［延安］，1944 年。94 页，18cm。JF1018/F329.06－53

提要：辑选《边区农村旧有的各种劳动互助形式》、《边区劳动互助的发展》、《劳动互助在发展农业生产上的作用》、《新的劳动互助的组织形式和它的性质》、《边区组织劳动互助的主要经验和今后的工作》等 5 篇文章。

边区的水利事业

中共西北中央局调查研究室编。［延安］，中共西北中央局调查研究室，1944 年。33 页，19cm。JF0908/F303.1

提要：这是中共西北局关于陕甘宁边区水利事业建设的调查报告，内含概述、水漫地、修捻地、流水灌溉、井水灌溉、水利建设中各类问题的解决、对今后发展水利事业的几点意见等章节。

介绍南区合作社

中共西北中央局调查研究室编。［延安］，［中共西北中央局调查研究室］，1944 年。71 页，18cm。JF0983/F279.296

东北书店，1947 年 3 月。48 页，18cm。JF0504/F279.296

提要：介绍延安南区合作社自 1936 年 12 月创办到 1944 年 1 月的发展历史，该社的组织现状，消费、供销、运输、信用等业务活动，以及股金和盈余分配情况等。附录：南区合作社组织运输合作的经验。

劳动互助的典型例子和经验

晋察冀边区行政委员会实业处编。晋察冀边区行政委员会实业处，［1945］年。50 页，19cm。JF1091/F329.06

提要：本书是晋察冀边区劳动互助运动的经验和典型介绍汇编，内收《龙华新解放区两个村劳动互助是怎样组织起来的》、《坟庄的拨工组是怎样活跃起来的》、《战胜旱灾耕三余一的龙家铺拨工组》、《冀晋区组织劳动力的经验》、《定易涞组织拨工组的几点经验》等10篇材料。

蒋介石的经济危机

中国问题研究社编。华北新华书店,1946年7月。63页,18cm。JF1219/F129.6

提要:文集。收《内战威胁下的中国经济》(纪明等)、《一年来中国经济的总结》(千家驹)、《民族工业崩溃的一年》(张锡昌)、《恭喜发财,官僚资本家》(杨深)、《调整汇率,发行新币,抵利贷款》(杨深)、《九万三千亿的大预算》(杨深)、《一九四七年的经济展望》(马寅初等)7篇论文。

发展新式富农经济向石振明看齐

[建标]著。[太岳行署],1946年。22页,18cm。JF1038/F30

提要:石振明是华中抗日根据地太岳区开展减租减息运动涌现出的一位劳动模范,随后领导了当地的农业互助运动。本书是其模范事迹的宣传报道材料,正文前转载新华社社论《走石振明的道路》。

合作社参考材料

晋察冀边区行政委员会农林处编印。[张家口],明德印刷局(印),1946年。126页,19cm。JF1035/F321.42

提要:《大生产运动丛书》之一,配合大生产运动的宣传材料。20世纪40年代,为克服经济困难,中共中央号召抗日军民开展大规模生产运动,许多解放区响应号召,成立了农业生产合作社、消费合作社、运输合作社、综合性合作社等组织形式,提高了劳动生产率。本书是相关材料汇编,包括《论合作社》、《毛主席指示办合作社四要点》、《陕甘宁边区合作社联席会决议》、《中共中央西北局关于贯澈合作社联席会决议的决定》等文件资料。

农村经济底基本知识

薛暮桥著。新知书店,1946年。154页,19cm。JF0409/F30

提要:《新知丛书》之一,与《中国农村经济常识》是姊妹篇。本书介绍农业经济学的基本知识以及先进国家农业生产的一般发展过程,包括怎样研究农村经济、封建社会底农业生产关系、农业中资本主义发展底特殊法则、农业经营中的土地所有问题、农业经营中的劳动问题和资本问题、殖民地农村经济底特质、资本主义社会底农业恐慌、农业改良政策和苏联底农业革命等章节。附录:《研究农村经济的参考书籍》。

薛暮桥(1904—2005),原名雨林,江苏无锡人,著名马克思主义经济学家。1927年入党,1934—1938年主编《中国农村》月刊。1938—1942年在新四军工作,1942年抗大华中总分校成立时,任训练部部长、代理政治部主任。建国后,任政务院财经委员会秘书长兼私营企业局局长、国家统计局局长、国家计委副主任、全国物价委员会主任等。著有《旧中国的农村经济》、《中国国民经济的社会主义改造》、《中国社会主义经济问题研究》、《我国物价和货币问题》等。

政治经济学

薛暮桥著。大连,大众书店,1946年。96页,19cm。330.1/569

提要:本书主要论述政治经济与人类社会发展史,重点研究资本主义社会以及殖民地半殖民地经济的特殊性,以切合中国社会现实需求。内含绪言——政治经济学的研究对象、奴隶社会、封建社会、资本主义社会、社会主义社会的诞生、结论——社会发展的规律等篇章,篇末有再版、三版后记。

政治经济学

(苏)列翁节夫著。东北书店,1946 年。405 页,18cm。JF0451/F0 - 0

提要:据 1936 年莫斯科外国工人出版社中译本重印,首章论述政治经济学的内涵和研究对象,其余各章按原始共产主义、前资本主义、资本主义、帝国主义各个阶段,分别就其生产关系、经济结构的特征及其发生、发展和衰亡的过程等问题详加阐述。

怎样研究中国经济

钱俊瑞著。大连,大众书店,1946 年。132 页,19cm。331.2/933:1

提要:《青年自学丛书》之一,用故事的体裁指导初学者掌握研究中国经济的方法和途径。全书分第一步读《子夜》、第二步读《中国经济现势讲话》、三把钥匙、农村调查、怎样搜集材料、中国经济性质座谈、今天的课题——国防经济等七章节。

钱俊瑞(1908—1985),江苏无锡人,现代经济学家和教育家,1935 年加入中国共产党。抗日战争期间,主编《江淮日报》,兼任新华社北平分社社长和总编辑。建国后,历任教育部党组书记、副部长,政务院文化教育委员会秘书长,文化部党组书记、副部长兼国务院文教办公室副主任,中国社会科学院世界经济与政治研究所所长等职。著有《中国农村现阶段性质之研究》、《世界经济与世界经济学》、《世界经济与中国经济》等。

中国四大家族

陈伯达著。长江出版社,[1946]年。133 页,18cm。JF0421/F129.6

武安,华北新华书店,1946 年。158 页,18cm。JF0479/F129.6

[阳城],太岳新华书店,1946 年。158 页,18cm。JF0940/F129.6

佳木斯,东北书店,1947 年 5 月。135 页,18cm。JF0938/F129.6

[阳城],太岳新华书店,1947 年。158 页,18cm。JF0939/F129.6

[平山],华北新华书店,1948 年。182 页,18cm。JF0529/F129.6

提要:评述蒋介石、宋子文、孔祥熙、陈立夫与陈果夫四大家族的发家史及其对中国经济的垄断和对中国政治的统治。内分旧中国的最后统治者、从内战与买办起家、封建的买办的军事的金融皇朝、四大家族的财富、四大家族的统治是中国的耻辱与灾难等 9 节。(作者介绍见《新妇女的人生观》)

合作运动与合作英雄

大会编辑委员会编。大会编辑委员会,1947 年。66 页,18cm。JF1036/F279.296

提要:1946 年 12 月,太行区党委、太行行署和太行军区在长治召开第二届群英会。本书是该群英会关于合作运动的经验总结与英雄表彰方面的整理材料,内含“合作社几个问题的整理研究”和“合作英雄的典型材料”两部分。

现代中国经济教程

许涤新著。上海,新知书店,1947 年。326 页,19cm。331.2/613

[哈尔滨],新知书店,1948 年。326 页,19cm。331.2/613:1

[大连],新知书店,1948 年。325 页,19cm。331.2/613:3

冀东新华书店,民国[1912—1949]。325 页,19cm。331.2/613:2

提要:抗战胜利后,中国经济依然支离破碎。作者总结八年战时经济,重点分析战后殖民地化的经济危机,以便厘清方向、认清局势。全书包括战前的中国经济、战时经济底动态、战时三种经济政策的分析、战时经济的鸟瞰、战后的经济危机、新民主主义经济的发展、现代中国经济的结构与各种社会力量以及中国经济的展望等 8 个章节。

许涤新(1906—1988),广东揭阳人,著名经济学家。1933 年加入中国共产党,曾任中国社会科学家联盟中共党团书记、研究部副部长、宣传部部长,中国左翼文化总同盟组织部部长。抗战爆发后任汉口《群众周刊》主编,重庆《新华日报》总支书记、编委。主要从事政治经济学的研究,倡导生态经济学和人口学,主编《政治经济学辞典》,著有《中国经济的道路》、《新民主主义的经济政策》、《现代中国经济教程》、《广义政治经济学》等。

中国土地问题浅说

李朴著。大连,光华书店,1948 年 5 月。143 页,17cm。JF0496/F329.06

提要:论述中国土地问题的严重性、土地改革运动的回顾与土改中的几个重要问题等。后附录《土地法》(一九二八年十二月,在井冈山)、《中共中央关于公布中国土地法大纲的决议及中国土地法大纲》原文等 5 种材料,可观土地改革之演进。

职工运动参考资料

东北书店编。哈尔滨,东北书店,1948 年 8 月。55 页,18cm。JF0324/F249.296

哈尔滨,东北书店,1948 年 8 月。55 页,19cm。JF0575/F249.296

提要:辑录《东北日报》、《哈尔滨日报》上有关试行基本工资与奖励办法的一些材料,如《中共东北中央局关于保护新收复城市的指示》、《哈市第二届职工代表大会宣言》等。

政治经济学

薛暮桥著。哈尔滨,光华书店,1948 年 11 月。118 页,17cm。JF0501/F0-0

提要:内分绪论——政治经济学的研究对象、原始共产主义、奴隶社会、封建社会、资本主义社会(上、下)、社会主义社会的诞生等 6 章,讲述人类社会经济制度的发展历史。

簿记学

黄逸峰等著。吉林,东北光华书店,1948 年。246 页,19cm。695.5/313.8

提要:东北解放区铁路学院教材,《铁路学院丛书》之一,是作者在东北铁路学院工作期间,为解决教材缺乏编写的。全书共 12 章,介绍一般性商业簿记原理,并根据实际需要,讲授了公营企业与农村合作社的簿记组织。其文字浅显,道理清楚,例证现实好懂。再版增加了习题及单式簿记的例证。

黄逸峰(1906—1988),江苏东台人。1925年加入中国共产党,1940年赴苏北参加新四军,任联抗部队司令员、东泰地委书记、苏中一分区司令员。1946年后,任东北铁路总局副局长、铁道学院院长、东北铁道纵队司令员兼党委书记。建国后,历任上海铁路局局长、党委书记,华东军政委员会交通部部长、党组书记,交通大学教授等职。著有《工厂管理基础知识》、《中国近代经济史论文集》;主编《荣家企业史料》、《江南造船厂厂史》等。

卫国战争期内的苏联战时经济

(苏)沃兹涅辛斯基著。莫斯科,外国文书籍出版局,1948年。173页,19cm。JF0562/F151.295.2

提要:论述苏联卫国战争时期经济底基础、扩大再生产、工业与军事生产、农业与粮食、交通运输、劳动组织、生产计划性等问题。末章专门讨论战后苏联经济的复兴。

沃兹涅辛斯基(1903—1950),苏联经济学家,科学院院士。1921年斯维尔德洛夫共产主义大学毕业后从事党的工作。曾任苏联国家计委第一任主席,苏联人民委员会和苏联部长会议第一副主席,联共(布)中央政治局委员等职。他对社会主义计划工作的理论和实践作出了重大贡献。著作有《论社会主义经济问题》、《苏联战时经济》等。

实用经济六讲

李六如等编著。长春,新中国书局,1949年4月。143页,18cm。JF0440/F8

提要:此书是建国前夕东北财政经济干部学校采用的讲义。内分财政经济总论、粮务、贸易与运输、税务(租税)、银行与金库、财务与行政等6讲。附季度经常费预算书、支付通知书等。

论工商业政策

中共中央中原局宣传部编。河南,新华书店,1949年5月。80页,17cm。JF0516/F129.6

解放社编。[北京],新华书店,1949年6月。121页,17cm。JF0514/F129.6

提要:内收《论工商业政策》(摘自毛泽东《目前的形势和我们的任务》)、《对工商业的政策》(摘自任弼时《土地改革中的几个问题》)、《中共中央东北局关于公营企业中职员问题的决定》(1948年8月1日)、《保护国家财产保护公有财产》(《东北日报》社论,1948年9月1日)、《中共东北铁路党委会关于实行乘务负责制的决定》(1948年11月15日)、《在沈阳工人代表大会上的讲话》(陈云,1949年1月5日)、《中国人民银行冀鲁豫分行在城市业务中的右倾错误》(新华社,1949年1月14日)、《临清事件与国营商业》(新华社社论,1949年1月17日,附录"临清事件经过")、《企业管理民主化是改进生产的重要保证》(《东北日报》社论,1949年2月28日)等文献,并有附录13篇。

论城乡关系

读者书店编辑部编。天津,读者书店,1949年8月。88页,18cm。JF0330/F291.3

提要:内收《关于城乡关系的问题》、《把消费城市变成生产城市》、《逐步转变农村纺织让机器代替手工业》、《新的城市关系》、《林彪同志在汉口"七一"纪念会上》、《到农村去!到农民群众中去》等7篇材料。

社会主义的工业化与资本主义的工业化

(苏)格拉诺夫斯基著;阿真译。上海,中华书局,1949年8月。60页,18cm。JF0348/F403

提要:内分社会主义与资本主义的工业化及其原则上的对立、资本主义工业的发展、社会主义工业的发展等3部分,认为资本主义与社会主义的工业化,在其目的和方法、动力及社会后果等方面都各不相同。

近代中国地租概说

陈伯达著。新华书店,1949年9月。102页,17cm。JF0425/F329.05

提要:此书为《近代中国农业与中国农村各阶级》的部分草稿,共分6章:近代中国农业的剩余劳动率与剥削率、地租形式、地租和地租率、近代地租发展的诸特征、战时地租掠夺在国民党统治下变本加厉、地价。(作者介绍见《新妇女的人生观》)

东欧人民民主国家的经济发展

(苏)D. 彼得罗夫斯基等著;徐均、蕴华译。旅大中苏友好协会,1949年11月。68页,18cm。JF0300/F151

提要:辑录1948—1949年《新时代》上有关东欧国家经济发展的一些论述,含《人民民主国家的经济繁荣》、《在上升中的人民波兰》、《捷克斯洛伐克重建与发展经济的第一个五年计划》、《人民民主国家之间的友好与合作》、《欧洲经济发展的两条道路》、《未来是属于社会主义与民主主义的》等6篇文章。

社会主义劳动原理

(苏)梁宾著。上海,作家书屋,1949年11月。63页,16cm。JF0303/F044

提要:内分在苏联劳动底社会主义性质、社会主义底劳动纪律、按劳动面分配底社会主义原则、社会主义的竞赛与其最高阶段——斯达汉诺夫运动、社会主义社会中劳动底生产力等5节。

战后的资本主义——帝国主义的新阶段

陶大镛著。上海,生活·读书·新知上海联合发行所,1949年11月。[10],172页,17cm。JF0480/F112.7

提要:本书分析战后国际卡特尔与独占资本的变化、美国的经济扩张、英国的经济危机、西欧资本主义破产的种种事实,阐明战后资本主义特征。内分资本主义世界的财富集中、美国的独占资本与金融寡头、轴心帝国主义的崩解及其转化、战后资本主义的总危机、帝国主义的新阶段等10章。

陶大镛(1918—2010),上海人,经济学家,1940年毕业于中央大学经济系,曾任中山大学讲师、广西大学副教授、四川大学教授。1946至1948年赴英国曼彻斯特大学和伦敦大学从事研究工作。建国后,历任北京大学、辅仁大学、北京师范大学教授。著有《战后东欧的经济改造》、《战后的资本主义》、《两个平行的世界市场》等。

政治经济学研究提纲

(苏)科兹洛夫著;曹葆华、施宾译。北京,解放社,1949年12月。47页,18cm。JF0305/F0-0

提要:本书以提纲的形式概述各经济制度下生产方式特点及其发展规律,含引言——政治经济学底对象、原始公社制度、奴隶制度、封建制度、资本主义制度、社会主义制度等章节,后附详细参考书目。

关于发展生产劳资两利政策的几点说明

李立三著。天津,读者书店,1949 年。16 页,18cm。JF1023/F129.6

提要:本文是关于工人、资本家座谈会上劳资两利政策疑问之处的解释说明,主要回答以下三个问题:为什么只有发展生产,才能达到劳资两利;为什么只有实行劳资两利政策,才能达到发展生产的目的;怎样实行劳资两利的政策。附新华社短评《正确执行劳资两利方针》。

李立三(1899—1967),原名李隆郅,湖南醴陵人。1921 年加入中国共产党,1922 年到安源从事工人运动,领导安源路矿工人大罢工。1925 年领导"五卅"运动,1927 年 8 月参加南昌起义,后任中共广东省委书记。1928 到 1930 年,任中共中央常委兼秘书长、宣传部部长等职。1931 年赴苏学习,主持马列主义经典著作的翻译工作。1946 年回国后任中共中央东北局委员、敌工部部长、城工部部长、职工运动委员会书记,全国总工会副主席、党组书记等。中华人民共和国成立后,历任中央人民政府委员、政务院政务委员、劳动部部长、中共中央书记处第三办公室主任、中共中央华北局书记处书记等职。

合理化建议

中华全国铁路总工会京津区工会编。中华全国铁路总工会京津区工会,[1949]年。52 页,19cm。JF0872/F403

提要:本书辑录《人民日报》、《天津日报》上有关工人运动经验教训和通报指示的一些材料,如《合理化建议——旅大中苏合营工厂生产管理经验介绍》、《如何开展合理化建议运动》、《必须要学会总结经验》等。

新中国的土地政策

廖源著。香港,南方书店,1949 年。31 页,19cm。JF0535/F329

提要:本书就新中国实行新土地政策的必要性、具体做法、后续改造方式等问题展开论述,内分土地改革是什么、为什么要实行土地改革、土地改革和民族工商业、第一步做法、第二步做法、分了土地以后等 6 小节。

政治经济学:上册

(苏)列昂节夫著。[山东],冀鲁豫新华书店,1949 年。218 页,18cm。JF0146/F0-0

提要:首章论述政治经济学的内涵和研究对象,其余各章按原始共产主义、前资本主义、资本主义、帝国主义各个阶段,分别就其生产关系、经济结构的特征及其发生、发展和衰亡的过程等问题详加阐述。(作者介绍见《论列斯创造的社会主义的政治经济学》)

发展工业的劳动政策与税收政策

陈伯达著。[沈阳],中共沈阳特别市工委宣传部(印),[1937—1949]年。10 页,19cm。

JF1071/F429.068

提要:书中指出中国共产党的工业政策是“发展生产,繁荣经济,公私兼顾,劳资两利”,其中劳动政策和税收政策具有根本意义,认为劳动政策的主要问题是工资问题和工会问题,而制定税收政策要注意三个基本原则,具体实行需斟酌各地实际情况。(作者介绍见《新妇女的人生观》)

苏联经济概要

北平,解放报社,[1937—1949]年。78页,18cm。JF0616/F151.295

提要:译自1932年出版的《苏联小百科全书》,简要介绍苏联国民经济概况,数据材料截至1930年底。内含苏联经济概要、苏联与世界经济、苏联底动力、工业、农作、畜牧、林业、运输、苏联经济地理区、对外贸易、苏联的商船队、合作社、国家银行、苏联信贷、苏联的股份公司、苏联经济中的社会化的部分等章节。

新民主主义革命对象之四:四川财阀的分析

[1937—1949]年。42页,19cm。JF1268/F299.277.1

提要:抗日战争开始、国民政府西迁之后,四川财阀集团逐渐成为典型的地方官僚资本,对当时的政治、社会、经济、军事等方面产生重大影响。本书从三个方面分析四川财阀:四川军阀资本、四川新政学系地方官僚资本、四川金融资本与商业资本。

与客谈我们的集体农庄

陈兵编。苏北新华书店,[1937—1949]年。80页,19cm。JF0679/F351.24

提要:20世纪30年代,苏联开展全盘集体化运动,确定农业劳动组合为集体化的基本形式,通称集体农庄。本书根据关东中苏友好协会出版之《友谊丛书》翻印,内收《集体农庄制度的伟大力量》、《万事起头难》、《友谊的纽带是怎样结成的》、《与客谈我们的集体农庄》等篇章,多角度介绍集体农庄制度的形成原因、组织形式及社会影响等。

边区的劳动互助:陕甘宁边区生产运动介绍

晋察冀新华书店,[1943—1949]年。65页,18cm。JF1016/F329.06-53

提要:据内容可知,此书在1943年以后初版,辑录《边区农村旧有的各种劳动互助形式》、《边区劳动互助的发展》、《劳动互助在发展农业生产上的作用》、《新的劳动互助的组织形式和它的性质》、《边区组织劳动互助的主要经验和今后的工作》等5篇文章。

东北局关于公营企业中职员问题的决定:一九四八年八月一日

[东北局]编。沈阳,中共沈阳特别市工委宣传部翻印,[1948—1949]年。8页,18cm。JF0328/F279.296

提要:这是东北局于1948年8月在新华社发表的关于公营企业中职员问题决定,针对东北局接受的企业内工人和职员的不同情况,做出不同的改造方法和矛盾处理方法。

文化、科学、教育、体育

初级文化课本:第 2 册

八路军留守兵团政治部编。[延安],八路军留守兵团政治部,[1943]年。67 页,15cm。JF0626/G624

提要:抗日根据地为了提高八路军战士及初级干部的文化水平,设立学习初级班,按具体文化基础情况,分为甲乙丙丁四组。《初级文化课本》包含各种普通知识。其编辑计划,是按初级班的分组,共分 8 册:第一、二册供丁组用,第三、四册供丙组用,第五、六册供乙组用,第七、八册供甲组用。按照这个次序,每学完二册,成绩及格的,即可升组。这本《初级文化课本》第二册是供丁组学习使用的,它很好地结合了战士们的战斗生活,内容生动,语言简洁。

陕甘宁边区教育方针

陕甘宁边区政府办公厅编。[延安],陕甘宁边区政府办公厅,1944 年 9 月。66 页,18cm。JF0618/G529.6

提要:边政读物之一。主要收集了陕甘宁边区关于教育方面的指示信及其他文件,有《边区政府关于今年冬学的指示信》、《边区政府关于提倡研究范例及试行民办小学的指示信》、《边区政府关于各中等学校今后招生标准的指示信》、《关于中等学校新课程》、《延安大学教育方针暨暂行方案》等 6 种文件。附:《解放日报》社论 4 篇。

四个民办小学

陕甘宁边区政府办公厅编。[延安],陕甘宁边区政府办公厅,1944 年 9 月。69 页,18cm。JF0614/G629.29

提要:边政读物之三。收文章 4 篇,介绍延安裴庄小学、磨家湾小学、北郊乡小学和沟门村小学。这四所小学都在延安市,1944 年 3、4 月间开办的,都在很短的时间内取得了很大的成绩,这些成绩都在《解放日报》、《边区群众报》陆续报道过。本书是对这四所学校较为系统的总结。这四所学校办学方向正确,主要经验值得借鉴,陕甘宁边区政府希望通过介绍这四所学校,促使其他学校取得更好的成绩。

绘图庄稼杂字

董纯才编。[延安],新华书店,1944 年。28 页,图,18cm。JF1050/G725.814

提要:陕甘宁边区冬学课本,根据农民生产生活需要编写,非常贴近农民生活。每页分上下两部分,上绘插图下配文字,四字一句,朗朗上口,内容通俗易懂,具有指导生产、倡导文明生活的作用,非常适合农民阅读学习。

董纯才(1905—1990),湖北大冶人,教育家。1925 年就读于晓庄师范学校,从此致力于教育事业。1937 年到延安,次年加入中国共产党,主管陕甘宁边区教育厅教材编审工作,建国后任教育部副部长。著有《论中国社会主义现代化教育》、《远航诗草》等。

识字班

绥德分区文教大会秘书处[编]。[绥德],绥德分区文教大会,1944 年。66 页,18cm。JF1128/G722

提要:本书是 1943 年绥德分区文教会议上相关资料的汇编,根据大会前的报告、与会者的谈话整理而成的,主要是介绍分区为扫盲所办的识字班的情况。分四部分:一、分区识字班的各种组织形式及其成立与发展;二、分区各种识字班的教育内容;三、分区各种识字班的教育方式;四、群众反映。

文教大会纪念特刊

太行区模范文教工作者大会编。太行区模范文教工作者大会(印),1945 年。163 页,18cm。JF0563/G526.3

提要:根据地教育分社会教育和学校教育,社会教育就是对底层民众进行扫盲、知识启蒙等。根据地文化教育落后,识字率极低,整个边区,妇女几乎不识字。根据地政府采取了一系列措施来推动扫盲,开展各种形式的冬学,办识字班及小学教育。本书收集了太行区文教大会上关于根据地文化教育方面的讲话、发言资料,有《太行区教育建设的新发展》、《我怎样在游击区办冬学》、《教育新方针就是群众路线》等。

阅读什么与怎样阅读

沙羽著。大连,大众书店,1946 年。130 页,18cm。119.1/735.2:1

提要:《新青年修养丛书》之一,分职务上的阅读、参考的阅读、趣味修养的阅读、阅读各科书籍经验话、报章杂志阅读常识等 5 辑。

想不开的问题想开了

王英等著。[平山],华北新华书店,1947 年。39 页,18cm。JF1250/D929.29

提要:内收《想不开的问题想开了》(王英)、《民办学校的方向》(王民)、《对民办学校的意见》(解索)、《一个顽皮儿童的改造过程》(李占春)、《陈彩章的教学方法》(逸民)、《徐江贤动员儿童入学的经验》(段怀良等)、《教育小经验》(李红)、《新的招考法》(董立法)等 12 篇文章。

延安一学校:一九四四年九月到一九四六年三月的八路军抗属子弟学校

程今吾著。[平山],华北新华书店,1948 年 8 月。193 页,19cm。JF0620/G529.6

佳木斯,东北书店,1948 年 11 月。139 页,19cm。JF0619/G529.6

提要:程今吾(1908—1970),我国著名的教育工作者,深受陶行知教育思想的影响,自青年时代起就投身于进步的教育工作。1938 年加入中国共产党,1944 年任八路军抗属子弟学校校长。本书分 13 章,介绍八路军抗属子弟学校的性质、生活、生产劳动、思想教育、教学等情况。

国语课本:第5册

刘松涛等编。晋察冀新华书店,1948年。71页,图,18cm。JF1138/G624.2

提要:晋察冀边区行政委员会教育处审定,初级小学适用。《国语课本》作为一个系列,共8册,第1—4册系国语常识合编,第5—8册系国语常识分编。本书是根据革命形势的新发展,针对旧课本在应用中所发现的缺点改编的。改编时特别注意明确阶级观点,并从儿童的生活和需要出发。本书分三十八讲,每五讲或六讲后面有练习,共有7个练习。每讲都配有插图,便于理解。

集体游戏

何慧作,东北画报社编。东北画报社,1948年。[40]页,9cm。797.7/896.4 战地俱乐部小丛书

提要:本书是应部队同志的要求而编写。收集了一些比较简单易做的,而且不需要特殊工具的小游戏。比如"跟着总司令前进"、"猫捉老鼠"、"捉俘虏"等。

农民文化课本

松江省委宣传部编。[通化],辽东书店,1948年。18页,18cm。JF0621/G725.814

提要:本书内容丰富,图文并茂,生动有趣,涵盖农民生活各个方面。全书以歌曲《东方红》开始,包括"农会"、"农会干部"、"民主政府"、"自卫队"、"介绍信"、"路条"、"数字"、"尺、斗、秤、弓"、"节令歌"、"庄稼活"等共18课。

万事不求神

王希坚著。[威县],冀南新华书店,1948年。30页,18cm。JF1271/G722.4

提要:本书是为结合扫盲识字运动而编写的通俗读物,以进行思想启蒙教育、打破迷信思想及旧礼教的束缚,使农民在思想上"翻身"。分《刨神根》、《思想解放》、《人力胜天》、《空想变成实际》、《学习》等10课,篇后列有本课中心、讨论问题。可以作为农民教师的参考资料,也适用于粗通文字者自行阅读之用。(作者介绍见《翻身道理》)

一串新钥匙

陆维德著。哈尔滨,光华书店,1948年。78页,17cm。JF0720/G791

提要:《少年学习问题研究》之二。全书用故事或寓言的体裁讲述10种学习方法,包括《健康自卫战》、《在自己的博物馆里》、《几种新法子》、《在社会活动中学习》、《怎样学国文》、《艺术生活中学艺术》等10章。

新文化新教育

新民主出版社编。北平,新民主出版社,1949年2月。129页,18cm。JF0833/G129

提要:全书分两部分:第一部分为新文化教育政策,主要包括解放区文化教育方面的一些决议、方针、讲话,收录毛泽东著《新民主主义的文化》、《毛泽东——在延安文艺界座谈会的讲话》,任弼时著《知识分子问题》、《解放区文化统一战线方针》、《关于发展群众艺术的决议》等14篇;第二部

分为新文化教育在成长，主要反映解放区的文化教育情况，包括《蓬勃发展的解放区教育事业》、《华北解放区中学概况》、《东北解放区教育简况》等8篇。

办好工人文教工作

北平市人民政府教育局编。北平，北平市人民政府教育局，1949年5月。46页，18cm。JF0486/G726

提要：社会教育参考材料之一。中国共产党于1949年1月1日宣布成立北平市人民政府，1949年1月31日北平和平解放，1949年2月4日北平市人民政府接管旧北平市政府。共产党在北平主要依靠团结的对象是工人阶级，出版此书正是为了加强对工人阶级的政治文化教育。全书分为加强工人政治文化教育、东北工人文教工作介绍、北平工人教育初步经验三部分。

人民的大学

华北联大介绍，华北联大编。苏州，苏南新华书店，1949年6月。90页，18cm。JF0927/G649.2

提要：本书介绍华北联合大学的历史、组成、办学任务、办学思想和活动组织等，收《华北联合大学简史》、《我们的学校》、《成仿吾校长》、《联大的毕业生》、《土改中的联大同学》、《为农民工作》、《美术活动》、《戏剧系片断》、《文工团在石家庄的春节活动》等28篇文章。附校长成仿吾作词、吕骥作曲的《华北联合大学校歌》及校训。

人民教育与人民教师

北平市中小学教职员暑期学习会编。北平，北平市中小学教职员暑期学习会，1949年6月。85页，18cm。JF0579/G41

提要：1949年2月4日北平市人民政府成立之后对中小学教职员进行教育，以表明中国共产党的文化教育方针。本书主要收录毛泽东的文章，有《新民主主义的文化》、《文化、教育、知识分子》、《在延安文艺界座谈会的讲话》、《解放区文化统一战线方针》、《列宁论青年学习》5篇。

世界现状

王城著。西南军区政治部翻印，1949年。78页，18cm。JF0443/G634.2

提要：解放区的思想政治课本。包括资本主义的没落和社会主义的新生、帝国主义反民主阵营的魁首——美帝国主义、帝国主义反民主阵营及其内部的斗争、反帝国主义民主阵营的领袖——苏联、人民民主国家、殖民地民族解放运动、条条道路通向共产主义等7章。

苏联学生的思想政治教育：一九四七年四月十七至十九日俄罗斯联邦教育部专门委员会议的纪录

（苏）G. L. 阿尔纳乌托夫编；金诗伯等译。［山东］，山东新华书店，1949年。284页，18cm。JF0415/G551.2

提要：本书分为前言、教师们关于在莫斯科和列宁格勒学校内进行思想政治教育的经验报告两部分，收有《列宁格勒学校的思想教育工作》、《关于学校思想教育工作的一些问题》、《在教第十年级文学时期的思想教育》等21篇文章。

行知教育论文选集

延安新教育学会选编。冀东新华书店,1949年。294页,18cm。JF0624/G40-092.6

提要:本书是为纪念陶行知先生逝世而重新出版的论文选集。收录《教学合一》、《从野人生活出发》、《行是知之始》、《育才学校创办旨趣》、《告生活教育社同志书》等34篇文章。

寻找知识的方法

邓初民著。上海,文化供应社,1949年。138页,19cm。JF0544/G791

提要:本书主要讲述学习文化知识的方法。首先在说明什么是知识,人是寻找知识的主体的基础上,分别对文化、业务、政治、理论四种知识加以论述,提出向群众学习、自学、集体学习等学习方法。并指出寻找知识的基本任务,就是为了把新民主主义的革命进行到底,就是为了把当前的革命进行到彻底胜利。书末附录:研究提纲。

中学生与国文

张寿康著。1949年,1册,18cm。JF0612/G634.3

提要:本书是油印本。书内收张寿康的几篇文章,讲述中学生学习国文的一些问题及自己对国文的一些认识,包括对国统伪"国定本国文"的批判、中学生"作文的几种毛病"、谈"纪录"、谈日记、"印度的民间文学——五卷书"等内容。

张寿康(1925—1991),北京人,语言学家、语言教育家。1946年毕业于北京师范大学国文系,后到北平第一女子中学任教,建国后调到北京师范学院中文系任教授,在语言学、语法学、文字学、词汇学、构词学、文章学等方面,都有所开创和突破。著有《标点符号使用手册》、《汉语学习丛论》、《语文学习与教学》、《文章学导论》、《说语谈文》等。

语言、文字

古话正误:第2集

王千秋编。[涉县],韬奋书店,1945年10月。25页,13cm。JF1075/H136.4

提要:全书收民间俗语54条,分关于命运等迷信者十条、关于社会不平等者七条、关于教育者六条、关于妇女者十一条、关于生活态度者三条、关于道德行为者六条、关于官民关系者五条、其他六条八大类,并逐条加以更正或作新的解释。该书通过这种对民间俗语的新解释,让老百姓摒弃传统愚昧的想法,明白革命道理,达到教化民众的作用。

增订新辞典

筱铮等编。新华书店,1947年。51,406页,18cm。JF1286/H164

提要:这本辞典是在原版的基础上改编再版的,所采取的词汇是以政治、经济、军事、教育等一般习见的名词为限,较深远或不常通用的专用名词都予以剔除。特别注重收集报纸上、国际国内参考资料上的词汇。全书按所收词汇笔画进行排序,并编有目录便于检索。

新文字自修课本 订正本

林涛编著。东北初版,哈尔滨,光华书店,1948年6月。97页,19cm。JF1285/H125.14

提要:鸦片战争之后,中国知识分子认识到了中国的落后,试图借助文字改革改变中国落后的面貌,汉字拉丁化的呼声不绝于耳。蔡元培、赵元任、钱玄同、瞿秋白等著名学者对其持肯定态度。1930年瞿秋白的《中国拉丁化字母》一书出版,引起很大反响。1931年在苏联海参崴召开的中国文字拉丁化第一次代表大会上,又通过了书面方案《中国汉字拉丁化的原则和规则》。1941年1月,陕甘宁边区政府成立"新文字工作委员会",正式宣布新文字与汉字有同等的法律地位。这本书介绍如何把汉字拉丁化,并推广使用,分三部分:拼法、写法、读物。

中级国文选:第一册

新华书店,[1942—1949]年。133页,19cm。JF0943/H1

提要:边区课本,由徐特立、范文澜、凯丰等同志编写。全书分正文和附录两部分。正文收录48篇文章,其中有《毛泽东的少年时代》、《孙中山的少年时代》等。附录主要讲汉语文法,共12讲。书前有毛泽东的《文化课本序》一文,写作时间为"中华民国三十一年一月十七日"。这是毛泽东一篇未公开发表的文章,他在序中指出:"我们有大批聪明忠实但缺乏文化基础的干部,他们急切需要解决文化基础问题。文化课本出版了,是广大干部的福音。"

文　学

创作的准备

茅盾著。上海,生活书店,1936 年 11 月。95 页,18cm。807/516

上海,生活书店,1945 年。95 页,18cm。807/516:1

北平,生活书店,1946 年 4 月。95 页,18cm。807/516:2

上海,生活书店,1946 年 9 月。95 页,18cm。807/516:3

东北书店,1946 年。50 页,19cm。807/516:4

提要:茅盾(1896—1981),原名沈德鸿,字雁冰,常用笔名茅盾、玄珠、方壁、蒲牢、形天等,浙江桐乡人。著名作家、社会活动家,历任中国作协主席、全国文联副主席、历届全国政协常委等。著有《子夜》、《林家铺子》等。本书是茅盾先生关于文艺创作理论的一篇论文。内容包括:学习与摹仿、基本练习、收集材料、关于"人物"、从"人物"到"环境"、写大纲、自己检查自己、几个疑问等 8 节。他在作家的社会责任、创作和生活的关系、人物描写、写作态度、作家修养等创作理论方面提出了一系列独到的、精辟的见解,书中没有引经据典,但是把关于创作的几个根本问题深入浅出地写下来,是一部有一定理论高度的现实主义创作论。本书现存最早的版本为上海生活书店 1936 年 11 月版,本馆有藏。

被开垦的处女地:第 1 部

(苏)肖洛霍夫著;周立波译。

上海,生活书店,1936 年。326 页,23cm。822.53/654.5

[石家庄],冀中新华书店,1947 年。197 页,19cm。JF0678/I512.45

提要:M·肖洛霍夫(1905—1984),俄罗斯作家,苏联作协理事、苏共中央委员、最高苏维埃代表,20 世纪苏联文学的杰出代表。著有《静静的顿河》、《一个人的遭遇》、《被开垦的处女地》、《顿河故事》等。长篇小说《被开垦的处女地》分两部,分别出版于 1932 年和 1960 年,是肖洛霍夫的第二部巨著,描写了顿河两岸的哥萨克人在社会主义建设时期为建立新生活、实现农业集体化的斗争,从某种意义上说它是《静静的顿河》的续篇。(译者介绍见《暴风骤雨》)

文学问答集

夏征农著。上海,生活书店,1937 年 3 月。205 页,19cm。JF0994/I-49

提要:夏征农(1904—2008),江西丰城人,1926 年加入中国共产党,1928 年开始发表作品,1933 年加入中国左翼作家联盟。建国后,先后担任中共济南市委副书记、中共中央山东分局宣传部部长、中共上海市委书记、中共中央顾问委员会委员等,曾任《中国大百科全书》总编、副主任,《辞海》主编。1934 年初作者到申报流通图书馆读书指导部工作,负责在该部出版的《读书问答》上公开解答读者疑问。该书汇集了在《读书问答》上发表过的28篇关于读书方法、书报评论及生活问题的文章,包括《文学学习步骤及其它》、《怎样增强记忆力》、《怎样写日记》、《论生活与思想》等。

抗战报告剧

尤兢编。汉口,上海杂志公司,1938年4月。81页,18cm。JF1109/I234.6

提要:《抗战戏剧丛刊》之二,收《"七二八"的那一天》(夏衍)、《在烽火中》(沈西苓)、《扫射》(陈白尘)等7个剧本。每一剧本后均附排演说明。

抗战大鼓词

穆木天著。汉口,新知书店,1938年。56页,18cm。JF1108/I239.26

提要:鼓词集,收《卢沟桥》、《伪国兵王顺反正》、《八百个壮士》、《江北铜匠王阿毛》、《游击队雪地退兵》等5篇大鼓词。

穆木天(1900—1971),原名穆敬熙,吉林伊通人,诗人、文学翻译家。1918年东渡日本留学,1931年加入中国左翼作家联盟,参与发起中国诗歌会。1932年加入中国共产党,抗战时期任中华全国文艺界抗敌协会理事,抗战胜利后在同济大学任教。建国后执教于东北师范大学、北京师范大学等。著有诗集《旅心》、《流亡者之歌》,编著有《法国文学史》,译有《欧贞妮·葛郎代》、《高老头》等。

战声

郭沫若著。[广州],战时出版社,1938年。69页,16cm。JF1173/I226

提要:诗集,《战时小丛书》之三,收录了作者1936至1937年间创作的诗歌共20余首,包括《们》、《诗歌国防》、《疯狗礼赞》、《纪念高尔基》、《悼聂耳》等。书后附《归国杂咏》。这些诗篇表现了作者要求抗战的坚定决心。

三四一

老舍著。重庆,独立出版社,1939年2月。98页,19cm。JF0933/I216.2

提要:通俗文艺作品集,《抗战文艺丛书》之一,收三篇大鼓词、四出二黄戏和一篇旧型的小说,故书名题作《三四一》。均以宣传抗战为题材。

老舍(1899—1966),原名舒庆春,字舍予,满族正红旗人,生于北京。他一生创作了1000多篇(部)作品,其中《茶馆》、《骆驼祥子》等深受大众喜爱。他在抗日战争中积极宣传抗日,发表大量曲艺作品。新中国成立后回国,在文学艺术界担任领导工作,被授予"人民艺术家"称号。

华北敌后——晋察冀

李公朴著。[山西],山西太行文化出版社,1940年。168页,冠地图,19cm。JF0405/I25

提要:李公朴(1902—1946),江苏武进人,著名的社会活动家、教育家、新闻出版家。中国民主同盟早期领导人之一,伟大的爱国主义者和民主主义者。1924年入上海沪江大学学习,参加了"五卅运动"。1926年赴广州参加北伐军,大革命失败后赴美留学。"九一八事变"爆发后,积极参与抗日救亡运动和群众文化教育工作。抗战胜利后,当选民盟中央执行委员,投身于爱国民主斗争。

1946 年 7 月 11 日晚被国民党特务暗杀。

作者从 1939 年 10 月底开始对晋察冀边区进行历时半年的旅行访问,经十五个县、五百多个村,遍访军政民各界。本书是这次访问的见闻报道,从军事、政治、经济、文化、教育、民运等各个方面系统地介绍了晋察冀抗日根据地。

静静的顿河:第 1—4 部

(苏)M·肖洛霍夫著;金人译。上海,光明书局,1940—1941 年。4 册,19cm。822.53/511.5/.1, 822.53/511.5/.2, 822.53/511.5/.3, 822.53/511.5/.4

提要:本书是肖洛霍夫历时 14 年完成的长篇巨著,共分四部分,以主人葛利里高的生活经历为中心线索,以第一次世界大战前夕到苏联国内战争结束的历史为背景,描绘了 1912 至 1922 年间的重大历史事件和顿河两岸哥萨克人在这十年中的动荡生活,反映了反动势力走向灭亡、无产阶级和革命人民走向胜利的过程。肖洛霍夫因此书获诺贝尔文学奖,成为第一位获此殊荣的苏联作家。该书在苏联一经出版,我国很快就有中译本问世。本馆藏 1940—1941 年光明书店版,是该书最早的中文全译本。

解放者

杨村彬著。重庆,华中图书公司,1941 年。167 页,18cm。JF1245/I234.6

提要:四幕话剧,《抗战戏剧丛书》之七,讲述的是抗日战争期间,一个同情中国抗战的外国神父殉难的故事。

杨村彬(1911—1989),原名杨瑞麟,北京人。话剧演员、剧作家、戏剧教育家、导演、全国剧协理事。著有剧作《清宫外史》、《揭穿白皮书》等。

现代名剧辑选

魏如晦编选。上海,剧艺出版社,1941 年。255 页,19cm。JF1141/I234.6

提要:作者魏如晦,通称阿英。本书为《中国戏剧历史文献丛刊》之一,收《苏武与李陵》(郭沫若)、《汉宫秋》(洪深)、《讨渔税》(马彦祥)、《访雯》(白薇女士)、《国粹》(欧阳予倩)、《老少无欺》(张天翼)、《仆御室》([俄]果戈里著,瞿秋白译)等 8 个剧本。(编者介绍见《李闯王》)

萧

伍禾著。桂林,文献出版社,1942 年 3 月。83 页,19cm。JF1203/I226

提要:伍禾(1913—1968),原名胡德辉,湖北武昌人,当代诗人。1933 年开始发表作品,1938 年参加抗敌演剧宣传队第二队,巡回各战区。建国后,历任湖北文联副主席、《湖北文艺》主编等。著有诗集《梦之歌》、《萧》、《寒伧的歌》、《行列》,文学剧本《门板》,诗剧《汨罗江边》等。本书是作者在桂林期间创作的长篇叙事诗,分"序"、"落雪天"、"鹦鹉洲"、"与鬼为邻"、"尾声"等 6 节。附后记。

春天——大地的诱惑

彭燕郊著。桂林,诗创作社,1942 年。124 页,18cm。JF1175/I226

提要:彭燕郊(1920—2008),原名陈德矩,福建莆田人,著名诗人、学者、编辑家,“七月派”代表诗人,在诗歌创作和研究、编辑出版、民间文学、教育等方面取得了突出成绩。著有诗集《彭燕郊诗选》、《高原行脚》,诗论集《和亮亮谈诗》,主编《诗苑译林》、《现代散文诗译丛》等。本书是作者在抗战时期发表的诗集,收《春天——大地的诱惑》、《在这边,呼唤着》两首长诗,在当时具有广泛影响。

后方小喜剧

陈白尘著。上海,生活书店,1942 年。179 页,19cm。JF1037/I234.6

提要:陈白尘(1908—1994),原名陈增鸿、征鸿,江苏淮阴人,剧作家、戏剧活动家、小说家。1932 年加入中国共产主义青年团,抗战期间在重庆、成都等地从事抗战戏剧运动和革命文化工作,创作了大量剧本,代表作有《岁寒图》、《升官图》等。本书是作者这一时期创作的独幕话剧集,收《未婚夫妻》、《禁止小便》、《封锁线上》、《罗国富》、《火焰》等 5 个独幕剧。

还魂草

巴金著。重庆,文化生活出版社,1942 年。160 页,17cm。JF1129/I246.7

提要:巴金(1904—2005),原名李尧棠,字芾甘,四川成都人,著名作家,被誉为“五四”新文化运动以来最有影响的作家之一。代表作有长篇小说“爱情三部曲”:《雾》、《雨》、《电》,“激流三部曲”:《家》、《春》、《秋》,“抗战三部曲”:《火》之一、之二、之三。

本书收作者在抗战期间创作的短篇小说四篇。其中《摩娜 · 里莎》讲述一名酷似达 · 芬奇《蒙娜丽莎》画中人的法国妇女,其夫参加中国人民的抗日战争,她不远万里来中国寻夫。《还魂草》讲述的是两个女孩之间的友谊以及战争对她们友谊的摧残。《某夫妇》讲述的是一对恩爱的年轻夫妇,丈夫被敌机炸死,妻子发誓报仇雪恨的故事。

剑北篇

老舍著。重庆,文艺奖助金管理委员会出版部,1942 年。234 页,19cm。JF1165/I226

提要:该书是老舍先生出版的第一部长诗。分“小引”、“蓉城—剑阁”、“剑门—广元”、“宝鸡车站”、“双石铺—宝鸡”等 28 段。附录“致友人函”。

全书展现作者在四川、河南、陕西等地见到的抗战景象,大鼓体形式的运用,为诗歌形式的大众化提供了可取经验。(作者介绍见《四三一》)

金刚坡下

胡危舟著。桂林,诗创作社,1942 年。58 页,18cm。JF1153/I234.6

提要:《诗创作丛书》之十,为纪念郭沫若创作生涯 25 周年,据其小说《金刚坡下》改编成的诗剧。

胡危舟(1910—1983),浙江定海人。著名编辑、诗人。抗战爆发后积极从事各项抗日文化活动,建国后任职于贵州人民出版社。著有诗集《投枪集》、《小番茄集》等。

南山在生长着

萧林作。[重庆],大公书店,1942 年。52 页,18cm。JF1238/I227

提要:新诗集,萧林创作,张西洛编辑并定名,大公书店出版发行。这是民主革命时期,江津党员在江津本土出版的唯一一部个人文学作品集,是非常珍贵的文史资料。

萧林,重庆市江津区人,抗日战争时期受党组织委派回故乡开展地下财经工作。当时为了配合抗日文化统一战线工作,著名记者、中共党员张西洛在江津开办了大公书店。

远讯

卢荻著。桂林,象山出版社,1942 年。76 页,插图,18cm。JF1131/I226

提要:诗集,收《远讯》、《忆》、《村行》、《夏天里的秋天》、《海恋》、《骆驼草》、《母亲》、《湘北凯歌》、《雾》、《过榕树》、《遥寄莫斯科》、《思念》等 12 首。

寄自火线上的信

(日)鹿地亘著。重庆,五十年代出版社,1943 年 11 月。134 页,18cm。JF1195/I313.65

提要:鹿地亘(1903—1982),日本大分县人,无产阶级文学家。因从事左翼文学与政治运动而被捕入狱,保释出狱后逃往中国避难。1937 年"八一三"事件后避往香港,参加中国抗日战争的宣传工作。在重庆参与组织在华日本人反战同盟,对侵华日军进行反战宣传活动,同时从事日本资本主义问题的研究。1946 年回日本,加入新日本文学会,继续从事文学活动。本书是其抗战期间的通讯报导集。收书信 5 封,记述日本反战同盟在中国抗日前线的活动。

去国

谢挺宇等著。重庆,文阵社,1943 年 11 月。115 页,22cm。JF1070/I14

提要:中外短篇小说集,分创作、译作两部分。创作部分有《报施》(茅盾)、《去国》(谢挺宇)、《过梁》(马加)等 5 篇短篇小说;译作部分收《他》([美]嘉塞玲坡特著,林秀清译)、《两逃犯》([德]安娜·塞该尔斯著,徐迟译)、《乌克兰木屋里发生的事》([苏]W. Wasilewska 著,王元译)、《外科医生》([苏]V. Lidin 著,荒芜译)等 4 篇短篇小说。

秧歌论文选集

艾思奇等著。[延安],新华书店,1944 年 9 月。93 页,18cm。JF1189/I207.33

提要:收《从春节宣传看文艺的新方向》(艾思奇)、《表现新的群众的时代》(周扬)、《秧歌剧的形式》(艾青)、《从〈兄妹开荒〉的演出谈起》(王大化)等 7 篇文章。

把眼光放远点:独幕话剧

冀中火线剧社集体创作,胡丹沸执笔,牧虹修改。[涉县],华北书店,1944 年。63 页,15cm。JF1105/I234.6

提要:该剧是反映冀中根据地农民群众抗日斗争的剧作。主人公老大、老二兄弟两人,对待各自参加八路军的儿子采取了截然不同的态度:老大支持儿子顽强抗日,老二则唆使儿子开小差回家当"良民"。剧本展现了 1942 年以后,面对日寇的疯狂进攻,在党的领导下,农民群众中进步与落后思想的斗争,激励广大群众抗战到底。

春天的喜剧

黄宗江编译。重庆,美学出版社,1944 年。188 页,18cm。JF1176/I234.6

提要:本书收《落花时节》、《春郊外》、《临去秋波》、《窈窕淑女》、《君子好逑》、《人约黄昏后》、《寻妻记》等 7 个剧本。除《寻妻记》是据中国作品改编外,其余均系据西班牙、苏联等外国剧本改编。

黄宗江(1921—2010),祖籍浙江瑞安,生于北平,影视剧作家。1949 年参加中国人民解放军。历任华东军区政治部创作员、八一电影制片厂编剧等。代表作有话剧剧本《大团圆》、《农奴》、《柳堡的故事》(与人合作)等。

马克思主义与文艺

周扬编。[延安],解放社,1944 年。[20],336 页,17cm。JF0008/I0

大连,大众书店,1946 年 6 月。[26],260 页,18cm。JF0283/I0

安东,东北书店,1947 年 5 月。[19],207 页,19cm。JF0634/I0

东北书店,1947 年。[19],207 页,18cm。JF0242/I0

[延安],解放社,[1937—1949]年。181 页,21cm。JF0468/I0

提要:该书完成于毛泽东《在延安文艺座谈会上的讲话》发表之后,系统地收录了马克思、恩格斯、普列汉诺夫、列宁、斯大林、高尔基、鲁迅、毛泽东等人有关文艺的论述。全书共分 5 辑。一、意识形态的文艺,收 12 篇文章;二、文艺的特质,收 7 篇文章;三、文艺与阶级,收 7 篇文章;四、无产阶级文艺,收 9 篇文章;五、作家·批评家,收 9 篇文章。末附:《关于文艺领域上的政策》、《苏联作家同盟规约》、《鲁迅对于左翼作家联盟的意见》、《日丹诺夫关于〈星〉与〈列宁格勒〉两杂志的报告》等 4 篇。

周扬(1908—1989),原名周运宜,字起应,湖南益阳人,现代文艺理论家。1932 年加入中国共产党。1937 年后任陕甘宁边区政府教育厅厅长、延安鲁艺副院长、延安大学校长等职。建国后曾任文化部副部长、中宣部副部长等职。他是党在文化宣传方面的领军人物,发表了不少带有指导性和总结性的文章。主编《马克思主义与文艺》,翻译《生活与美学》等作品。

前线

(苏)高涅楚克著;萧三译。新民主报社,1944 年。97 页,20cm。JF1164/I512.35

提要:三幕五场话剧。作者于 1942 年 9 月发表,译者于 1944 年将其翻译成中文,在延安的《解放日报》上连载,之后曾多次出版。本馆藏该书的较早版本,卷首有《解放日报》社论《我们从高涅楚克的〈前线〉里学到些什么》及苏联《真理报》等的评介文章。

高涅楚克(1905—1972),苏联剧作家、政治家、社会活动家。苏联作家协会理事会书记、苏联科学院院士。代表作有《在乌克兰草原上》、《前线》等。

陕北之行

王仲明编。重庆,独立出版社,1944 年。116 页,19cm。JF1155/I253

提要:1944 年 5 月 17 日"中外记者西北参观团"一行 21 人从重庆出发到延安参观,7 月 25 日大部分返渝,此后写下了这本有关陕北边区情况的通讯报道集。收《延安视察的感想》(《大公报》社评)、《陕甘宁边区的经济金融与财政》(孔昭恺)、《延安观感》(张文伯)、《记者在延安》(谢爽秋)、《毛泽东会见记》(赵炳烺)、《西行漫谈》(金东平)、《延安散记》(赵超构)等16篇。

在敌人后方:战地通讯员日记

(苏)波里亚珂夫著。莫斯科,外国文书籍出版局,1944年。128页,18cm。822.53/472.5

晋冀鲁豫军区政治部,1947年。124页,18cm。JF1041/I512.55

提要:通讯集,收《在敌人后方的一年》(恩·卜世根)、《我的日记》(达吉杨娜·拉古诺瓦)、《游击队底呼声》(斯·斯维里多夫)等7篇战地通讯员的日记。

霜花

薛汕著。重庆,峨嵋出版社,1945年3月。98页,19cm。JF1260/I246.7

提要:薛汕(1916—1999),原名黄谷隆,广东潮州人,现代作家,民俗学家,现代歌谣研究专家。1934年参加革命工作。历任上海震旦大学教授,北京市图书馆(现首都图书馆)馆长,北京大学图书馆专修科教授,《新诗歌》杂志社社长等。编撰歌谣集《岭南谣》、《苗歌》、《北京的歌谣》等,散文集《贫穷的一夜》、《雁从塞北来》,小说集《前夜》、《和尚舍》等,纪实文学《与蒋经国相处的日子》等。本书是作者抗战期间在重庆出版的短篇小说集,收《居心》、《教授与一个学生》两篇。

高尔基

(苏)A.罗斯金著;戈宝权等译。昆明,北门出版社,1945年6月。148页,19cm。JF0845/I512.45

哈尔滨,北门出版社,1948年9月。119页,19cm。JF0654/I512.45

提要:本书是一部用小说体裁写成的高尔基传,由葛一虹、茅盾、戈宝权、郁文哉等人合译。本馆藏1945年6月昆明初版,及1948年9月哈尔滨再版,《光华丛刊》之一。

高尔基(1868—1936),原名阿列克塞·马克西莫维奇·彼什科夫。苏联作家,社会活动家,苏联文学的奠基人。著有《母亲》、《童年》、《我的大学》、《在人间》等。

荒原的声音

索开著。重庆,春草诗社,1945年6月。74页,19cm。JF1186/I226

提要:诗集,《春草诗丛》之二,收《鹰及其他》、《色楞格河水是泪呦》、《战地短歌》、《秦岭晚景》、《窑洞》、《就是一头小鸟》、《这里》、《巴尔与玛叶沙》等16首。

周喜生作风转变:唱剧

皇甫束玉等作。[黎城],华北新华书店,1945年11月。33页,18cm。JF1133/I233.6

提要:五场小歌剧,讲述了农会主任周喜生思想上残留了不少封建残余,在党的教育下最终转变作风的故事。

雪里钻

艾青著。重庆,新群出版社,1945年12月。44页,图,18cm。JF1204/I226

提要:诗集,《新群文艺小丛书》之一。包括《雪里钻》、《索亚》(即苏联女英雄卓娅)二首长诗。

艾青(1910—1996),原名蒋海澄,浙江金华人,著名诗人。1932 年参加中国左翼美术家联盟。1941 年赴延安,任陕甘宁边区政府参议员、延安《诗刊》主编。1945 年加入中国共产党。建国后曾任《人民文学》主编。著有诗集《大堰河》等。出版有《艾青文集》。

过关:三幕剧

山东实验剧团集体创作;贾霁,李夏执笔。冀鲁豫书店(翻印),1945 年。90 页,21cm。JF1085/I234.6

提要:三幕话剧。故事梗概是:1944 年春,山东滨海农村青年刘纪湘带头报名参军,遭到家人反对,最后在村干部和乡亲们的耐心开导下,刘纪湘终于上了前线。

金戒指:独幕话剧

胡奇著。[涉县],韬奋书店,1945 年。19 页,19cm。JF1154/I234.6

提要:故事完成于 1945 年 10 月 13 日解放安阳城之际,讲述了赵胡子、四奶奶等人由于听信伪军的谣言惧怕八路军,但八路军到来之后用实际行动证实了八路军是人民的队伍。解放战争初期,在老百姓对人民军队了解较少的情况下,这个小话剧起到了很好的宣传作用。

考验

(苏)毕尔文采夫著;汪浩译。莫斯科,外国文书籍出版局,1945。316 页,20cm。822.53/471:3

长春,东北中苏友好协会出版部,1946。352 页,19cm。822.53/471

[山西],[太行群众书店],[1947]年。140 页,18cm。JF0832/I512.45

提要:《试炼》的又一译本,其中太行群众书店版仅存下册。

列宁在 1918 年

T. 兹拉托戈洛瓦,A. 卡普勒著;林淡秋译。新华书店,1945 年。82 页,18cm。JF0690/I512.35

大连,大众书店,1946 年 4 月。94 页,18cm。JF0886/I512.35

提要:本书是电影剧本的中文译本,书后附卡普勒《关于〈列宁在一九一八年〉》一文。电影《列宁在 1918》展现的是十月革命后,新生的苏维埃政权外遭各国的武装干涉,内临各种反抗势力的骚扰,全国又处于普遍饥荒的危急时刻,列宁领导的布尔什维克党平定内忧外患的历史画卷。

目击记

(苏)潘菲洛夫著。新华书店,1945 年。64 页,18cm。JF0721/I512.55

东北书店,1946 年 12 月。61 页,19cm。JF0768/I512.55

光明书店,1946 年。68 页,19cm。822.53/754

提要:描写苏联红军英勇抵抗德国侵略者的报告文学集,包括《石洛夫少校》、《安托妮娜小姑娘》、《亚尔才夫》等 7 篇。卷首有《编者的话》。新华书店 1945 年版,为《翻译丛书》之一。光明书店 1946 年版为《鸭绿江文艺丛书》之五,卷首有《鸭绿江文艺丛书编辑发凡》(郑文)和柳莎的《〈目击记〉介绍》。

石圪节煤窑起义:通俗小说

申田著。[延安],新华书店,1945 年。23 页,插图,18cm。JF1015/I246.7

提要:短篇小说,讲述了 1945 年山西省潞城县石圪节煤窑起义的经过。

岁寒图

陈白尘著。重庆,群益出版社,1945 年。208 页,18cm。JF1047/I234.6

提要:本书是作者抗战期间创作的三幕话剧,《群益现代剧丛》之一,以黎竹荪、沈庸两家人的遭遇为中心,展现了国统区进步知识分子的命运。(作者介绍见《后方小喜剧》)

试炼

(苏)毕尔文采夫著;白寒译。上海,苏商时代书报出版社,1945 年。243 页,冠像,18cm。822.5/471

提要:苏联长篇小说,以南俄一个飞机制造工厂为背景,反映了苏德战争中苏联人民的英勇斗争。书前有 E. 谢维林评介本作品的《描写英雄后方的小说》一文。

毕尔文采夫(1905—1981),苏联作家。代表作有《柯楚别依》、《考验》等。

文件

(苏)L. 班台莱耶夫著;夏懿译。[大连],大连中苏友好协会,[1945]年。95 页,18cm。JF0560/I512.84

旅顺,旅顺民众书店,1946 年。110 页,18cm。822.53/348.33

[涉县],韬奋书店,1947 年。84 页,18cm。822.53/348.33:1

提要:中篇小说,讲述了苏联国内战争时期,布琼尼骑兵警卫队的青年战士特洛费莫夫,奉命把一件紧急文件送交司令官布琼尼以请求援助,半途被俘虏后,为保守机密吞下文件,面对敌人严刑拷打始终没有泄露机密,之后又经过许多曲折最终完成任务的故事。

班台莱耶夫(1908—1987),苏联儿童文学作家,原为流浪儿,1921 年进入以陀思妥耶夫斯基命名的社会劳教学校。1925 年开始发表作品。

血战八年的胶东子弟兵

[莱阳],胶东新华书店,[1945]年。226 页,照片及地图,19cm。JF1059/I25

提要:本书记述山东解放区(包括渤海、滨海、胶东、鲁中、鲁西、鲁南六个军区)之胶东军区八路军的抗战史实。包括战绩;抗战八年胶东形势变迁图;保卫自己、保卫祖国,为人民战斗八年;为人民而战,依靠人民,人民与我们并肩作战;看到光明,回归祖国,在共产党的旗帜下为人民而战;生产劳动、尊干爱兵、拥政爱民、练兵等六方面的内容,共收文 60 余篇。书前有仲曦东写的代序《八路军胶东部队抗战简史》。该书史料丰富、内容翔实,附大量珍贵的历史照片。

越抓越少:独幕剧

彦夫著。[黎城],华北新华书店,1945年。23页,18cm。JF1144/I234.6

提要:独幕话剧。讲述了1945年12月,国民党军队抓壮丁,周边老百姓在党的指引下奋起抵抗,纷纷参加八路军,国民党军队当中也有大批士兵投降,结果壮丁越抓越少的故事。

在辽远的北方

葛尔曼著;逸尘译。莫斯科,外国文书籍出版局,1945年。200页,17cm。JF0769/I512.45

提要:日记体小说,主人公娜达丽本是一名纯真的少女,卫国战争爆发后参军入伍,成为一名卫生员,本书以她的日记为小说基本结构,记述了她在战争中的所见所闻,反映了这场战争的一些面貌。

孤村情劫

(苏)卡达耶夫著;曹靖华译。[辽宁],辽宁中苏友好协会,1946年1月。134页,19cm。JF0771/I512.45

提要:与《我是劳动人民的儿子》的内容相同。该书由作者改编为电影,名为《兵士从前线回来了》,在中国的银幕上出现时改名为《孤村情劫》。

日本强盗的法律

凌亢著。[张家口],晋察冀边区教育阵地社,1946年1月。14页,19cm。JF0999/I25

提要:《群众读物》之六,记述青年许芽子被八路军从日军监狱里救出,在返乡途中,又被国民党军队关进监狱,再次被八路军解救,之后参加八路军的过程。

延安一月

赵超构著。上海,南京新民报馆,1946年1月。252页,木刻插图,18cm。JF0873/I253

提要:赵超构(1910—1992),记者、报刊主编、专栏作家。本书是1944年著者参加中外记者团参观采访西北的通讯集。分"西京—延安间"、"延安一月"两组文章。收《渡河入晋》、《延安道上》、《踏上延安》、《端午节访丁玲》、《延安的新女性》等47篇。并附十余幅木刻插图。

眼睛亮了

何迟著。[张家口],晋察冀边区教育阵地社,1946年1月。18页,19cm。JF1198/I234.6

提要:《群众读物》之十,独幕喜剧,讲述的是新解放的平西某农村,一对老夫妇终日惧怕八路军进村之后,他们夫妻二人及其在敌占区当差的儿子都会被杀;但他们亲身感受到八路军纪律严明和老百姓亲如一家之后,消除了对共产党和八路军的疑虑。后附小型喜剧《赴路相遇》。

何迟(1920—1991),本名赫裕昆,字柏岗,北京人,满族,著名曲艺作家、剧作家、导演。1938年赴延安,1942年加入中国共产党。建国后历任天津人民艺术剧院院长、天津市戏曲学校校长等职。代表作有相声《买猴》、《开会迷》等。

大旗

杨朔著。张家口,新华书店晋察冀分店,1946 年 2 月。64 页,19cm。JF0963/I246.7

提要:短篇小说集,收《大旗》、《霜夜》、《麦子黄时》、《月黑夜》等 4 篇小说。

杨朔(1913—1968),原名杨毓瑨,山东蓬莱人,现代著名散文家、小说家,代表作有《荔枝蜜》、《蓬莱仙境》、《雪浪花》等。

民间艺术和艺人

周扬等著。张家口,新华书店晋察冀分店,1946 年 2 月。101 页,19cm。JF0635/I207.7

提要:毛泽东《在延安文艺座谈会上的讲话》发表以后,广大文艺工作者纷纷走向基层,为工农兵服务,解放区掀起了学习和研究民间艺术的热潮。本选集收录了解放区文艺工作者有关民间文艺的论文共 10 篇,包括陕甘宁边区文教会艺术组的《刘志仁和仓南社火》,周扬的《一个不识字的劳动诗人——孙万福》,丁玲的《民间艺人李卜》,艾青的《汪庭有和他的歌》,萧三和安波的《练子嘴英雄拓老汉》,林山的《改造说书》,陕甘宁边区文教会艺术组的《自乐班》、《驼耳巷区的道情班子》、《吆号子》,艾青的《窗花剪纸》等。末有剪纸 12 幅。

天外,还有天

塞风著。北方社,1946 年 2 月。32 页,19cm。JF0992/I226

提要:塞风(1921—2004),本名李根红,河南灵宝人。著名诗人,著有诗集《天外,还有天》、《北方的歌》、《黄水谣百首》、《弯路上的小花》、《根叶之恋》、《征马的歌》、《以往》、《塞风抒情诗选》、《山水和弦》,散文集《痕》,短篇小说集《人民的声音》,中篇小说集《共同上升》等。1945 年参加"春草诗社",任北方分社社长,出版了诗集《天外,还有天》,分 28 段,书末有"校后小记"。

童谣

陈勃选集。青望,仝波绘图。张家口,新儿童丛书出版社,1946 年 3 月。16 页,图,19cm。JF1216/I287.2

提要:《新儿童丛书》之四,收《胜利年》、《小小子》、《张春山》、《懒学生》等 16 首童谣,每首童谣配插图 1 幅。

保卫山东的英雄

青羽著。[山东],山东新华书店,1946 年 5 月。211 页,18cm。JF0805/I253

提要:通讯集,分为"人民的英雄"、"英雄的战斗"、"英雄和人民"3 辑。收《我们的司令员罗荣桓同志》(康予召)、《一坛血》(吴伯箫)、《我们的母亲》(怡然)等 28 篇报道。

历史的镜子

吴晗著。北平,生活书店,1946 年 5 月。162 页,19cm。JF0985/I266

提要:吴晗(1909—1969),字辰伯,浙江义乌人,中国现代著名历史学家、社会活动家,是现代明史研究的开拓者和奠基者之一。代表作有《海瑞罢官》、《朱元璋传》等。本书收《论社会风气》、《生活与思想》、《治人与治法》、《说士》、《明代的奴隶和奴变》等 17 篇谈古论今的杂文。附录:一、史话(18 则);二、旧史新谈(12 则)。

鲁迅论文集

鲁迅著。大连,大众书店,1946 年 5 月 20 日。116 页,18cm。JF0706/I210.4

提要:鲁迅(1881—1936) 原名周树人,字豫才,浙江绍兴人。现代伟大的文学家、思想家和革命家。1918 年 5 月,首次用"鲁迅"的笔名,发表了中国现代文学史上第一篇白话小说《狂人日记》,奠定了新文化运动的基石。"五四"运动前后,参加《新青年》杂志的编辑工作,成为"五四"新文化运动旗手。后参加"左联"和中国民权保障同盟等进步组织。晚年对红军、对共产党寄予极大热情。

本书收《我们不再受骗了》、《辱骂和恐吓决不是战斗》、《为了忘却的纪念》、《战略关系》、《迎头经》、《透底》、《最艺术的国家》、《大观园的人才》、《论现在我们的文学运动》、《名人和名言》、《在现代中国的孔夫子》等 38 篇。

莫斯科前卫战

(苏)彼特洛夫等著;亮之译。上海,光华出版社,1946 年 5 月。138 页,19cm。JF0730/I512.5

提要:报告文学集,《世界文学名著》之一,收彼特洛夫的《莫斯科前卫战》、白尔索夫的《杜尔德耶夫》、伯列维尔的《卡卜杜林》和《哈尔科夫争夺战》、伊幼尔斯基的《史莫连突科夫》等 6 篇。

生死场

萧红著。大连,民主建设协进会,1946 年 5 月。210 页,19cm。JF1011/I246.57

提要:萧红(1911—1942),女,原名张乃莹,黑龙江呼兰河人,现代著名作家。生于地主家庭,因反抗包办婚姻离家出走,与萧军相识,从此走上写作的道路。1934 年与鲁迅相识,创作了中篇小说《生死场》。小说描写了 20 世纪二三十年代哈尔滨附近一个偏僻村庄农民们的悲惨生活及斗争和觉醒过程。这是最早反映东北人民在日本帝国主义统治下生活与斗争的作品之一,鲁迅先生为其作序。

我是劳动人民的儿子

(苏)卡达耶夫著。北平,生活书店,1946 年 5 月。[19],156 页,18cm。JF0665/I512.45

提要:卡达耶夫的成名之作,发表于 1937 年,通过描写主人公士兵柯德科与女友苏菲亚的爱情命运,侧面反映了内战时期乌克兰农村的斗争。

卡达耶夫(1897—1986),苏联著名作家。14 岁开始发表作品,一战期间亲赴战场,发表不少通讯和特写。1922 年迁居莫斯科,从事专业创作。著有《时间呀,前进!》、《草原农庄》、《为了苏维埃政权》等。

筑

郭沫若著。上海,群益出版社,1946 年 5 月。188 页,18cm。JF0820/I234.6

提要:本书又名《高渐离》,是根据高渐离击筑刺秦始皇的故事改编的五幕话剧,最初发表于 1942 年 10 月 30 日《戏剧春秋》月刊第 2 卷第 4 期上,本馆所藏是该书的初版本,为《沫若文集》第 1

辑之七。

纺棉花和“万年穷”翻身

王血波作剧；晋察冀边区行政委员会编辑委员会编辑。［张家口］，晋察冀边区教育阵地社，1946年6月。26页，19cm。JF1122/I239.9

提要：《群众读物》之二十一，收《纺棉花》和《“万年穷”翻身》两个小调剧。

王血波（1916—2012），又名王雪波，直隶（今河北）平山人，当代剧作家。1938年加入中国共产党。曾任平山县铁血剧社、晋察冀边区群众剧社社长。代表作有《王瑞堂》、《翻天》、《宝山参军》等。

论民主革命的文艺运动

冯雪峰著。上海，作家书屋，1946年6月。137页，19cm。JF1061/I206.6

提要：冯雪峰（1902—1976），浙江义乌人。革命文艺界的杰出领导人、作家、诗人。1927年加入中国共产党，1929年参加中国左翼作家联盟筹备工作，编辑《萌芽》、《前哨》等左联机关刊物。1933年前往中央苏区，后参加长征。1936年后，任上海中共办事处副主任。建国后历任上海人民政府委员、上海市文联副主席、全国文联常委、人民文学出版社社长等。长期主持《鲁迅全集》的注释出版工作。著有《湖畔》、《春的歌集》、《鲁迅及其它》等。

本书根据著者在重庆举行的一次文艺漫谈会上的发言稿整理而成，共分七个专题：过去的经验、什么是主要的错误、现在的基础任务及运动的原则、现实主义在今天的问题、大众化的创作实践、批评及统一战线下的批评、文艺团体。

晴天

王力著。［山东］，山东新华书店，1946年6月。59页，18cm。JF1213/I246.57

辽东，辽东建国书社，1946年。49页，19cm。JF0719/I246.57

提要：中篇小说，讲述的是山东某农村穷人在共产党领导下翻身解放的故事。

小俩口和二狐灵

田野等著。［张家口］，晋察冀边区教育阵地社，1946年6月。27页，19cm。JF0964/I230.6

提要：《群众读物》之二十二，收小调歌剧《小俩口》（田野、火星）和反迷信短剧《二狐灵》（胡朋）。

延安归来

黄炎培著。大连，大众书店，1946年6月。51页，19cm。JF1052/I253

提要：黄炎培（1878—1965），号楚南、韧之、任之，江苏川沙县（今属上海市）人，民主革命家、教育家，中国近代职业教育的创始人和理论家。主要著作有《学校教育采用实用主义之商榷》、《中国教育史要》等。著者于1945年7月1日至5日偕褚辅成、冷遹、左舜生、傅斯年、章伯钧5人到延安访问。本书就是这次延安之行的观感，包括《延安归来答客问》、《延安五日记》及诗两首。

八路军作战力的证人

(美)根室·史坦因著;夏汉译。上海,晨社,1946 年 7 月。51 页,19cm。JF0931/I712.55

提要:1944 年,美国著名新闻记者根室·史坦因(Gunter Stein),随中外记者西北参观团对延安进行了广泛而深入的采访,写成《红色中国的挑战》一书。书中根据作者亲眼所见和采访中掌握的一手资料,再现中国共产党领导下的军民艰苦抗日的情景。本书是《红色中国的挑战》的第七部分,内分"美国军官们在前线的所见"、"一个牛津人的证明"、"我是一个丰衣足食的地主……"、"敌人的意见"等 4 节。

钢铁是怎样炼成的

(苏)N. A. 奥斯特洛夫斯基著;梅益译。[山东],胶东新华书店,1946 年 7 月。304 页,19cm。JF0778/I512.45

提要:奥斯特洛夫斯基(1904—1936),苏联著名作家,著有《钢铁是怎样炼成的》、《暴风雨所诞生的》等书。

本书是奥斯特洛夫斯基所创作的最著名的一部长篇小说,以作者自身的经历为基础,刻画了主人公保尔·柯察金如何从贫苦工人的子弟成长为无产阶级英雄的过程,将一个革命战士战胜病魔、永不掉队的英勇气概表现得淋漓尽致。本馆藏这部书的多个中文译本,最为珍贵的是 1946 年 7 月胶东新华书店版,是该书的最早中文译本之一。

洋铁桶的故事

柯蓝著。[涉县],韬奋书店,1946 年 7 月。159 页,18cm。JF1181/I246.51

佳木斯,东北书店,1947 年 9 月。128 页,19cm。JF0791/I246.51

新华书店,1949 年 5 月。104 页,18cm。JF0788/I246.51

提要:柯蓝,笔名亚一、木人,原名唐一正,1920 年生,湖南长沙人。1937 年参加八路军,1938 年在延安参加中国共产党,先后入陕北公学和鲁迅艺术文学院学习,毕业后在陕甘宁边区文化协会和《边区群众报》工作。1944 年创作了《洋铁桶的故事》,原名《抗日英雄杨铁桶》,反映解放区在八路军的影响下,军民抗战的故事。这是解放区第一部用章回体写成的中篇小说,影响很大,多次再版。本馆藏 3 个版本,1946 年韬奋书店版是本馆最早的版本,为《群众文艺丛书》之一;1949 年新华书店版,为《中国人民文艺丛书》之一。

战时西南

潘世征著。长春,前进报社,1946 年 7 月。214 页,19cm。883.3/754

提要:报告文学集,是抗战时期西南地区和湘西情况的通讯报道集。收《滇越道上》、《滇黔桂边区的旅行》、《飞抵湖南芷江》、《湘西前线》、《湘西战地巡礼》等 16 篇。书前有《从西山看昆明》(代序),后附《湘西大捷》、《桂北之战》两文。

神兵

贾霁著。[山东],山东新华书店,1946 年 9 月。120 页,18cm。JF1183/I234.6

提要:《抗战文艺选集剧选》之二,收《咱们都有了枪》、《第一炮》、《神兵》、《吃地雷》、《向前进攻》5 个剧本。

贾霁(1917—1985),江苏镇江人,剧作家,中共党员。1938 年赴延安,就读于抗日军政大学、延安鲁迅艺术文学院文学系。历任华北《新华日报》记者、八路军山东纵队鲁迅宣传大队戏剧教员、《前卫报》编辑、山东文协人民剧团团长、《大众电影》主编等。著有剧本《地震》、《神兵》、《过关》等。

陕北杂记

丁玲等著。[上海],希望书店,1946 年 10 月。89 页,18cm。JF0659/I216. 1

提要:本书为《文艺新刊》之一,收短篇小说《父子俩》(孔厥)、《离婚》(西戎)、《孟祥英翻身》(赵树理),通讯《草原上的歌声》(魏伯),文艺论文《释新民主主义的文学》(艾青),诗《塞北晚歌》(红杨树),散文《出发点》(吴伯箫),报告文学《陕北杂记》(丁玲)等,共 8 篇。

大战岱崮山:快板书

杨星华著。[山东],山东新华书店,1946 年 11 月。64 页,18cm。JF0961/I239. 66

提要:《抗战文艺选集》之一,收《沭河战斗》、《大战回龙山》、《夜摸上店》、《大战岱崮山》、《计取袁家城子》、《二曹大闹蒙阴城》等 6 篇山东快书。

杨星华(1923—1957),山东快书作家,演唱家。1938 年参加八路军,1941 年加入中国共产党,创作了大量具有时代感和战斗性的快板书作品。

翻身民歌

王希坚著。山东新华书店,1946 年 11 月。47 页,19cm。JF1263/I276. 2

太岳新华书店,1947 年 3 月。35 页,18cm。JF1262/I276. 2

提要:本书是反映解放区人民斗争生活的民歌集,收《送礼》、《拨工》、《白带地》、《分场》、《大斗》、《叫名》等 64 首。(作者介绍见《翻身道理》)

解放区短篇创作选:第 2 辑

周扬编。[哈尔滨],东北书店,1946 年 11 月。154 页,19cm。JF0796/I25

提要:报告文学集。收《海上的遭遇》(刘白羽)、《窑洞阵地战》(华山)、《一坛血》(吴伯箫)、《三日杂记》(丁玲)、《诺尔曼·白求恩断片》(周而复)等 13 篇。

血泪的控诉

王耕今编。[哈尔滨],东北书店,1946 年 11 月。83 页,19cm。JF1058/I253

提要:通讯报道集,收《一封血泪的信》(榴琏)、《"山大王"的罪行》(孟光)、《长新桥农民的控诉》(金星鲁)等 14 篇诉苦通讯。

天下第一家

马烽编。[兴县],吕梁文化教育出版社,1946 年 12 月。39 页,18cm。JF0984/I276. 3

提要:《民间故事》第二集之一,收《天下第一家》(闻捷)、《因小失大》(西戎)、《尹鸡债》(马烽)等17篇。末附4篇苏联民间故事。

马烽(1922—2004),原名马书铭,山西孝义人,现代作家。1938年春参加抗日游击队,同年加入中国共产党。1940年入延安鲁迅艺术学院附属部队艺术干部训练班学习。1943年在晋绥边区文联文艺工作队工作,担任报刊记者及编辑等职。代表作有《三年早知道》、《我的第一个上级》等。

保卫解放区的英雄们

[武安],华北新华书店编辑部编。华北新华书店,1946年。40页,18cm。JF0695/I25

提要:《新大众丛刊》之一,辑选人民解放军指战员打击侵犯解放区的国民党军队的英雄事迹报导,共收《王连长三次下炸药》、《胡辉同志带病上阵》、《一个人缴了一连人的枪》等30篇。

保卫我们的好光景:话剧

杜烽著。[张家口],晋察冀边区教育阵地社,1946年。30页,19cm。JF1162/I234

提要:《群众读物》之二十四,收《保卫我们的好光景》(杜烽)、《改造懒婆》(胡朋)两个独幕话剧。

春联

叶蠖生等编。华北新华书店,1946年。38页,18cm。JF1177/I269

提要:春联集,分一般通用、农村通用、工业通用、公营工业通用等38大类。主要来源是叶蠖生先生的《春联》,少数为旧联。

担水前后:秧歌剧

程思三作。[张家口],晋察冀边区教育阵地社,1946年。23页,19cm。JF1139/I233.6

提要:《群众读物》之十九。三场秧歌剧,讲述的是八路军与群众鱼水情深的故事。书后附曲谱多首。

夫妻参战:落子腔

立云编。[涉县],韬奋书店,1946年。14页,18cm。JF0987/I236.226

提要:用乐子、武乡秧歌均可唱。讲述了1946年秋,解放区某村民众为了保卫胜利果实,夫妻齐参战的故事。

巩固和平:时事鼓词

古立高著。[张家口],晋察冀边区教育阵地社,1946年。10页,19cm。JF1049/I239.2

提要:《群众读物》之十四。时事鼓词,用通俗的语言分析抗战后国内的形势。

古立高(1923—2007),原名顾立高,河北阜平人。1937年10月参加八路军,翌年春加入中国共产党。当过文工团演员、创作员,营宣传科长。1942年开始文学创作。建国后任《人民文学》编辑,中国作家协会会员。著有长篇小说《屹立的群峰》,短篇小说集《老营长》、《永生的战士》等。

好媳妇:秧歌剧

邵挺军著;苏光木刻。吕梁文化教育出版社,1946年。34页,图,13cm。JF1044/I233.6

提要:抗日战争时期,解放区组织妇女开展纺织大生产运动,取得显著成效。《好媳妇》是为宣传该运动所编写的秧歌剧,讲述媳妇不顾婆婆反对,积极学习纺织技术被评为劳动模范,一向反对媳妇学纺织的婆婆受到教育,也加入到纺织运动中来的故事。该书草纸印刷,书中附木刻版画插图3幅。

侯哥弹和他的少年队

晋察冀边区行政委员会编审委员会编。[张家口],晋察冀边区教育阵地社,1946年。19页,19cm。JF1160/I286.7

提要:儿童故事,《群众读物》之九,讲述抗日战争时期,侯哥弹等少先队员被日寇俘虏,敌人用糖果欺骗他们,用死亡威胁他们,少先队员们仍不为所动,最后成功逃跑的故事。

晋察冀行

周而复著。阳光出版社,1946年。130页,18cm。JF0837/I253

佳木斯,东北书店,1947年11月。114页,18cm。JF0457/I253

提要:收《突过封锁线》、《人民新生活的姿态》、《聂荣臻将军》、《地方性的联合政府》等记述晋察冀边区各方面情况的报道。书后附《地道战》一文。(作者介绍见《白求恩大夫》)

李长胜捉俘虏:五场小型歌剧

歌焚编。[张家口],晋察冀边区教育阵地社,1946年。10页,18cm。JF1115/I233.6

提要:五场小型歌剧,《群众读物》之十三,讲述了八路军炊事员李长胜机智勇敢,活捉伪军俘虏的故事。书中附曲谱多首。

李盛兰献古钱:鼓词

车毅著。张家口,晋察冀边区教育阵地社,1946年。15页,19cm。JF1119/I239.26

提要:大鼓词,《群众读物》之十八。李盛兰是晋察冀边区阜平县高街村的农民。1927年他家挖出古钱800斤,当时的官府企图把古钱弄到手,古钱成了李家灾祸的根苗。抗战爆发后,共产党建立了抗日根据地,李盛兰将埋藏的古钱亲自献给了政府和军队,用来制造枪炮和子弹,消灭日本强盗。

廉蔺交欢

陶钝编。山东,新华书店,1946年。28页,18cm。JF1249/I246.8

提要:《大众文库》之历史故事类,根据《史记·廉颇蔺相如列传》之中"廉蔺交欢"的故事改编。

陶钝(1901—1996),原名徐宝梯,山东诸城人,作家、曲艺研究家。1931年加入中国共产党,1937年参加抗日游击队,后在鲁南国民抗敌协会和山东省文化协会从事文化宣传工作。主要作品有长篇小说《为了革命的后代》、《小鬼的故事》,长篇鼓词《荔枝香鼓词》,散文集《沂蒙探亲记》等。

列宁是我们的太阳

玛耶可夫斯基等著;之分辑译。大连,海燕书店,1946 年。149 页,19cm。822.51/123.18

提要:诗集。分“苏联诗选”和“莱蒙托夫诗选”两辑。前者包括马雅可夫斯基、特瓦尔多夫斯基等6位诗人的诗8首,据苏联英文版《国际文学》译出;后者包括莱蒙托夫的《生命的杯子》、《孤帆》等6首。

刘巧团圆

韩起祥编。新华书店,1946 年。146 页,13cm。JF1033/I239.26

香港,海洋书屋,1947 年 10 月。150 页,18cm。JF0667/I239.26

新华书店,1949 年。89 页,19cm。JF0787/I239.26

提要:韩起祥(1908—1989),陕北著名盲人说书艺人,自编自演了 500 多个新段子,热情讴歌新人新事新风尚,深受边区群众欢迎。1946 年 8 月,韩起祥在延安杨家岭中央大礼堂为毛主席说书,听完书后,毛主席称赞道:“你的新书说得好……”。全国解放后,其陕北说书曾风靡一时。

《刘巧团圆》是他的代表作之一,根据延安抗日根据地的真人真事改编,反映了青年男女对自由婚姻的大胆追求,在群众中甚有影响。

鲁迅论:第 1-2 辑

卢正义选辑。大连,大连文协,1946 年。2 册,像,19cm。JF0753/I210.97

JF0754/I210.97

提要:1946 年 10 月鲁迅逝世十周年之际,大连文协编辑出版了《鲁迅论》,共二辑。第一辑收录卢正义的《保卫鲁迅》,许寿裳的《鲁迅的生活》,胡风的《从“有一分热发一分光”生长起来的》等 7 章文章。附录鲁迅的自传和年谱。第二辑收录毛泽东的《论鲁迅》(大汉笔录),瞿秋白的《论鲁迅杂感》,王明的《中国人民之重大损失》,萧三的《纪念鲁迅》等 4 篇文章。文前附选辑者的前记《英雄的气息》。这两辑《鲁迅论》的封面均采用了鲁迅的木刻像。

民兵战斗故事集

丁克辛编。[张家口],晋察冀边区教育阵地社,1946 年。18 页,19cm。JF1007/I253

提要:《群众读物》之十二,收《敌人没有枪毙他》、《打了胜仗还吃了马肉》、《活地雷》、《冯云与巧取洋马》、《地道战》等 8 篇战斗故事。

民族气节女英雄杨怀英:鼓词

王树萍著。[张家口],晋察冀边区教育阵地社,1946 年。19 页,19cm。JF1008/I239.26

[牡丹江],东北书店牡丹江分店,1947 年。19 页,19cm。JF1121/I239.26

提要:杨怀英,女,1913 年生于河北涞水县的一个贫民家庭,13 岁被卖作童养媳,受尽苦难。在共产党的指引下,她和丈夫先后参加抗日斗争,丈夫死后,杨怀英的斗争信念更加坚定,被日寇逮捕后,宁死不屈,最终重返革命队伍。1944 年 10 月,晋察行署在涞水县召开群英会,授予她“民族英雄”称号。本书是晋察冀妇女联合会为歌颂她的英雄事迹所编写的鼓词。

明朗的天

邹祥编。临沂，山东新华书店，1946年。60页，18cm。JF1140/I253

提要：通讯报道集。收《元宵花灯大竞赛》（方岚）、《临沂风光》（李普）、《枣庄介绍》（王均）、《今天的平绥路》（民玉）、《铁路恢复》（若望）等20篇介绍解放区情况的报道。

母亲们和年青的子弟兵

樊宇编。晋察绥边区教育阵地社，1946年。19页，19cm。JF1004/I253

提要：《群众读物》之七，收歌颂河北地区英雄母亲的报道文学3篇，分别为：《子弟兵的母亲戎冠秀》、《你等着：咱们给你报仇》、《林大娘有了千百个儿子》。

平陆人民斗争歌辑

冯彦俊辑。太岳新华书店，[1946]年。10页，18cm。JF1003/I276.22

提要：收《鬼世界》、《八路好》、《整顿河山》、《大胜利》、《庆祝胜利》、《反对内战》等15首歌谣。

平妖记

陈明著；安波配曲。张家口，新华书店晋察冀分店，1946年。86页，19cm。JF1002/I239.26

提要：陕北说书，讲述的是陕甘宁边区群众破除封建迷信的故事。书后附安波的《关于陕北说书音乐》及曲谱多首。

塞外血泪

秋生著。吕梁文化教育出版社，1946年。53页，插图，19cm。JF1145/I253

提要：通讯报道集，记述日本投降前后绥远一带人民的苦难生活。收《绥远抗战史实》（陈之向）、《官土匪》（师海云）、《一个妇女哀伤的哭泣》（韩竞）、《绥东群众的翻身运动》（秋生）等12篇报道。书中有少言、侯恺、正挺的木刻插图。

三打祝家庄

延安平剧研究院集体创作。[张家口]，新华书店晋察冀分店，1946年。243页，19cm。JF0839/I232.6

香港，海洋书屋，1947年。267页，18cm。812/704

华中新华书店，1949年3月。173页，18cm。JF0671/I232.6

提要：延安平剧研究院，1942年由延安鲁艺平剧团和八路军120师战斗平剧社合并组成。成立之后以宣传抗战为宗旨，编排和演出了大量的新历史剧和现代戏，《三打祝家庄》就是其中之一。1944年根据毛泽东的建议，延安平剧研究院决定将《水浒传》中“三打祝家庄”的故事改编成京剧上演。作者根据故事情节和抗战需要，反复修改，创作完成剧本。该剧上演后反应强烈，一时成为抗日根据地教育干部群众的形象教材。该剧剧本曾多次出版，本馆藏1946年新华书店晋察冀分店版，是馆藏版本中最早的，此外还有香港海洋书屋1947年版和华中新华书店1949年版，为《北方文丛》之一。

森林在战斗着

(苏)克里维茨基,(苏)克莱诺夫著。哈尔滨,万国书籍,1946 年。88 页,18cm。JF0814/I512.45

提要:中篇小说,讲述了卫国战争时期游击队在布良斯克大森林内活动的故事。

山东人民的新生

宿士平编。临沂,山东新华书店,1946 年。100 页,18cm。JF0944/I253

佳木斯,东北书店,1947 年 10 月。124 页,18cm。JF0702/I253

提要:辑选反映山东解放区人民抗战八年艰苦斗争历程的报道 24 篇,包括《奋战苦斗中的山东军民》(姚潜修)、《艰苦斗争在鲁南》(张雨帆)、《再见天日的泰石路北》(陶钝)、《临朐无人区的新生》(吕若骥)、《曲阜瞻礼》(康予召)等。

上饶集中营

长江等著。言论出版社,1946 年。158 页,19cm。JF0830/I25

提要:收《上饶的集中营》(长江)、《上饶集中营的罪行》(冯村)、《集中营生活散记》(陈念棣)、《怀念孙锡禄同志》(冯村)、《如此"三民主义"教育》(黄迪菲)、《地狱茅家岭》(季音)、《站铁笼的一天》(赖少其)、《茅家岭暴动》(李胜)、《赤石暴动》(冯村)、《赤石暴动以后》(孙秉泰、黄迪菲)、《卑鄙的统治群》(陈念林等)等 19 篇报道和回忆录。书后附录《把孔子庙变成牢狱》(赖少其),书前有饶漱石的序。

时事传:鼓词

韩起祥,王宗元编。太岳新华书店,1946 年。14 页,18cm。JF0373/I239.26

提要:原文曾连载于 1946 年初的《解放日报》,用生动的语言概述日本投降之后到 1946 年 8 月间的中国时政格局,深受老百姓欢迎。

水推长城

张友编。太岳新华书店,1946 年。44 页,18cm。JF1093/I276.3

提要:《民间故事集》之一,收《水推长城》、《愚公移山》、《列宁和皇帝分家》、《佃户"吵架"》等 20 篇故事。

苏维埃人群像

(苏)铁霍诺夫等著。大连,大众书店,1946 年。190 页,图,18cm。JF1124/I512.45

提要:短篇小说集,收入《伊凡·苏达廖夫的故事》(托尔斯泰著,林陵译)、《苏维埃人群像》(铁霍诺夫著,令译)、《西伐斯托波尔人》(哈马堂著,林陵译)、《海魂》(梭波列夫著,叶落译)等 4 篇。

随军散记

沙汀著。大连,大众书店,1946。158 页,19cm。823/739

提要:是一部以贺龙的事迹为题材的报告文学集。作者曾于 1938 年 11 月至 1939 年 4 月随同贺龙同志到晋西北,后又穿过敌人封锁线,随部队转战于冀中平原。本书记述贺龙同志在前线的生活,以及他的经历和有关他的故事。

沙汀(1904—1992),原名杨朝熙,又名杨子青,四川安县人,现代作家。1938 年到延安。曾任鲁艺文艺系代主任。1949 年后历任四川省文联主席、中国社会科学院文学研究所所长等职。著有《沙汀短篇小说选》、《沙汀选集》。

《时间呀前进!》

(苏)卡泰耶夫著;林淡秋译。上海,新知书店,1946。479 页,冠像,19cm。822.53/486.2

大连,新知书店,1947。459 页,19cm。822.53/486.2/3

新中国书局,1949。459 页,19cm。822.53/486.2/1

提要:著者通称卡达耶夫。长篇小说。这部小说以三十万字描写了一天一夜的故事,生动地展现了苏联第一个五年计划的大型项目之一——乌拉尔草原的钢铁基地,以惊人的速度进行社会主义建设,是歌颂人与时间赛跑的诗篇。书末附戈宝权的《卡泰耶夫及其代表作〈时间呀前进〉》一文及编后记。1941 年远方书店初版,书名题为《前进呀! 时间》。1943 年 5 月版书名题为《时间,前进呀!》。本馆藏新知书店版为《新世纪文学译丛》之一,新中国书局版为《苏联文学译丛》之一。(作者介绍见《我是劳动人民的儿子》)

吴满有鼓词

王尊三著。[张家口],晋察冀边区教育阵地社,1946 年。24 页,19cm。JF1102/I239.2

提要:《群众读物》之十一,吴满有(1893—1959),陕西横山人,陕甘宁边区劳动英雄,大生产运动的典型,后因被俘而身败名裂。该书是晋察冀边区唐县民间艺人王尊三根据艾青同志的诗《吴满有》改编而成的大鼓词。在编成之后,曾给农村的农民、工人、青年、妇女、儿童们演唱过,受到一致好评。

新时代底曙光

(苏)M. 左琴科著;曹葆华译。张家口,新华书店晋察冀分店,1946 年。88 页,19cm。JF1269/I512.45

提要:苏联中篇小说,记述一个名叫安娜·卡苏亚诺华的贫苦妇女的革命历程。

英雄传:第 1 集

丁玲等著。[张家口],新华书店晋察冀分店,1946 年。92 页,19cm。JF1150/I25

提要:收《赵占魁同志》(张铁夫、穆青)、《袁广发》(丁玲)、《模范党员申长林同志》(荒煤)、《张治国的故事》(周民英)、《刘主任》(莫艾)等 5 篇记述英雄模范人物事迹的报道。选自 1943 年的《解放日报》。

英雄传:第 2 集

陈学昭等著。[张家口],新华书店晋察冀分店,1946 年。75 页,19cm。JF1151/I253

提要:收《打井、兴学及其他》(天蓝)、《水利英雄张仲成》(刘漠冰)、《警卫英雄李树槐》(萧三)、《熬劲儿大》(陈学昭)、《田保霖》(丁玲)、《张德胜》(杨朔)等 9 篇记述英雄模范人物的报道。

张瑞办合作社

张明著。[张家口],晋察冀边区教育阵地社,1946 年。14 页,19cm。JF1103/I25

提要:《群众读物》之十六,记述抗日战争时期,河北徐水县抗联干部张瑞积极组织村民发展生产的先进事迹。

福贵

赵树理著。[武安],华北新华书店,1947 年 1 月。52 页,18cm。JF1114/I246.7

佳木斯,东北书店,1947 年 9 月。55 页,19cm。JF1205/I246.7

晋察冀新华书店,1947 年 11 月。34 页,18cm。JF1206/I246.7

长春,东北书店,1949 年 1 月。29 页,18cm。JF0821/I246.7

提要:短篇小说集,收《福贵》、《地板》、《催粮差》3 篇小说。

赵树理(1906—1970),原名赵树礼,山西沁水县尉迟村人,现代著名作家、人民艺术家。主要代表作品有《小二黑结婚》、《李有才板话》、《李家庄的变迁》和《三里湾》等。其小说多以华北农村为背景,反映农村社会的变迁和存在其间的矛盾斗争,塑造农村各式人物的形象。其开创的“山药蛋派”,成为新中国文学史上最重要、最有影响的文学流派之一。

文艺的基本问题

(苏)铎尼克著;焦敏之译。上海,中苏文化协会,1947 年 2 月。99 页,18cm。JF0633/I09

提要:本书为《苏联文学丛书》之一,根据作者为《苏联文艺百科全书》写的论文《马克思主义审美学的根本问题》编译而成。全书共 9 部分:什么叫做美学,它所研究的对象是什么;美学的社会性及历史性;艺术的特性与内容;艺术上的美;什么叫做升华;悲剧;喜剧;文艺的人民性;新现实主义。

军民一家

颜一烟,王家一作;颜一烟执笔。东北画报社,1947 年 3 月。34 页,19cm。JF0770/I234.6

提要:《东北文艺工作团新演剧创作》之四,《东北画报文艺丛书》之五。独幕话剧。讲述了 1945 年冬,东北民主联军某排进驻东北某地,始终严格贯彻“三大纪律,八项注意”的规定,使老百姓彻底认识到民主联军是人民的军队的故事。

人民的光荣

何微等著。[山西],太岳新华书店,1947 年 3 月。51 页,18cm。JF0661/I253

提要:收《襄陵人民的光荣》(何微)、《摆好八卦阵活捉蒋家军》(何微)、《新兴民兵三次拒降》(言谨)、《带“六把盒子”的人》、《神鬼难防的罗来福》(希庄)等 18 篇,辑选解放战争时期人民群众英勇杀敌事迹的报道。

地主血腥发家史

萬明等著。佳木斯,东北书店,1947年5月。173页,19cm。JF1042/I253

提要:该书是反映东北解放区土地改革斗争的通讯报道集,收《尚志封建恶霸的史实》、《桦川地主阶级的初步调查》、《大地主是怎样发财的》、《地主罪行一斑》等25篇报道。书前有东北局指示部队机关开展土地改革教育的文件和《东北日报》社论《认识地主阶级》。

母

(苏)高尔基著;孙光瑞译。东安,东北书店,1947年5月。447页,19cm。JF0722/I512.45

提要:全书突出了巴威尔和母亲这两位主要英雄人物。巴威尔是人类文学史中第一个"倔强的叱咤风云的和革命的无产者"的典型,他摆脱了父辈们的悲惨命运,在马克思主义的指引下成了坚定的革命者。母亲则是作为革命群众的代表,善良朴素、胆小怕事,由于爱儿子不自觉地卷入了革命,经过斗争的考验成为革命者。(作者介绍见《列宁》)

天水岭群众翻身记

朱襄,阮章竞著。华北新华书店,1947年5月。50页,18cm。JF0991/I246.7

提要:短篇小说集,《晋冀鲁豫边区文艺创作小丛书》之一,收朱襄的《天水岭群众翻身记》、阮章竞的《圈套》两篇小说。

张苦孩挖穷根

革飞等著。[武安],华北新华书店,1947年5月。62页,18cm。JF0804/I246.7

提要:《晋冀鲁豫边区文艺创作小丛书》之一,收短篇小说《胡强子》(田生)、《张苦孩挖穷根》(革飞)、报告散文《邢台市大斗胡伺公》(培时)、《雇佃座谈》(林沫)等。

弹唱小王五

刘衍等著。[武安],华北新华书店,1947年6月。59页,18cm。JF1196/ I226

提要:新诗集,《晋冀鲁豫边区文艺创作小丛书》之十一,收阮章竞的《盼喜报》、一新的《铁牛的话》、尔荷的《夫妻顶嘴》、江横的《山西黑暗的三十年》、刘衍洲的《弹唱小王五》等9篇。

写作的新知识

胶东新华书店编。[莱阳],胶东新华书店,1947年6月。62页,19cm。JF0766/I04

提要:《大众文艺丛书》之二,分"理论·技术·经验"、"戏剧·秧歌·活报"、"诗歌·民谣·快板"、"写生·画工·窗花"四部分。书前有毛泽东《文学艺术的源泉》,书后附编后小记。

一家人:备荒弹词

孔厥著。[武安],华北新华书店,1947年6月。32页,18cm。JF0921/I239.16

提要:卷首页书名注有"备荒弹词"外,封里上又注有"鼓词或大鼓坠子都可演唱"。讲述的是边区人民积极备战荒年的故事。

孔厥(1914—1966),原名郑志万,江苏吴县人,现代作家。1938年入延安鲁艺学习,毕业后留校工作。建国后,历任文化部电影局编剧、北京通俗读物出版社编辑。著有长篇小说《新儿女英雄传》(与袁静合作)、《新儿女英雄续传》,短篇小说集《受苦人》。

一切为了前线:拥军故事

宜琴等著。佳木斯,东北书店,1947年6月。59页,19cm。JF0919/I246.8

提要:革命故事集,收《伤兵母亲李桂英》(宜琴)、《掩护》(怡然)、《母亲》(王军)、《救护》(湘之)、《李德山之死》(申)、《一个后方勤务站》(建群)等12篇故事。

北流寺歼灭战

朱光等著。[武安],华北新华书店,1947年7月。36页,18cm。JF1069/I253

提要:通讯集,《晋冀鲁豫边区文艺创作小丛书》之十六,收《北流寺歼灭战》、《敌人顽强我们更顽强》、《曲沟攻坚战》、《解放观台》、《光复鹤壁集》、《邪法》等6篇。著者有朱光、赵殿刚、殿潮、杨明等人。

大柳庄记事

古北等著。[武安],华北新华书店,1947年7月。98页,18cm。JF0962/I246.7

提要:短篇小说集,《晋冀鲁豫边区文艺创作小丛书》之十二,收古北的《大柳庄记事》、王前的《窟窿岩》、曾克的《掩护》、吴象的《苏科之死》、培时的《炮》等5篇短篇小说。

列宁在一九一八年:电影剧本

T. 兹拉托戈洛瓦,A. 卡普勒著;林淡秋译。东北书店,1947年7月。105页,19cm。JF1065/I512.35

邯郸,华北新华书店,1949。80页,18cm。822.52/486.25

提要:电影文学剧本,内容与《列宁在1918》相同。

人民大翻身颂

冈夫等著。华北新华书店,1947年7月。123页,18cm。JF0925/I226

提要:诗集,《晋冀鲁豫边区文艺创作小丛书》之十九,收冈夫的《人民大翻身颂》、袁勃的《我要跟大家一起去报仇》、阮章竞的《送别》等9首。

活捉笑面虎

方青著。佳木斯,东北书店,1947年8月。56页,19cm。JF1182/I246.41

提要:评书,共九回,讲述的是东北解放区群众齐心合力活捉汉奸恶霸"笑面虎"的故事。

鸟枪的故事:插图本长诗

公木诗,张望画。佳木斯,东北书店,1947年8月。30页,图,19cm。JF1017/I226

提要:插图本长诗,以一杆鸟枪为线索,叙述了一个农民家庭祖孙三代人的不同经历,是普通农民在党的指引下逐步觉醒,走上革命道路的缩影,具有英雄史诗的色彩。配插图十余幅,形象直观,具有很好的宣传教育作用。

卜掌村演义:鼓词

李季著。山东渤海新华书店,1947 年 9 月。31 页,18cm。JF0932/I239.26

提要:《大众丛书》之一,曾在 1946 年 10 月的《解放日报》上发表,讲述了陕甘宁边区农民崔岳瑞刻苦学医,在农村宣传科学知识、破除迷信的事迹。

李季(1922—1980),河南唐河人,1938 年入延安抗大学习,同年加入中国共产党,是在解放区成长起来的诗人。1945 年底《解放日报》连载他的长篇叙事诗《王贵与李香香》,是在诗歌领域里实践文艺的工农兵方向的第一部杰作。

冯娇梅

李方立著。[濮阳],冀鲁豫书店,1947 年 9 月。52 页,插图,18cm。JF1080/I239.2

提要:《平原文丛》第一辑,收叙事诗《冯娇梅》、《黑二孩》,附木刻插图 4 幅。

解放区短篇创作选:第 1 辑

周扬编。东安,东北书店,1947 年 9 月。181 页,19cm。JF0795/I246.7

提要:短篇小说集,《新文艺丛刊》之一。收《我在霞村的时候》(丁玲)、《一个女人翻身的故事》(孔厥)、《我的两家房东》(康濯)、《卫生组长》(葛洛)、《龙》(韦君宜)、《租佃之间》(束为)、《真假李板头》(刘石)等 10 篇小说。

苏联文艺方向的新问题

东北书店编。安东,东北书店,1947 年 9 月。70 页,19cm。JF0641/I512

提要:内收:《关于〈星〉与〈列宁格勒〉杂志——联共(布)中央的决定(摘要)》、日丹诺夫关于该两杂志所犯错误的报告、法捷耶夫的《论苏联文艺的任务》报告摘录、联共(布)中央《关于剧场上演节目及改进方法》决议(摘要)、西蒙诺夫的《战后戏剧工作的任务》、法捷耶夫的《论苏联文艺杂志》。

秧歌剧选集:(一)

张庚编。佳木斯,东北书店,1947 年 9 月。136 页,19cm。JF0630/I233.6

提要:《新文艺丛书》之四,收马健翎的《十二把镰刀》、王大化等人的《兄妹开荒》、枣园文艺工作团集体创作的《动员起来》、军法处秧歌队集体创作的《钟万财起家》、马可的《夫妻识字》、绥德文艺工作团集体创作的《喂鸡》等 7 个剧本。

秧歌剧选集:(三)

张庚编。东安,东北书店,1947 年 9 月。75 页,18cm。JF0765/I233.6

提要:《新文艺丛书》之六,收马玉榜、张映奎的《打义井》,黄润的《减租》,延安市桥镇乡秧歌队的《货郎担》，延安市桥镇乡秧歌队根据旧作改编的《小姑贤》等9个剧本。

袄袖上的血

李文波著。[武安]，华北新华书店，1947年10月。31页，18cm。JF1187/I253

提要：《自卫战争文丛》之一，是解放战争时期解放军某营战斗事迹的通讯报道集。收《袄袖上的血》、《卫生员朱同义》、《石明三的转变》、《我营的通讯读报工作》等9篇。书前有《介绍李文波营的上报立功运动（代序）》。

虹

瓦希列夫斯卡著；曹靖华译。晋察冀新华书店，1947年10月。288页，18cm。JF0881/I512.45

提要：著者通译瓦西列夫斯卡娅（1905—1964），波兰籍苏联女作家。长篇小说《虹》是其代表作，是对苏联卫国战争中一段悲壮历史的描述。小说通过女主人公娥琳娜的英雄事迹，歌颂了爱国主义的自我牺牲精神。

李有才板话

赵树理著。香港，海洋书屋，1947年10月。1册，18cm。JF0843/I246.7

[上海]，华夏书店，[1947—1949]年。83页，18cm。JF0668/I246.7

提要：本书为《北方文丛》之一，收《小二黑结婚》和《李有才板话》两篇小说。书末附《论赵树理的创作》（周扬）、《读了〈李家庄的变迁〉》（郭沫若）、《关于〈李有材板话〉》3篇评论文章。（作者介绍见前文《福贵》）

战斗者的诗人

黄药眠著。大连，远方书店，1947年10月。161页，19cm。JF1067/I207.25

哈尔滨，远方书店，1948年7月。161页，17cm。JF0658/I207.25

提要：该书是一本有关诗歌评论的论文集，收《诗人在历史上走过的足迹》、《略论中国诗史》、《论诗的创作》、《战斗者的诗人》、《诗歌创作的方向》、《诗歌的手法及其他》、《论屈原的诗》、《论诗底美·诗底形象化》等14篇论文。

黄药眠（1903—1987），广东梅县人。1928年加入中国共产党。1929年党组织派其前往莫斯科工作，归国后长期从事党的宣传工作。1949年后任北京师范大学教授。著有诗集《黄花岗上》、《英雄颂》，论文集《战斗者的诗人》等。

朱富胜翻身：鼓词

王希坚著。佳木斯，东北书店，1947年10月。70页，19cm。JF1054/I239.26

提要：《通俗文艺丛书》之一，讲述了山东沂南县交良村农民朱富胜在共产党的指引下，带领全村农民与地主恶霸势力斗争，被评为鲁中劳动英雄的故事。本书写到1946年为止，此后作者又写了《朱富胜翻身》下集，讲述解放后朱富胜的英雄事迹。（著者介绍见《翻身道理》）

白毛女鼓词

老民著。[涉县],太行群众书店,1947年11月。72页,18cm。JF0669/I239.26

提要:《大众文库》之一,根据流传在河北北部的"白毛仙姑"的故事加工整理而成,其内容是:一个被地主迫害的农村少女只身逃入深山,栖身于山洞之中,因缺少阳光和盐分,全身毛发变白,常常到寺庙中偷食供果,被村民们称为"白毛仙姑"。后来在八路军的搭救下,她得到了解放。1945年延安鲁迅艺术学院集体创作了歌剧《白毛女》,引起轰动,此后被改编成多种艺术形式,本书是改编而成的鼓词。共八回。

翻身乐

渤海新华书店编。[山东],渤海新华书店,1947年11月。27页,18cm。JF1261/I256

提要:报告文学集,《大众丛书》之一,收《立新契庆翻身》、《翻身后的家庭晚会》、《狂欢的日子》、《在麦场上》、《夫妻团圆》、《娶儿媳》等21篇。

青年复仇记

(苏)温别格尔著。佳木斯,东北书店,1947年11月。97页,照片,19cm。JF0685/I512.55

提要:报告文学,据苏联外国文书籍出版局1944年出版的中文版《不朽的青年》一书排印。展现了1942年6月德军占领乌克兰伏罗希洛夫州顿巴斯矿区的小城克拉斯诺顿,一批学生同德寇作殊死斗争而英勇牺牲的真实历史。

全家忙:小歌剧

赵路作剧;血明、云翔作曲。晋察冀新华书店,1947年11月。29页,19cm。JF1019/I233.6

提要:独幕小歌剧,描绘1947年察哈尔解放区某地,一个普通农民家庭为了保护根据地的胜利果实,全家齐动员的热闹场面。

皖南突围记

殷杨著。佳木斯,东北书店,1947年11月。46页,19cm。JF1215/I25

提要:本书记述皖南事变经过,书末附录:《皖南大惨案纪实》、《中共之英明对策》等。

1940年10月19日,蒋介石指使何应钦、白崇禧以国民政府军事委员会的名义,强令黄河以南的新四军、八路军在一个月内全部撤到黄河以北;中国共产党从维护抗战大局出发,答应将皖南的新四军调离;1941年1月7日行至皖南泾县茂林时,遭到国民党军七个师的伏击;新四军奋战七昼夜,弹尽粮绝,除约2000人突围外,大部分被俘或牺牲;军长叶挺与国民党军队谈判时被扣押,副军长项英、周子昆被叛徒杀害。这是国民党第二次反共高潮的最高峰。

一面光荣的旗帜:抗联巾帼列传

白朗著。哈尔滨,光华书店,1947年11月。75页,19cm。JF0920/I25

提要:报告文学集,收《一面光荣的旗帜》、《八烈士》、《小妹妹》、《民族女英雄李秋岳》、《王勤夫人》、《裴大姐》、《张宗兰和好的嫂嫂》等7篇,记述了赵一曼、李秋岳等东北抗日联军女英雄的事迹。书前有冯仲云的《写在一面光荣的旗帜前面》。

老雇农杨树山：鼓词

大成，轻影等著。佳木斯，东北书店，1947年12月。31页，19cm。JF1057/I239.26

提要：《通俗文艺丛书》之一，与《平鹰坟》合刊。大成、思奇共同创作的鼓词《老雇农杨树山》，讲述的是当了42年长工的老雇农杨树山，受尽地主压迫，在八路军到来之后翻身解放的故事。轻影的《平鹰坟》是其曲艺作品的代表作。讲述的是解放战争时期，山东某农村一贫苦农民魏老头，不小心打死地主家养的一只鹰，地主把他打得死去活来后关进班房，并逼迫他卖掉仅有的三亩地为死鹰出殡修坟，魏老头因此家破人亡。八路军到来之后带领群众活捉地主，平掉了鹰坟。

宝山参军：小歌剧

边区群众剧社编；王血波编剧；王莘作曲。晋察冀新华书店，1947年。37页，18cm。JF0688/I233.6

提要：小歌剧。讲述的是1947年土地复查之后，青年农民王宝山为了保卫胜利果实主动报名参军，但妻子刘金莲舍不得让丈夫当兵；王宝山用新旧生活的对比打动了妻子，最终使得妻子送丈夫参军上前线。附曲谱9首。

保证打胜仗的人：后方支援前线的故事

华北新华书店编辑部编。[武安]，华北新华书店，1947年。33页，18cm。JF1163/I246.8

提要：革命故事集，《新大众丛刊》之一，收《下次多拿上一些》（文喜）、《自卫战争的后备力量》（曾必夫）、《从来没有见过这样的老百姓》（张鸿烈）等12篇故事。

别上当：秧歌剧

边区群众剧社编。晋察冀新华书店，1947年。28页，19cm。JF1090/I233.6

提要：五场秧歌剧，讲述1947年晋察冀边区某村的农民群众，先是被地主王金山欺骗，后识破诡计，团结起来共同打到地主。书后附曲谱5首。

不死的枪

袁勃等著。[武安]，华北新华书店，1947年。78页，18cm。JF0947/I226

提要：诗集，《晋冀鲁豫边区文艺创作小丛书》之二十，收高咏的《漳河牧歌传》、袁勃的《不死的枪》、王博习的《河水谣》、胡征的《槐树下》等11首。

冲破荆紫关：三五九旅长征记

冯牧等著。[武安]，华北新华书店，1947年。76页，18cm。JF1030/I25

提要：报告文学集，收《人民军队是不可战胜的》（王震同志广播讲话）、《九旅突围断片》（孔厥、袁静）、《冲破荆紫关》（冯牧）、《突围散记》（傅志华）、《无敌的英雄们》（柯兰）、《光荣的死》（刘征）等15篇。记述抗战胜利后，三五九旅挥师南下进军湘粤交界，突破蒋军包围胜利返回陕甘宁边区建立根据地的英勇事迹。

仇恨

李庄等著。[武安],华北新华书店,1947 年。76 页,18cm。JF0982/I246.7

提要:短篇小说集,《晋冀鲁豫边区文艺创作小丛书》之十,收胡田的《生长》、卢耀武的《多余的耽心》、李庄的《仇恨》、克锦的《第二家庭》等 4 篇。

地主和长工

马烽编。[武安],华北新华书店,1947 年。24 页,18cm。JF1043/I276.3

提要:《民间故事》第二集之一,收《地主和长工》(马烽)、《精细吃喝》(焦贵林)、《油灯烧炕》(王芝栋)、《刮鸭嘴》(晋岐泽)、《指鸡骂狗》(韩涛)等 21 篇。

俄国问题

(苏)西蒙诺夫著;英文研究会译。哈尔滨,东北书店,1947 年。130 页,剧照,18cm。JF0483/I512.35

提要:本书是一部三幕话剧剧本,揭露了美国统治集团发动新战争的企图。西蒙诺夫(1915—1979),苏联作家、诗人、剧作家、政论家,列宁奖金和斯大林奖金获得者。著有小说《日日夜夜》,剧本《俄罗斯人》等。

复仇去

耿西编。太岳新华书店,1947 年。22 页,18cm。JF1179/I246.7

提要:短篇小说集,分翻开老帐、支差苦、地狱歌、哑叭日子、甜瓜瓜、看不得、复仇火焰、队伍成立起来了、滚滚浪潮等九部分。

鼓风炉旁四十年

(苏)伊凡·柯鲁包夫著;曼斯译。[涉县],韬奋书店,1947 年。113 页,19cm。822.53/910.9

佳木斯,东北书店,1948 年。109 页,19cm。JF0416/I512.45

提要:本书是一个老鼓风炉工人伊凡·柯鲁包夫的自述。他善良勇敢、吃苦耐劳,是一个出色的工人,但旧社会带给他的只有贫穷和痛苦。十月革命以后,在党和政府的领导下,他发挥了高度的积极性,继续工作,为苏联的冶金工业作出了贡献。

国事痛

杨耳等编。[山东],山东新华书店,1947 年。55 页,图,18cm。JF1137/I246.4

提要:《大众文库》之一,时事小说,用通俗的语言分析抗日战争胜利后国内的形势,揭露蒋介石卖国独裁的阴谋。书前附张望作漫画 6 幅。

蒋贼“珍宝”的毁灭

中国人民解放军华北军区政治部编。中国人民解放军华北军区政治部,1947 年。31 页,18cm。JF1143/I253

提要:记述解放战争初期在山东战场粉碎蒋军重点进攻所进行的莱芜、孟良崮等战役。收《蒋贼"珍宝"第一快速纵队鲁南就歼》、《大战莱芜》、《蒋贼第二快速纵队快速覆灭》、《孟良崮大胜》、《神兵迂回孟良崮》等5篇报道。

解放军"5000发电厂"

曾克等著。[武安],华北新华书店,1947年。56页,18cm。JF1242/I246.7

提要:短篇小说集,《晋冀鲁豫边区文艺创作小丛书》之十四,收《解放军"5000发电厂"》(曾克)、《桥》(彦夫)、《卫生员的榜样》(冯牧)、《计划》(苏策)和《水萝卜的纠纷》(刘宝荣)5篇小说。

解放了的董·吉诃德

A. 卢那察尔斯基著;瞿秋白译。[武安],华北新华书店,1947年。198,10页,冠像,18cm。JF0735/I512.350

哈尔滨,生活书店,1948年8月。169页,冠像,19cm。JF0838/I512.35

提要:该书是根据同名图书《堂吉诃德》改编的苏联九幕话剧。鲁迅在《〈文艺连丛〉的开头与现在》中写到"这是一大篇十幕的戏剧写着这胡涂固执的董·吉诃德,怎样因游侠而大碰钉子,虽由革命得到解放,也还是无路可走。并且衬以奸雄和美人,写得又滑稽,又深刻。"鲁迅对这个剧本很热衷,自己曾根据德文版转译,中途停止,后推荐给瞿秋白根据原版翻译,并编入自己的《文艺连丛》。1934年4月上海联华书局初版的"文艺连丛"版有木刻版画插图13幅。本馆藏两个版本无插图,书前有作者像。

纠纷

菡子著。佳木斯,东北书店,1947年。38页,18cm。JF0681/I246.7

提要:菡子,现代女作家,原名方晓,1921年生,江苏溧阳人。20世纪40年代开始发表作品,出版散文集《和平博物馆》、《幼雏集》、《前线的颂歌》、《初晴集》、《素花集》、《乡村集》、《菡子散文选》,小说集《纠纷》、《前方》等。

短篇小说《纠纷》是她的成名作,本馆藏1947年东北书店出版的这部小说的单行本,被收入《通俗文艺丛书》。

军民一家:歌剧

力鸣编剧;鹰航作曲。东北书店,1947年。39页,15cm。JF1028/I233.6

提要:小歌剧。故事讲的是1943年秋,三边地区某农村八路军帮助农民何老汉秋收,坚决不收老汉送来的羊肉。歌颂了军队和老百姓鱼水情深。

恐惧与无畏

(苏)别克著;愚卿译。

第1、2部:[威县],冀南书店,1947年。283页,20cm。822.53/472.1:1

第1部:晋察冀军区政治部,1948年。105页,18cm。JF0800/I512.45

第2部:莫斯科,外国文书籍出版局,1945年。187页,20cm。822.53/472.1

提要:第1部名为《潘非洛夫师的战士在第一道火线上》。第2部名为《潘非洛夫师捍卫莫京要冲记》。书中描写1941年7月间,新成立的一个红军师——潘非洛夫师,其中有一个营的新兵经过短期训练,便调到莫斯科附近的战线上。这批新兵本来是无组织、无纪律的,充满了恐惧心理,但是经过爱国主义教育和战争的洗礼,他们变成了无畏的战士。

别克(1903—1972),苏联作家。著有长篇小说《别列日科夫的一生》和《年青人》(与洛伊科合著)等。

老赵下乡:短篇小说

俞林著。晋察冀新华书店,1947年。47页,18cm。JF0691/I246.7

提要:俞林(1918—1986),原名赵凤章,河北河间人。1938年入燕京大学。1940年加入中国共产党。1941年到晋察冀抗日根据地从事宣传、教育工作,开始文学创作。建国后历任中南文艺学院副院长,《长江文艺》副主编,《江西文艺》编辑,中共江西省委宣传部副部长、省文联主席等职。著有短篇小说《老赵下乡》、《家和日子旺》,长篇小说《在青山那边》等。

本书讲述了1943年秋,日本鬼子"大扫荡"之后,县农会干部老赵下乡到刘家台发动和组织群众突击种麦,开展生产救灾的故事。

李德昌围困沁源

郑东等著。[武安],华北新华书店,1947年。61页,17cm。JF1120/I253

提要:《晋冀鲁豫边区文艺创作小丛书》之十七,收《李德昌围困沁源》(郑东)、《吴福有造成的鬼门关》(黎风)、《飞行爆炸尚清福》(吉佩祉)、《女射击手》(曾克)等7篇报道。

李家沟反维持记

袁潮等著。[武安],华北新华书店,1947年。71页,18cm。JF1118/I246.7

提要:短篇小说集,《晋冀鲁豫边区文艺创作小丛》之五,收《英雄沟》(郑笃)、《李家沟反维持记》(袁潮)2篇小说。

李家庄的变迁

赵树理著。新知书店,[1947]年。139页,19cm。JF0822/I246.59

新华书店,1949年5月 。162页,19cm JF0822-1/I246.59

提要:长篇小说,描写了第一次国内革命战争结束到抗日战争前后,山西一个名叫李家庄的小村庄的变迁。以主人公张铁锁的成长为中心,以他和冷元等人与地主李如珍、小喜、春喜等人的斗争为主线,真实再现了农民与地主之间的激烈斗争。这部作品语言简洁朴素,通俗易懂,受到群众的广泛欢迎。建国前后,赵树理的作品相当畅销。上海新知书店于1947年1月出版《李家庄的变迁》时,把茅盾的《序〈李家庄的变迁〉》一文的手迹影印发表,以示隆重。本馆藏疑似上海新知书店1947年初版,《创作丛书》之一,书前有茅盾的手迹。另藏1949年5月新华书店版,《中国人民文艺丛书》之一。(作者介绍见《福贵》)

李秀兰

洪林著。[济南],山东新华书店,1947年。45页,19cm。JF1117/I246.7

提要：由于历史原因，解放区干部在思想方面还存在一些问题，为此洪林创作了不少小说，希望用文学的形式提高广大干部的思想政治觉悟。本书共收4篇短篇小说。《莫忘本》讲述村干部朱元清抗战胜利后忘了本，产生了脱离群众的思想，经过党和群众的教育得到了转变。《老许》批判的是胜利后干部中普遍存在的“歇一歇”的思想。《李秀兰》批判了农村妇女中好玩好乐，不务正业的现象。《瞎老妈》讲述了贫苦农民孙大嫂一家的遭遇，用事实证明只有跟着共产党走才能翻身解放。

洪林（1917—2003），原名洪绳曾，安徽泾县人，现代小说作家。1938年入延安陕北公学学习。1942年加入中国共产党。1943年后任山东省教育厅编审科副科长、群众教育科科长等职。他的小说对解放区的新生活、新矛盾作了较好的表现。著有短篇小说集《李秀兰》、中篇小说《一支运粮队》等。

论赵树理的创作

郭沫若等著。晋察冀新华书店，1947年。66页，18cm。JF0747/I207.42

提要：收黎玉《介绍大家读〈李有才板话〉和我们的群众路线》、周扬《论赵树理的创作》、郭沫若《〈板话〉及其它》、茅盾《论赵树理的小说》等9篇论文。末附郭沫若《谈解放区文艺》。

苗秋年小炮班

曹欣著；石岩作曲。[武安]，华北新华书店，1947年。54页，17cm。JF1148/I233.6

提要：小歌剧，《晋冀鲁豫边区文艺创作小丛书》之十三。解放军某连小炮班班长苗秋年积极投身革命，新婚第一天便火速赶回部队。许多战士对其行为不理解，他耐心解释了“没有革命哪能娶到媳妇的道理”。他对战士们关怀备至，对他们所犯的错误却毫不留情。在苗秋年的带领下，小炮班坚定团结、英勇善战。他牺牲后战友们继承其优良传统，小炮班成了杀敌制胜的模范班。

南征散记

马寒冰著。[哈尔滨]，东北书店，1947年。72页，19cm。JF0709/I25

提要：报告文学，分10章，记述八路军三五九旅挥师南下进军湘粤交界，开辟五岭抗日根据地的经过。书前有《代序——欢迎三五九旅胜利归来》、《王震将军的广播词》。

亲骨肉：大鼓词

王尊三著。星火出版社，1947年。19页，18cm。JF0651/I239.27

提要：《乡艺丛书》之一，是一部歌唱抗日战争时期军民鱼水情深的大鼓书。

王尊三（1892—1968），河北唐县人，曲艺家。青年时演唱西河大鼓。1938年加入中国共产党。抗日战争时期，在晋察冀抗日根据地组织群众参加抗日救亡运动，编演新鼓词，发挥了曲艺的战斗作用。

日日夜夜

（苏）西蒙诺夫著；苍木，继纯译。晋察冀新华书店，1947年。429页，18cm。JF0677/I512.45

佳木斯,东北书店,1948 年 5 月。440 页,18cm。JF0712/I512.45

提要:本书是最早反映卫国战争的名著之一,再现了斯大林格勒保卫战的真实面貌和艰苦情景。(作者介绍见《俄国问题》)

上尉的女儿

(苏)普式庚著;孙用译。上海,文化生活出版社,1947 年。207 页,19cm。JF0782/I512.44

提要: 中篇历史小说,真实深刻地记述普加乔夫农民起义,反映了俄国社会农民阶级和沙皇政府之间的矛盾。本馆藏版本是《译文丛书》之一,由世界语转译而成。

著者通译普希金(1799—1837),俄国著名的文学家、伟大的诗人、小说家,现代俄国文学的创始人,被誉为"俄国文学之父"。主要著作有《叶甫盖尼·奥涅金》、《上尉的女儿》等。

铁流:大众本

(苏)绥拉菲莫维支原著;周文改编。[牡丹江],东北书店牡丹江分店,1947 年。44 页,18cm。JF0644/I512.45

提要:著者通译绥拉菲莫维奇(1863—1949),苏联早期著名的无产阶级作家之一。长篇小说《铁流》是他的代表作,真实地描写苏联国内战争时期,一支由农民、手工业者组成的部队,在党的领导下锻炼成了一支铁的队伍。本书是这部小说的缩写本。

王贵与李香香:陕甘宁边区民间革命历史故事

李季著。晋察冀新华书店,1947 年。46 页,横 18cm。JF1095/I226.3

提要:该书是我国第一首以"信天游"的形式写成的民歌体叙事长诗,最早发表在 1946 年 4 月的《解放日报》上。该诗以 1930 年前后"三边"地区土地革命为背景,通过王贵与李香香的爱情故事,反映劳动人民被压迫的苦难现实,生动地展现了在共产党领导下,广大农民进行土改斗争的曲折历程和翻身求解放的历史画卷。全诗共分 3 部 13 章,将近 1000 行,对于陕北民歌"信天游"的形式运用得十分圆熟自如,大量比兴手法的运用使之更加活泼多姿,从而达到革命的思想内容和民族形式完美统一。(作者介绍见《卜掌村演义》)

新仇旧恨

刘江,赵正晶等著。[武安],华北新华书店,1947 年。68 页,17cm。JF1251/I246.7

提要:短篇小说集,《晋冀鲁豫边区文艺创作小丛书》之十五,收《新仇旧恨》(刘江、赵正晶)、《财神》(延登崎)、《翻身日记》(奎林等)、《保明上区》(革飞)、《参军湖》(耿西)等。

新战士时来亮

冯牧等著。[武安],华北新华书店,1947 年。76 页,18cm。JF1110/I25

提要:报告文学集。收《新战士时来亮》(冯牧)、《超过计划》(曾延伟)、《卫顺明和他的团长》(苏策)、《英雄李步周》(艾柏)和《小鬼与大炮》(芦焰)等 5 篇。

杨清法

遇明等著。佳木斯,东北书店,1947 年。59 页,图,19cm。JF1116/I226

提要:诗歌集,收遇明《杨清法》、江明《六月苏北的原野》、白刃《敬礼！亲爱的勇士》、佘人《福顺》四篇。附木刻插图五幅。

用劲爬山顶齐心立大功

方晓编。山东,胶东新华书店,1947 年。54 页,13cm。JF0803/I253.2

提要:《战时通俗小丛书》之二,1947 年编写的宣传解放战争的小册子,分“仗是哪个要打的”、“打仗跟咱老百姓有甚么关系”、“毛主席打仗的办法”、“支援前线最光荣”等四部分。

由鬼变人

袁毓明等著。[武安],华北新华书店,1947 年。40 页,18cm。JF1012/I246.7

提要:短篇小说集,《晋冀鲁豫边区文艺创作小丛书》之八,收《新人》(曾克)、《由鬼变人》(袁毓明)、《绸背心》(赵正晶)等 3 篇小说。

怨悔·觉醒·控诉

东北书店编辑。佳木斯,东北书店,1947 年。119 页,19cm。JF1172/I253

提要:通讯报道集。收《美装“国军”之谜》、《顽军的形形色色》、《控诉》、《从怀疑到相信》、《蒋军中的女兵》、《一个俘虏的忏悔》、《一个空军轰炸手的控诉》等 31 篇,记述了国民党军队的腐败和士兵们的悲惨遭遇,以及他们被俘后在共产党的指引下逐渐觉醒的过程。

腐蚀

茅盾著。晋察冀新华书店,1948 年 1 月。284 页,18cm。JF0717/I246.57

辽东建国书社,[1912—1949]。1 册,19cm。813.1/516.17:3

提要:著名长篇小说,以皖南事变前后的重庆为背景,通过女特务赵惠明的日记描述,控诉了国民党特务统治的罪行,暴露了国民党假抗日真反共的阴谋。该小说曾在邹韬奋主编的香港《大众生活》上连载(1941 年 5 至 9 月),之后上海华夏书店将其出版,此后多次再版。本馆所藏有晋察冀新华书店 1948 年版及辽东建国书社版,后者为《大众文艺丛书》之五。(作者介绍见《创作的准备》)

萌芽

[法]左拉著;倪明译。大连,读者出版社,1948 年 1 月。606 页,像,19cm。JF0813/I565.44

提要:长篇小说,《卢贡—马卡尔家族》全书的第 13 部,描写法国某煤矿矿工们的悲惨生活和他们的斗争,本书是法国文学史上描绘无产阶级形象的第一篇长篇小说,肯定了工人阶级的斗争。

左拉(1840—1902),法国作家,以描写法国 19 世纪后半期的社会生活而闻名。

马恩科学的文学论

欧阳凡海编译。哈尔滨,光华书店,1948 年 3 月。81 页,18cm。JF0207/I0

提要:本书由读书出版社《科学的文学论》一书改名出版,收希尔莱尔的《恩格斯底现实主义论》、《恩格斯底巴尔扎克论——给哈克廉士女士的信》、《恩格斯底易卜生论——给爱伦斯德的信》、《恩格斯给拉萨尔的信》、《马克思给拉萨尔的信》、希尔莱尔的《马克思与世界文学》等6篇。

暴风骤雨:上卷

周立波著。佳木斯,东北书店,1948年4月。299页,图,19cm。JF0729/I246.5

提要:周立波(1908—1979),原名周绍仪,湖南益阳人,著名作家。1934年参加左翼作家联盟,同年加入中国共产党。1939年到延安,1946年到东北参加土改,建国后历任湖南省文联主席、全国政协委员等职。著有长篇小说《暴风骤雨》、《山乡巨变》等。

本书是周立波的代表作,它是我国现代文学史上最早反映解放区土改运动的长篇小说。小说描写东北地区一个名叫元茂屯的村子从1946年到1947年土地改革的全过程。全书分两部分,第一部讲述1946年党中央"五四指示"下达后到1947年《中国土地法大纲》颁布前,在工作队领导下,元茂屯农民与恶霸地主韩老六斗争的故事。这一部以赵玉林为主要人物。第二部描写的是1947年10月《中国土地法大纲》颁布后,土改运动斗争深入的故事。

群像:文艺创作

菡子著。大连,光华书店,1948年4月。75页,19cm。JF1232/I246.7

哈尔滨,光华书店,1948年7月。75页,19cm。JF0674/I246.7

提要:短篇小说集,收《家庭会议》、《七十七枪》、《我们自卫有把握》、《纠纷》等4篇小说。(作者介绍见《纠纷》)

安家生产:秧歌剧

刘莎著,邓止怡曲。佳木斯,东北书店,1948年5月。26页,19cm。JF1046/I233.6

提要:三场秧歌剧,《东北文艺工作团第二团戏剧音乐丛书》之十一,着力宣传在共产党领导下东北解放区内的新式婚姻。附曲谱四首。

从诉苦到复仇

哈欣农等著。佳木斯,东北书店,1948年5月。44页,19cm。JF0967/I253

提要:收《从诉苦到报仇》、《张富贵灵前宣誓》、《国民党害得我家破人亡》、《家书读罢泪沾襟》、《我为什么投诚过来》、《一个解放过来的战士》、《这是我们心里的话》等14篇诉苦文章。

地主之家

(苏)谢德林著;陈原译。[武安],华北新华书店,1948年5月。11,620页,19cm。JF0802/I512.44

[武安],华北新华书店,1948年。11,620页,18cm。JF0708/I512.44

提要:长篇小说,《世界文学名著》之一。

谢德林(1826—1889),19世纪后半期俄国文坛上先进的革命民主派,杰出的批判现实主义者,讽刺作家。著有《时代特征》、《一个城市的故事》、《生活琐事》等。作者出身于地主家庭,自幼目睹地主阶级的专横暴虐及他们对农民的残酷压迫和剥削。以此为基础,这部长篇小说生动深刻地反映了19世纪俄国的农村生活,特别是没落的贵族地主的生活。

火:歌剧

胡零编剧;刘炽作曲。佳木斯,东北书店,1948 年 5 月。156 页,图,18cm。JF0632/I233.6

提要:又名《挖财宝》,讲述的是 1947 年夏天,东北解放区一个经过初步土地改革的农村里,农民群众与地主斗争的故事。

胡零(1913—1979),原名胡鸿书,字寄秋,安徽舒城人,现代剧作家。1938 年参加八路军,同年 10 月加入中国共产党,曾入抗日军政大学、鲁迅艺术文学院学习。1946 年任东北鲁迅艺术学院文工团团委、编剧。代表作有歌剧《复仇》、话剧《前进,再前进》等。

东霸天的故事

草沙著。哈尔滨,光华书店,1948 年 6 月。52 页,19cm。JF0810/I246.57

提要:中篇小说,《文艺创作》之一。讲述的是抗日战争胜利后,在东北新解放区一个叫杨家洼的村子里,八路军工作队领导农民推翻地主恶霸东霸天的故事。

被开垦的处女地:通俗本

(苏)萧洛霍夫原著;孟凡改写。哈尔滨,光华书店,1948 年 7 月。169 页,19cm。JF0815/I512.45

提要:《被开垦的处女地》第一部的缩写本。书前有《为什么介绍这本书》一文,附录《苏联集体农场的发展》。(著者介绍见《被开垦的处女地:第 1 部》)

黄河西岸的鹰形地带

侯唯动著。[牡丹江],东北书店牡丹江分店,1948 年 7 月。161 页,15cm。JF1211/I226

提要:"黄河西岸的鹰形地带"指的是抗日战争时期的陕甘宁边区,因为其地图像一只健壮的雄鹰。该书是以抗战时期"武装农民反对武装的反革命"斗争为背景的叙事长诗,共 10 章,约 2400 行,塑造了青年农民李逢春、窦世英的形象,讲述了他们在毛泽东同志"人不犯我,我不犯人;人若犯我,我必犯人"的直接指示下,英勇打击敌人进攻,誓死保卫人民利益的故事。

铁的连队

周洁夫著。哈尔滨,光华书店,1948 年 7 月。97 页,19cm。JF0772/I25

提要:记述解放区军民的英雄事迹。收《真理的传布者》、《团圆》、《建立赵尚志团》、《手枪》、《选举》、《赵尚志团的组织者》、《新炮手》、《铁的连队》、《越老越进步》、《垦区的一天》等 10 篇报道。

周洁夫(1917—1966),生于上海,祖籍浙江镇海。1938 年到延安,后入抗日军政大学学习。曾任八路军总政治部宣传部干事,东北民主联军《自卫报》记者、编辑,第四野战军《战士报》总编辑等。著有长篇小说《走向胜利》、《十月的阳光》,中篇小说《祖国屏障》,长诗《开垦》等。

团队之子

(苏)卡达耶夫著;茅盾译。哈尔滨,东北书店,1948 年 7 月。147 页,18cm。JF0705/I512.84

提要:又名《团的儿子》,是描写卫国战争期间苏联儿童和青年战士的优秀小说。主人公万尼亚是个聪明伶俐的孩子,战争使他成为孤儿,在沦陷区受尽折磨,被苏军解救之后,万尼亚与战士们一起生活,逐渐成长为一个忠诚、勇敢、机智、活泼的小战士。该书1945年获得了斯大林文学奖。(作者介绍见《我是劳动人民的儿子》)

不屈的心

(苏)拉甫纶由夫等著;中苏文化协会妇女会编译。哈尔滨,生活书店,1948年8月。170页,19cm。JF0828/I512.45

提要:苏联卫国战争中的妇女战斗故事集,收《不屈的心》(拉甫纶由夫)、《她变成军官了!》(史可诺夫斯基)、《沙碧耶娃少校》(德罗兹都夫)、《队长之妻》(土尔兄弟)、《左亚的真实生活》(比德·斯科谢列夫)、《不朽》(尤利·斯莫里奇)、《玛丽亚·苏巴之死》(凡丁苏科)、《她保卫列宁格勒》(卡林成科)等12篇。

表

(苏)班台莱耶夫著。生活书店,1948年9月。123页,18cm。JF0794/I512.84

上海,生活书店,1949年4月。85页,图,18cm。JF0801/I512.84

东北书店,[1937—1949]。108页,18cm。JF0675/I512.84

提要:本书描写一个流浪孤儿别其卡,由于偷东西被拘留,在拘留所里把一个醉汉的金表骗为己有,之后觉悟提高,主动把表还给原主的故事。(作者介绍见《文件》)

高祥

方青著。佳木斯,东北书店,1948年9月。79页,18cm。JF1193/I246.7

提要:短篇小说集,《文学战线创作丛书》之一,收《张双禄的〈硬骨头〉》、《张凤山参军》、《土地还家》、《高祥》、《擦黑》、《翻身屯》、《瓜子不饱是人心!》、《童养媳妇》、《〈火车头〉又冒烟了》9篇小说。

李有才板话影词

胡青著。佳木斯,东北书店,1948年9月。95页,18cm。JF0786/I238.76

提要:《通俗文艺丛书》之一,据赵树理的《李有才板话》改编的皮影戏,分聚会、打虎、大地、驱逐、腐蚀、组织、斗争、总结八场。

原动力

草明著。哈尔滨,东北书店,1948年9月。115页,18cm。《文学战线创作丛书》之一。JF0655/I246.57

新华书店,1949年5月。148页,18cm。《中国人民文艺丛书》之一。JF0763/I246.57

提要:该书是解放区第一部以工人阶级的斗争生活为题材的重要作品,讲述了日本投降后东北玉带湖水电厂工人积极恢复生产的故事。一经出版,颇具影响,被译为10多种文字。1948年9月东北书店版,为所见最早版本。

草明(1913—2002),原名吴绚文,广东顺德人,女作家。1931年参加抗日救国活动,1932年参加左联,1940年加入中国共产党。1946年赴东北解放区,长期在东北大工业企业任职和体验生活,创作了一批反映企业生产生活的作品。著有长篇小说《原动力》、《乘风破流》等,另有《草明小说集》。

东北民歌选

中国音乐研究会编。佳木斯,东北书店,1948年10月。11,232页,19cm。JF0631/I276.23

提要:分6辑,共收录民歌307首,其中生活类107首,爱情类93首,传说故事类62首,杂类14首,革命类16首,缺词民歌类15首。

鲁迅思想研究

何干之著。佳木斯,东北书店,1948年10月。162页,19cm。JF0831/I210.97

提要:该书是一部较早的系统研究鲁迅思想的专著,共九章。第一章叙述鲁迅及其光辉的战斗历史。第二章把鲁迅当作旧的中国和中国人的镜子。第三、四章关于鲁迅的人生思想、社会思想和政治思想。第五、六章是鲁迅的文艺思想。第七章关于鲁迅表现自己的思想所用的方法和形式。第八章是鲁迅关于文化遗产的观点。第九章是鲁迅研究古文学的成绩。

何干之(1906—1969),广东台山人,马克思主义理论家、教育家、历史学家和中共党史专家。主要著作有《中国的过去现在和未来》、《中国社会性质问题论战》、《中国社会史问题论战》、《社会科学概论》、《中国社会经济结构》等。

时代的印象

刘白羽著。哈尔滨,光华书店,1948年10月。267页,19cm。JF0724/I25

提要:报告文学集,《光华丛刊》之一。分3辑:一、介绍延安生活(1938年—1943年),收《世界新面貌》、《家庭》、《工作与休息》等7篇;二、访东北(1946年4月—6月),收《进入东北》、《会晤东北民主联军》等10篇;三、再访东北(1946年—1948年),收《西线行》、《战壕里的生活》等7篇。版权页书名:《时代的现象》。

刘白羽(1916—2005),北京通州人,中共党员,现代文学杰出代表人物,著名散文家、报告文学家、小说家。1938年赴延安,投身抗战文艺工作,解放战争时期转战东北。建国后历任中国作协副主席、名誉副主席,文化部副部长,解放军总政文化部部长等职。代表作有散文《日出》、《长江三日》,小说《政治委员》、《第二个太阳》、《风风雨雨太平洋》等。

一个伟大的队长

特楞约夫(K. A. Тренёв)著;芳信译。大连,关东中苏友好协会,1948年10月。129页,18cm。JF0811/I512.35

提要:《友谊文艺丛书》之一,四幕剧本,讲述了库图佐夫将军率领俄罗斯军队打败拿破仑进攻的故事。

特楞约夫(1876—1945),通译特列尼约夫,俄罗斯作家、剧作家,苏联社会主义现实主义戏剧创始人之一。代表作是剧本《柳鲍夫·雅洛娃娅》,曾获1941年的斯大林文学奖金。

饮马河之歌

夏葵著。吉林，吉林大众印刷厂，1948 年 10 月。63 页，19cm。JF0808/I226

提要：诗集，收《悼朱瑞同志（代序）》、《还乡小曲》、《陈若克之死》、《饮马河之歌》、《保卫松花江》、《一百个钟头》、《胜利消息》等 14 首。书末有著者的《创作之路》一文。

中国新型女英雄

孔厥等著。佳木斯，东北书店，1948 年 10 月。97 页，18cm。JF0346/I253

提要：收《一个女人翻身的故事》（孔厥）、《女英雄陈桂秀》（吕品）、《女劳动英雄张秋林》、《女工劳动英雄李凤莲》、《家属劳动英雄陈敏同志》、《共产党员之妻》（吴力夫）、《女县长》（蕴辉）等 11 篇通讯。

表现新的群众的时代

周扬著。东北书店，1948 年 11 月。64 页，17cm。JF0345/I206.6

提要：文艺论文集。收《艺术教育的改造问题》、《表现新的群众的时代》、《马克思主义与文艺》、《〈把眼光放远一点〉序言》、《关于政策与艺术》、《论赵树理的创作》等 6 篇，反映延安整风以来解放区文艺运动变化发展的概貌，以及当时文艺上的一些重要问题和新成果、新经验。（作者介绍见《马克思主义与文艺》）

东北解放区短篇创作选：第一辑

刘白羽等著。佳木斯，东北书店，1948 年 11 月。121 页，19cm。JF0680/I246.7

提要：短篇小说集。收刘白羽的《政治委员》、西虹的《英雄的父亲》、关寄晨的《立功，抓地主》、方青的《高祥》、陆地的《大家庭》、井岩盾的《瞎月工伸冤记》、林蓝的《红棉袄》等 7 篇短篇小说。（作者介绍见《时代的印象》）

给初学写作者：高尔基文艺书信集

（苏）高尔基著，叶以群译。哈尔滨，读者出版社，1948 年 11 月。140 页，18cm。JF0663/I04

提要：分五部分。一、给初学写作者，收高尔基给文学爱好者的书信 28 封，涉及文学创作中的多种问题；二、收给契诃夫的书信 4 封；三、收给安特列夫的书信 7 封；四、收给象征主义者安菲塔特洛夫的书信 4 封；五、收高尔基和萧伯纳的通信 3 封。书前有译者代序《高尔基与初学写作者》。（作者介绍见《列宁》）

几点钟

（苏）伊林著；董纯才译。佳木斯，东北书店，1948 年 11 月。89 页，图，19cm。JF0917/I512.85

提要：伊林（1895—1953），苏联儿童文学和科普读物作家。苏联科学文艺的创始人之一，一生的创作活动都是以艺术手法宣传科学。主要著作有《十万个为什么》、《汽车怎么会奔跑》、《原子世界旅行记》等。

《几点钟》又名《钟的故事》，儿童科学故事集，讲述人类怎样测量时间和发明钟表。它告诉我们：时间和生活有着怎样重要的关系；一只杖、一盏灯为什么能够计量时间；钟表有多少种式样；以及很大的钟怎样改进成小巧的表。

阶级的硬骨头——献给冬季攻势的英雄们

宋训令等著。佳木斯,东北书店,1948年11月。96页,18cm。JF0615/I253

提要:通讯报道集,选自《东北日报》、《辽东日报》和《自卫报》。收李伟的《炮轰彰武》、晓梅的《忘我》、辛明的《除夕之捷》、宋训令的《硬骨头》、刘桂森的《向导队》等42篇通讯报道,记述1947年年底到1948年年初的解放战争中东北战场解放军指战员的英雄事迹。

人民的军队:文艺报告

王向立著。哈尔滨,光华书店,1948年11月。112页,19cm。JF0928/I253

提要:本书是作者于抗日战争期间,在陕甘宁、晋西北、晋察冀、晋东南各抗日根据地所写的通讯报告。共25篇,前20篇记述我军战斗、生产、学习、军民关系、官兵关系、俘虏政策等内容,后5篇揭露日军侵略暴行及国民党军队内部黑暗、腐败与厌战的状况。

为人民立功

王向立著。佳木斯,东北书店,1948年11月。40页,18cm。JF0974/I253

提要:通讯报道集,收《攻占沐石河》、《救命军来了》、《民夫担架队》、《优待俘虏》、《军爱民民拥军》等15篇通讯。记述1946年10月至1947年3月东北解放区人民军队的英雄事迹及军民鱼水关系。

无声的英雄

于君著。学生书局,1948年11月。128页,18cm。JF0836/I246.7

提要:短篇小说集,收《淤水》、《无声的英雄》、《林老师和一只猫》、《再来一次多好!》等4篇小说。

瞎月工伸冤记

井岩盾著。佳木斯,东北书店,1948年11月。32页,19cm。JF1257/I246.8

提要:井岩盾(1920—1964),山东东平人,现代作家。抗日战争爆发后参加救亡运动,1940年初到达延安,次年加入中国共产党。1945年到东北参加土地改革运动,创作了不少有影响的通讯特写。本书就是其中之一,通过瞎月工老胡的自述,反映了旧社会贫苦农民的悲惨生活和在共产党的领导下农民翻身解放的故事。

在零下四十度

西虹著。佳木斯,东北书店,1948年11月。118页,19cm。JF0824/I246.5

提要:西虹(1921—2012),山西崞县人,作家,著名战地记者,1946年到东北,担任随军记者,1948年创作了这部中篇小说,描写东北战场上一支解放军部队冒着奇寒渡过松花江打击敌人的故事。

钢骨铁筋:四幕歌剧

苏里等集体创作;武照题执笔;吴因,巩志卫谱曲。哈尔滨,东北书店,1948 年 12 月。119 页,19cm。JF0764/I233.6

提要: 1946 年年底,山东沂蒙山区,解放军某排奉命阻击敌军,经过五昼夜血战,弹尽粮绝。在突围中,排长张志坚、炊事员老王、勤务员小刘受伤被俘。敌人政训处处长为了找到解放区埋藏的粮食和军用器械,采用各种手段威逼利诱,但张排长等人威武不屈,誓死不背叛人民。书后附曲谱。

论文学批评的任务

刘辽逸译。哈尔滨,光华书店,1948 年 12 月。49 页,19cm。JF0666/I512.095

提要: 本书是一篇关于苏联文学批评问题的论文,据苏联《十月》杂志 1947 年 7 月号译出。内分论文学的党性、表现苏维埃人、社会主义的现实主义中的革命浪漫主义原则等 14 章。

刘辽逸(1915—2002),原名刘长松,安徽濉溪人。1939 年毕业于西北联合大学俄文商学系,长期从事俄罗斯和苏联文学的评介工作。主要译著有普希金的《上尉的女儿》、伏契克的《绞索套着脖子时的报告》、普里什文的《太阳的宝库》、果戈理的《外套》等。

保尔·柯察金

(苏)班达连柯改编;乌蓝汗译。哈尔滨,兆麟书店,1948 年。103 页,19cm。822.52/866.2

提要: 保尔·柯察金是奥斯特洛夫斯基的长篇小说《钢铁是怎样炼成的》中的主人公,本书是据《钢铁是怎样炼成的》改编的三幕九景话剧。书后附《献给导演的几句话》(高列沙耶夫·沙仁)。本馆所藏兆麟书店 1948 年版,是该书所见最早的中文译本。

不夜天:灯的故事

(苏)伊林著;董纯才译。哈尔滨,东北书店,1948 年。59 页,19cm。JF0727/I512.85

提要: 儿童科学故事,分"没有灯光的街道"、"最初的路灯"、"煤气灯和火油灯"、"没有火焰的灯"、"没有热的灯光"五章。书末附译者的《翻译伊林作品的经过和印象》一文(作者介绍见《几点钟》)。

参军保家:四场秧歌剧

李牧编剧;沙丹等配曲。哈尔滨,东北书店,1948 年。47 页,19cm。JF0629/I233.6

提要:《新演剧丛书创作》之十一,讲述的是 1947 年初春,东北解放区某农村,群众积极参军保家卫国的故事。书后附曲谱。

答自学的青年们

夏征农著。大连,大众书店,1948 年。68 页,19cm。JF0338/I-49

提要: 重印本,原名为《文学问答集》,其中有 7 篇因与当时青年关系太少删去。由于原本被伪满统治者涂上反动的色彩,这次重印其目的是为了使被愚弄的东北青年赶快清醒过来,大胆勇敢走上光明的道路。书前有重印记、前记。正文包括《文学学习步骤及其他》、《读文学书的兴趣》、《论生活与兴趣》、《怎样写日记》、《诗的作法及其他》、《论小品文》、《论幽默》等 17 篇。

夏征农(1904—2008),江西丰城人。1926 年加入中国共产党,1933 年加入“左联”,建国后历任中共济南市委副书记、中共中央华东局宣传部部长、中共上海市委书记,复旦大学党委书记、《中国大百科全书》总编辑、《辞海》主编等职。主要作品有《禾场上》、《十一个长夫》、《春天的故事》、《文学问答集》等。

工人的旗帜

穆青等著。太岳新华书店,[1948]年。85 页,19cm。JF0945/I253

提要:收《新劳动态度的模范——赵战魁》(穆青)、《劳动旗手甄荣典》(华山)、《战斗和生产的旗帜——袁广发》(煌颖)、《女工的榜样——李凤莲》(常工)、《“刘伯承工厂”运动》(华山)等 5 篇介绍劳动模范事迹的报道。书前有《列宁论劳动纪律》。

解放济南之战

中国人民解放军华北军区政治部编。中国人民解放军华北军区政治部,1948 年。45 页,18cm。JF1246/I253

提要:1948 年 9 月 16 日至 24 日解放军华北野战军发动济南战役,仅 8 天时间就顺利解放济南。本书是为纪念这一战役而出版的小册子,收《庆祝济南解放的伟大胜利》、《打下济南府,活捉王耀武!》、《济南战役详细战果》等 12 篇新华社社论和通讯报道。

解放开封

中国人民解放军华北军区政治部编。中国人民解放军华北军区政治部,1948 年。23 页,18cm。JF1243/I253

提要:1948 年 6 月 17 日至 22 日,解放军仅用了 5 天时间就解放了开封。本书是宣传开封战役的小册子,收有相关新华社社论和新闻报道等 12 篇。

解放石家庄

中国人民解放军华北军区政治部编。中国人民解放军华北军区政治部,[1948]年。30 页,18cm。JF0732/I253

提要:记述 1947 年底解放石家庄战役的情况。分评石家庄之捷、解放石家庄战斗经过及战绩、英雄们的战斗、前线的人民、蒋匪牛皮的破灭等五部分。

农民泪:梆子戏

任河县南留路村剧团集体创作。[冀中],华北新华书店冀中分店,1948 年。33 页,18cm。JF1029/I236. 226

提要:《平原戏剧丛书》之十四,梆子戏,分逼租、烦闷、浇园、采桑、卖烧饼、被欺等 24 场。该剧采用冀中人民喜爱的梆子形式,表述人民的呼声和希望,在开辟新解放区的过程中,曾起过积极作用。

萍踪忆语

邹韬奋著。[哈尔滨],韬奋出版社,1948 年。272 页,18cm。JF0417/I253

提要:邹韬奋(1895—1944),原名恩润,笔名韬奋。江西余江人,生于福建永安。著名记者、报刊编辑、政论家、出版家。著有《萍踪寄语》、《患难余生记》等。1926年任《生活》周刊主编。1932年7月,成立生活书店,团结一大批进步作者,出版发行数十种进步刊物和包括马克思主义译著在内的1000余种图书。1935年夏季到美国游历和考察,本书忆述此行见闻和介绍美国政治、经济、社会、文化等方面的情况。收《帝国主义麻醉下的种族成见》、《从伦敦到纽约》、《美国劳工运动的大势》、《杂志国》、《美国农民的怒潮》、《物质文明与大众享用》等37篇。

穷人恨

马健翎著。西北新华书店,[1948]年。142页,19cm。882/419.28

提要:根据秦腔改编的二十八场歌剧。故事梗概是:1946年到1947年7、8月间,曾被敌伪政府蹂躏的某国统区,政府官僚和地方上的封建土豪对群众进行残酷压迫和剥削,人民生活在水深火热之中,大家最终组织并武装起来配合解放军的进攻解放了自己。书前有作者的《写在〈穷人恨〉的前边》一文。

人民不死

葛洛斯曼著;林陵译。佳木斯,东北书店,1948年。200页,19cm。JF0736/I512.45

提要:《人民是不朽的》又一个译本。

人怎样变成巨人:第一、二部

(苏)伊林,(苏)谢加尔著;什之译。华东新华书店总店,1948年。254页,18cm。501.7/910.9

华北军区政治部(翻印),1946—1949年。209页,19cm。501.7/910.9:1

提要:儿童科学故事。共三部,本书只包括前两部,分别为:第一部"人怎样变成人"、第二部"巨人的少年时代"。作者从历史唯物主义和辩证唯物主义的立场出发,用生动形象的语言阐述了马克思主义关于劳动创造人的原理和人类对大自然客观规律的认识。

日日夜夜:缩写本

(苏)西蒙诺夫著;新四军山东军区政治部编。大连,大众书店,1948年。78页,18cm。JF0757/I512.45

提要:内容提要及作者介绍见前文《日日夜夜》,本书为其缩写本。

戎冠秀:连环木刻

田间诗,娄霜木刻。[哈尔滨],东北画报社,1948年。50页,插图,18cm。JF0701/I226

提要:戎冠秀(1896—1989),女,河北平山人,1938年加入中国共产党,1944年2月在晋察冀边区群英会上荣获"北岳区拥军模范——子弟兵的母亲"光荣称号。1949年出席全国第一次政治协商会议,参加开国大典,是抗日战争、解放战争和和平建设时期著名的支前英雄、劳动模范。该书是歌颂戎冠秀的长篇叙事诗,配有木刻连环画,每一节诗配一幅木刻画。

田间(1916—1985),原名童天鉴,安徽无为人。无产阶级文艺战士、著名诗人。抗日战争爆发后参加抗日救亡运动,1938 年在八路军西北战地服务团任战地记者。建国后,任中国作协党组成员、创作部部长,河北省文联主席等职。作品有《给战斗者》、《田间诗抄》、《中国农村的故事》、《戎冠秀》、《赶车传》等。

陕北民歌选

鲁迅艺术文学院编。大连,大众书店,1948 年。249 页,19cm。JF0784/I276.241

提要:延安文艺座谈会以后编选的第一部民歌选集。共分 5 辑,前 3 辑为旧民歌,后 2 辑为新民歌。第 1 辑"信天游",主要是传统情歌、妇女生活歌和反映流浪生活的苦歌。第 2 辑"蓝花花",其中大多数是反映旧社会妇女的苦难生活和歌唱男女爱情的民歌。第 3 辑"揽工调",反映劳动人民被剥削的痛苦和他们的劳动生活。第 4 辑"刘志丹",几乎全是土地革命时期的新民歌。第 5 辑"骑白马",主要是反映抗战和边区建设的,也有对国民党的控诉和诅咒。全书共收民歌 353 首。每辑后附有曲调谱。书前有《关于编辑〈陕北民歌选〉的几点说明》。

诗学

(希腊)亚里士多德(Aristotles)著;天蓝译。牡丹江,东北书店,1948 年。53 页,19cm。821.2/154:2

提要:本书展现了作者对艺术及悲剧的认识,认为艺术的本质是模仿,而悲剧是对一个严肃、完整、有一定长度的行动的模仿,它能把观众摆在生活重大问题与命运问题之前,给人以启发和感悟,进而战胜困难。

亚里士多德(前 384—前 322),古希腊著名的哲学家、科学家、文艺理论家,形式逻辑的创始人。

诗与斗争

吕剑著。新民主出版社,1948 年。72 页,19cm。JF1152/I207.25

提要:诗歌评论集,共三部分。第一部分"诗道路",收玛雅可夫斯基的道路、人·诗人·诗和歌 2 节;第二部分"诗与诗人",收寄李广田、听马凡陀等 4 节;第三部分"诗的诸问题",收论新主题、关于《他们在控诉我》等 3 节。

吕剑(1919—),原名王聘之,山东莱芜人,现代诗人。1944 年加入中国民主同盟。1948 年春到晋冀鲁豫边区,任北方大学艺术学院文学组教员、随军记者等。建国后历任《人民文学》编辑部主任、诗歌组长,《诗刊》编委等职。著有诗集《进入阵地》、《草芽》、《英雄碑》、《溪流集》、《喜歌与酒歌》等。

斯大林与真理

八路军留守兵团政治部编选。哈尔滨,东北书店,[1948]年。39 页,12cm。JF0386/I512.45

提要:选自曹靖华编译的《鲜红的花》一书,包括有关斯大林的民间故事 6 篇。

苏联见闻录

茅盾著。哈尔滨,光华书店,1948 年。358 页,18cm。JF0817/I25

提要:1946年末,茅盾应苏联对外文化协会邀请,赴苏联访问,1947年4月回国,翌年将访问期间的日记和见闻录整理出版。本书真实地记载了他在苏联期间的经历和感受,由三十多篇专访组成,如参观列宁博物馆、访问《儿童真理报》等。序言展现的是茅盾对苏联的整体认识和感受。本书是一部报告文学性质的散文集,具有较强的新闻性和真实性,是当时了解苏联的一部重要著作。(作者介绍见《创作的准备》)

太阳的宝库

布黎士汶著;刘辽逸译,哈尔滨,光华书店,1948年。85页,图,17cm。JF0958/I512.88

提要:著者通译普里什文(1873—1954),苏联著名作家。1902年毕业于德国莱比锡大学。著有《在飞鸟不惊的地区》、《恶老头的锁链》、《林中水滴》等。本书是作者在苏联卫国战争期间根据事实写成,故事真实动人,并含有教育意义和丰富的自然科学知识。曾获得1945年苏联最佳儿童读物比赛一等奖,被翻译成多种语言广泛流传。

文艺思潮小史

徐懋庸著。哈尔滨,生活书店,1948年。102页,17cm。JF0660/I109

提要:本书为《青年学习丛书》之一,以弗理契的《欧洲文学发达史》和柯根的《世界文学史纲》为主要依据撮要而成。分决定文艺思潮的力量、上古和中世纪的文艺思潮、文艺复兴、古典主义、从古典主义到浪漫主义、从浪漫主义到现实主义、所谓世纪末的文艺思潮、二十世纪的种种倾向、新现实主义、中国文艺思潮的演变等10章。前9章简要概述西方各时代的文艺思潮,第10章为作者自撰,说明"五四"以来至当时中国新文艺思想的发展,这是本书的一个特点。(作者介绍见《列宁家书集》)

我们的春天

(苏)爱伦堡著。佳木斯,东北书店,1948年。140页,18cm。JF0682/I512.65

提要:杂文、政论集。收《吃人的生番,希特勒的脸谱》、《莫索里尼的本领》、《刽子手和他的走卒们》、《刽子手的工厂》等24篇。大部分译自苏联报刊。

爱伦堡(1891—1967),苏联著名新闻记者作家、社会活动家,"一战"时曾任军事记者访问法德前线。小说两次获斯大林奖金,1960年陆续发表的回忆录曾引起激烈争论,著有《前夜》、《暴风雨》等。

希特勒的末日

(德)戈尔加尔特·伯列多著;祖佑译。哈尔滨,光华书店,1948年。80页,19cm。JF0733/I516.55

提要:报告文学,《光华丛刊》之一,据苏联《真理报》载俄译文转译,本书系一个德国宪兵上尉讲述的《帝国办公厅的末日》一书的摘要。

夏红秋:一个中学生的转变

范政著。佳木斯,东北书店,1948年。88页,插图,19cm。JF0799/I246

提要:范政(1925—1968),吉林延吉人,中共党员。1938 年后历任桂林中国救亡剧团团员,新安旅行团编委会主任,《儿童生活》、《儿童画报》主编,辽宁军区文工团副团长、哈尔滨团市委宣传部长等职。

该书是解放战争时期解放区内的第一部中篇小说,描写一个被国民党"正统"思想毒害较深的女青年,在党的教育下转变立场,走向革命的故事。小说在青年中引起了很大反响。

新柜中缘

陈学昭著。哈尔滨,光华书店,1948 年。98 页,19cm。JF0728/I246.7

提要:短篇小说集,收《真实的故事》、《黄美珍》、《恨绳》、《未婚妻》、《理想的爱情》、《抗战胜利以后》、《新柜中缘》、《在延河边》、《一封信》、《手枪》、《邻居》、《四月的夜》、《女疯》、《高山上》等 14 篇小说。

陈学昭(1906—1991),女,浙江海宁人,小说家、散文家。1921 年开始发表作品。抗战期间两次赴延安,1945 年 7 月加入中国共产党,历任延安《解放日报》编辑、《东北日报》四版主编等职。著有《倦旅》、《寸草心》、《烟霞伴侣》、《陕北访问记》、《漫走解放区》等。

新世纪的呼声

孙滨著。1948 年。178 页,18cm。JF1253/I226.3

提要:诗集,分 4 辑,收《为人民的铁路立功呀》、《杨振春不是工人》、《检讨》、《你们是新开辟的站》、《我是一个普通的工人》等诗共 44 首。

新形势下的文艺与文艺工作者

夏征农著。哈尔滨,光华书店,1948 年。46 页,19cm。JF0798/I209.6

提要:本书是根据著者在安东文艺工作者座谈会上的发言稿整理而成,共分六个专题:在毛泽东思想指导下的文艺工作、目前形势起了一个大变化、新形势下文艺工作的新任务、澄清文艺思想上的某些混乱、文艺工作中的几个问题、文艺工作者的自我改造及其前途。附后记 。(作者介绍见《文学问答集》)

油船"德宾特"号

(苏)克雷莫夫著;曹靖华译。哈尔滨,读书出版社,1948 年。254 页,19cm。JF0825/I512.45

提要:长篇小说,是描写斯达汉诺夫运动(即社会主义竞赛的群众运动)的最早的成功作品。讲述了一艘不能完成任务的、十分落后的油船"德宾特"号,经过青年团团员的共同努力,在开展了斯达汉诺夫运动之后,上升为超额完成任务的、最先进的油船的故事。

克雷莫夫(1908—1941),苏联作家。当过技术员和工程师,卫国战争时期在前线牺牲。著有《油船德宾特号》、《工程师》等。

远方

(苏)盖达尔著;佩秋,曹靖华译。佳木斯,东北书店,1948 年。126 页,图,19cm。822.5/521 - 1

提要:本书是苏联著名儿童文学作家阿尔卡季·盖达尔的代表作之一,写于1931年。描绘了乡村改革中的纠葛,一方面表现社会主义工业化建设的火热与壮丽,另一方面也反映了农业集体化运动过程中农村阶级斗争的暗流汹涌。小说中,复员军人、内战时期的红军铁甲列车司机叶戈尔不畏艰险,组织贫农建立起集体农庄——这是个羸弱的新生儿,然而在它身上寄托着俄罗斯贫苦农民千百年来的希望和梦想。不幸的是,叶戈尔在森林里被富农残忍地暗杀,凶手还放出谣言说他携公款潜逃,最后真相大白,富农得到了应有的惩处,叶戈尔的遗体被集体农庄庄员庄严地安葬。

盖达尔(1904—1941),苏联著名儿童文学作家。14岁参加红军,16岁任团长,负伤退伍后从事儿童文学创作工作,卫国战争时任战地记者,并参加敌后游击斗争,后英勇牺牲。主要作品有《革命军事委员会》、《学校》、《第四座避弹室》、《远方》、《让它发光》等。

只不过是爱情

(波兰)方妲·华西莱芙斯卡亚著;金人译。沈阳,东北书店,1948。192页,冠像,19cm。822.53/522.1

提要:著者通译瓦西列夫斯卡娅。中篇小说,《东北文艺丛书》之一。本书叙述在卫国战争中负伤的苏联战士重新回到家乡的故事。玛丽亚是在后方医院工作的护士,本以为丈夫已经牺牲,可在战场上已成残疾的丈夫又突然归来,但此时玛丽亚已失去了对丈夫的感情。当她看到青年农妇奥丽亚仍悉心照顾着受伤的丈夫后,意识到了自己的自私,最终避免了一个家庭悲剧。书前有《方妲·华西莱芙斯卡亚》一文,简介作者生平与创作。本书曾荣获1946年斯大林奖金二等奖。

诅咒之歌

未冉著。哈尔滨,光华书店,1948年。95页,14cm。JF1127/I226

提要:诗集,分2集,收《魏德迈到中国》、《刘邓大军到》、《龟兔选举》、《蒋介石叹五更》、《狗急跳墙说》、《不断造谣论》等18首。书前有芳山写的《读未冉诗记感(代序)》。

旗:人民解放军故事

张寒塞编。北方出版社,1949年1月。34页,18cm。JF0761/I253

提要:收《东线见闻记》(谷岩)、《乞丐》(仓夷)、《黑旦的爹娘》(志明)、《随军散记》(张健)、《宿营》(萧茅)、《做军鞋》(曹有才)、《旗》(韦明)等13篇通讯报道。

共产党员在火线上:人民解放军故事

张寒塞编。北方出版社,1949年2月。22页,18cm。JF1020/I253

提要:收《模范党员》、《共产党员在火线上》、《英雄郭继胜创造光辉突击范例》、《共产党员的硬骨头》、《三员杨振刚》、《董存瑞同志舍身炸毁敌碉堡》等10篇报道。作者有柯岗、孙佑洁、白朗等。另附4首民谣和一首诗。

萧军批判:关于萧军及其文化报所犯错误的批评

刘芝明著。天津,知识书店,1949年3月。57页,17cm。JF0433/I206.6

提要:本书认为萧军和《文化报》的错误是"严重的、原则性的",其思想本质是"堕落的、反动的”,分析了萧军思想错误的历史原因和社会原因,指出萧军思想上的三个罪名是“极端自私的个人主义”、“反阶级与阶级斗争的学说”、“狭隘的民族主义”,并认为“萧军的小资产阶级道路是一条死路”。

刘芝明(1905—1968),辽宁盖平人。抗日战争爆发后赴延安,历任中共中央党校政治经济学教研室主任、教务处主任、延安平剧研究院院长等职。著有《社会科学概论》、《把文艺提高到人民建设时期的新水平》等。

关于萧军及其文化报所犯错误的批评

刘芝明著。北平,华北大学教务处,1949 年 4 月。76 页,18cm。JF0581/I206.6

提要:教学参考资料,除刘芝明的批评文章外,还收有《中共中央东北局关于萧军问题的决定》及《东北文艺协会等十五团体联合大会关于萧军及其〈文化报〉所犯错误的结论》。

红旗

刘白羽著。长春,东北书店,1949 年 4 月。68 页,19cm。JF0664/I253

提要:通讯集,《文学战线创作丛书》之一,收《战火纷飞》、《血缘》、《回家》、《红旗》等 4 篇报道,记述人民解放军的战斗生活。(作者介绍见前文《时代的印象》)

基本群众

井岩盾著。哈尔滨,东北书店,1949 年 4 月。72 页,19cm。JF1194/I253

提要:通讯报道集,《文学战线创作丛书》之一,收《基本群众》、《后五道木事件的教训》、《打回鹚鹭树》、《瞎月工伸冤记》、《在包围中》、《平安家信》等 6 篇报道。(作者介绍见《瞎月工伸冤记》)

鸟王做寿

柯蓝等著。太岳新华书店,1949 年 4 月。18 页,18cm。JF1210/I276.3

提要:《民间故事集》之二,收《鸟王做寿》(柯蓝)、《高秀才落榜》(马烽)、《三女婿拜年》(闻捷)、《爱黄金的国王》(李文辛)、《点土成金》(乔翰东)等 8 篇。

平剧新编集:第 1 辑

胶东文化协会主编。华东新华书店胶东分店,1949 年 4 月。296 页,19cm。JF0834/I232

提要:本书收:1. 追韩信、2. 亡乌江、3. 牙山举义、4. 渔家仇、5. 吴蜀和、6. 四进士、7. 宇宙锋、8. 失街亭、9. 丁甲山。均为经过改造的新平剧,去其毒素,留其精华,在形式上也做了适当的修改。

天晴了

张志民著。天津,读者书店,1949 年 4 月。54 页,17cm。JF0993/I226

提要:张志民(1926—1998),河北宛平人,著名诗人。1938 年参加革命,1941 年加入中国共产党,1942 年开始写作,1947 年参加河北西部地区土改运动,创作长诗《王九诉苦》和《死不着》,翌年写作了《野女儿》、《欢喜》。建国后,出版诗集《死不着》、《金玉记》、《张志民诗选》,散文集《婚事》,小说集《张志民小说选》等。本书收《王九诉苦》、《死不着》、《野女儿》、《欢喜》等 4 首长篇叙事诗,反映了土地改革运动中,贫苦农民反抗地主阶级压迫翻身得解放的斗争历程。末附萧三的《我读了一首好诗(介绍〈王九诉苦〉)》。

白求恩大夫

周而复著。上海,知识出版社,1949 年 5 月。381 页,18cm。JF0707/I246.53

提要:周而复(1914—2004),原名周祖式,祖籍安徽旌德,生于南京,著名作家。上海光华大学英国文学系毕业后,奔赴延安,长期从事革命文艺工作。代表作有长篇小说《上海的早晨》、《长城万里图》,长篇叙事诗《伟人周恩来》、文艺评论集《六十年文艺漫谈》、《往事回首录》等。他是最早介绍白求恩事迹的人。

白求恩(1890—1939),加拿大共产党员,国际共产主义战士,著名胸外科医师。1938 年到延安,支援中国人民的抗日斗争,对八路军的卫生工作作出了极大的贡献,以至献出了生命。

本书记述了白求恩大夫的英雄事迹,也描写八路军和根据地人民英勇顽强地与敌人做斗争的情形。

赤叶河

阮章竞著。新华书店,1949 年 5 月。156 页,19cm。JF0898/I233.6

提要:这是一部著名的反映土地改革斗争的大型歌剧。描写的是美丽善良的农村妇女燕燕被地主恶霸吕承书侮辱,投河自尽。她的丈夫王禾子被迫出走逃生,公爹王大富沦为乞丐。山村解放闹土改后,王禾子回到赤叶河。父子重逢,一同投入翻身斗争,推翻地主势力统治,扫除封建剥削。剧本脱稿后,作曲家高介云以武乡、襄垣、左权等县秧歌小调、民间曲牌为基础,吸收了上党戏曲和说唱艺术的音乐素材,与张进德共同为该剧本谱曲。该剧公演后受到广大群众的热烈欢迎,成为阶级动员、阶级教育的一部生动教材。

阮章竞(1914—2000),笔名洪荒。广东中山人,诗人、剧作家。曾任八路军太行山剧团团长,太行文联戏剧部部长、北京市作家协会主席等职。著有大型话剧《未熟的庄稼》、大型歌剧《赤叶河》等。

光明照耀着沈阳

刘白羽著。北平,新华书店,1949 年 5 月。67 页,18cm。JF0809/I253

提要:《中国人民文艺丛书》之一,收《英雄的四平街保卫战》、《人民与战争》、《为祖国而战》、《将胡匪消灭在大森林里》、《南满归来》、《光明照耀着沈阳》、《红旗》等 7 篇报道,歌颂了解放战争时期东北军民英勇斗争的事迹。

李有才板话

赵树理著。新华书店,1949 年 5 月。126 页,18cm。JF0826/I246.7

提要:《中国人民文艺丛书》之一,收《小二黑结婚》、《李有才板话》、《孟祥英翻身》、《地板》、《福贵》等 5 篇小说。

诺尔曼·白求恩断片:通讯报告选

周而复等著。北平,新华书店,1949 年 5 月。168 页,18cm。JF0773/I253

提要:《中国人民文艺丛书》之一,收马锋《张初元的故事》、周民英《张治国的故事》、师田手《锄草中的陈团长》、周而复《诺尔曼·白求恩断片》等7篇。

盼八路:秧歌剧

力鸣编剧,孙康配曲。长春,东北书店,1949年5月。54页,19cm。JF0740/Ⅰ233.6

提要:五场秧歌剧,讲述了1947年辽南某农村,生活在水深火热之中的老百姓,在共产党八路军的带领下斗败地主恶霸西霸天,走上解放道路的故事。书后附曲谱十首。

萧军思想批判

刘芝明等著。大连,东北书店,1949年5月。152页,19cm。JF0543/I206.6

提要:收《中共中央东北局关于萧军问题的决定》和《东北文艺协会关于萧军及其〈文化报〉所犯错误的结论》,以及刘芝明、张如心、丁玲、徐懋庸等人的批判文章。

踏破辽河千里雪:前线通讯集

华山著。长春,东北书店,1949年5月。76页,19cm。JF0371/I253

提要:《文学战线创作丛书》之一,报道1947年秋到1948年春东北战场的情况。收《东行杂记》、《奔袭口前》、《北线纵横》、《万金台三勇士》、《踏破辽河千里雪》、《解放四平街》、《腰斩北宁线》、《可耻的总崩溃》、《蒋介石三飞沈阳》、《英雄的十月》等10篇。

华山(1920—1985),原名杨华宁,广西龙州人。著名新闻记者、作家。解放战争时期任《冀察热辽日报》、《东北日报》和新华通讯社特派记者。代表作有:小说《鸡毛信》、通讯《英雄的十月》等。

团结立功

鲁易,张捷著;冀中战线剧社编。新华书店,1949年5月。108页,19cm。JF0823/I234.6

提要:本书又名《裴振刚》,《中国人民文艺丛书》之一。该书为话剧剧本,共十幕二十一场,反映连队日常生活,鼓励官兵发扬新英雄主义精神。

金戒指:歌剧

雪立编剧;纯仁作曲。沈阳,东北书店,1949年6月。40页,15cm。JF0887/I233.6

提要:小歌剧,故事围绕着一枚金戒指展开,歌颂了解放军"不拿群众一针一线"的优良作风。书后附曲谱。

白毛女鼓词

李国春著。天津,生活文艺社,1949年7月。93页,18cm。JF0670/I239.26

提要:李国春(1926—2005),河北雄县人,著名西河大鼓演员。1945年参加八路军后,到冀中军区十分区文工团当演员。根据自己丰富的生活经验,创作出许多受战士喜爱的曲艺节目。本书即是他根据"白毛仙姑"的故事,改编而成的一部鼓词,共14回。

戏剧手册

冼群著。文化供应社,1949 年 7 月。195 页,18cm。JF0637/I053

提要:分总论、编剧、导演、表演、舞台装饰等 5 章,介绍戏剧知识。附《世界著名剧作家及其作品》。

冼群(1915—1955),原名冼哲谆,广东南海人,生于湖北武昌,影剧导演。1939 年任抗敌演剧七队队长。建国后,调中央电影局艺术处工作。著有话剧剧本《烟苇港》、《返正》、《飞花曲》、《小三子》,专著《戏剧手册》、《戏剧学基础教程》,电影文学剧本《龙须沟》(话剧剧本改编)等。

复仇:歌剧

胡零编剧;陈紫作曲。沈阳,东北新华书店,1949 年 8 月。262 页,19cm。JF0739/I233

提要:讲述的是解放战争时期的东北战场上,解放军和革命群众与国民党反动派英勇斗争并最终取得胜利的故事。书后附曲谱。(作者介绍见《火》)

红石山

杨朔著。新华书店,1949 年 8 月。94 页,18cm。JF0807/I246.57

提要:本书讲述了抗日战争时期,在共产党的领导下,原察哈尔省的一座铁矿上的工人同日寇英勇斗争的故事。(作者介绍见《大旗》)

刘胡兰:三幕十二场歌剧

战斗剧社集体创作。[辽宁],新华书店,1949 年 8 月。72 页,18cm。JF0741/I233.6

天津,新华书店,1949 年 11 月。169 页,18cm。JF0653/I233.6

提要:本书是一部歌颂刘胡兰的三幕十二场歌剧。除剧本外,书前附《写在〈刘胡兰〉前面》(刘莲池)、《〈刘胡兰〉本事》,书后附《关于〈刘胡兰〉的演出》(严寄洲)、《〈刘胡兰〉音乐部分的说明》(黄庆如)及曲谱。

刘胡兰(1932—1947),原名刘富兰,山西文水人。10 岁起参加儿童团,后担任村妇女救国会秘书、"抗联"妇女干事等,并领导当地的土改运动,秘密发动群众,配合武工队打击敌人。1947 年 1 月 12 日,阎锡山的军队突袭云周西村,因叛徒告密,刘胡兰不幸被捕,后牺牲在敌人的铡刀下。此时她还未满 15 周岁。1947 年 2 月,山西《晋绥日报》刊登其英雄事迹,毛泽东为她亲笔题词:"生的伟大,死的光荣!"之后,其事迹被改编成戏剧、电影、电视剧等形式,在中国大地上广为流传。

论赵树理的创作

郭沫若等著。[辽宁],辽东新华书店,1949 年 8 月。191 页,19cm。JF0748/I207.42

提要:收黎玉《介绍大家读〈李有才板话〉和我们的群众路线》、周扬《论赵树理的创作》、茅盾《论赵树理的小说》、郭沫若《关于〈李家庄的变迁〉》等 12 篇论文。附赵树理的《邪不压正》、《孟祥英翻身》等 9 篇小说。

生死一条心

白刃著。中国人民解放军四野政治部,1949 年 8 月。30 页,19cm。JF0726/I247.7

提要:短篇小说,《战士生活丛书》之一。通过班长马二虎和战士何成仁之间的故事,歌颂了革命军队中官兵之间生死与共的阶级友情。

白刃(1918—),原名王寄生,福建石狮人,作家,菲律宾归侨。1938 年入延安抗大学习。次年加入中国共产党。曾任八路军 115 师政治部新闻干事、《战士报》副主编、《山东画报》副主编等职。主要作品有长篇小说《战斗到明天》、话剧及电影《兵临城下》等。

我的两家房东

康濯著。上海,生活·读书·新知联合发行所,1949 年 8 月。81 页,17cm。JF0662/I246.7

提要:康濯(1920—1991),原名毛季常,湖南湘阴(今汨罗市)人,现代作家,以描写农村生活著称。

本书为《北方文丛》之一,收《我的两家房东》、《初春》、《灾难的明天》等 3 篇小说。其中以歌颂农村妇女反对封建婚姻、争取自由为主题的《我的两家房东》最有影响力,郭沫若认为它"可以说已达到完善的地步"。

血书

聂绀弩著。上海,群益出版社,1949 年 8 月。298 页,19cm。JF0774/I266

提要:聂绀弩(1903—1986),笔名耳耶、二鸦、萧今度等,湖北京山人。新中国著名诗人、散文家。曾任中国作协理事、人民文学出版社副总编辑等职,其作品多收入《聂绀弩杂文选》、《聂绀弩散文》等。本书为杂文集,分"礼貌篇"和"血书"上、下两辑,收《论乌鸦》、《有奶就是娘与干妈妈主义》、《礼貌篇》、《我若为王》、《血书》等 40 篇杂文。《血书》是全书中比较有力的一篇,故用做书名。

把眼光放远点:独幕话剧选

冀中火线剧社等著。新华书店,1949 年。140 页,19cm。JF0737/I234.6

广东,新华书店,1949 年。140 页,19cm。JF0738/I234.6

提要:独幕话剧集,收《把眼光放远一点》(冀中火线剧社集体创作,胡丹沸执笔)、《粮食》(洛丁等)、《打的好》(成荫)、《反"翻把"斗争》(李之华)4 个剧本。

暴风雨所诞生的

(苏)奥斯特洛夫斯基著;禾金译。上海,潮锋出版社,[1949]年,3 版修正本。306 页,冠像,19cm。JF0684/I512.45

提要:长篇小说,以 1918 年年末到 1919 年年初苏联国内战争为背景,反映苏联人民击败侵略者保卫苏维埃的英勇斗争。(作者介绍见《钢铁是怎样炼成的》)。

北鲜游记

(苏)阿·基托维奇(А. Гитович),(苏)柏·布尔索夫(Б. Бурсов)著;伊真译。沈阳,东北新华书店,1949 年。168 页,18cm。947/376

提要:本书系作者于 1946 年访问朝鲜的见闻札记,收录了《清津、咸兴、平壤》、《金日成将军》、《访问妇联的女主席》、《朝鲜的农村》、《三十八度》、《伟大的朝鲜女舞蹈家》等15篇。书后附编者后记和附记。全书采用纪实的手法,记述了朝鲜解放后各方面的情况。

不走正路的安得伦

(苏)捏维洛夫著;曹靖华译。长春,东北书店,1949年。53页,19cm。JF0756/I512.45

提要:中篇小说,《苏联通俗文艺丛书》之一。小说描写了苏联革命初期农村中激烈的阶级斗争。主人公安得伦是个坚定的战士,但他对这种复杂尖锐的斗争环境认识不足,富农杀死了他的朋友,烧毁了他的房屋。他决心要继续斗争,去实现社会主义的农村改造。

捏维洛夫(1886—1923),苏联作家。代表作有《不走正路的安得伦》和《丰饶的城》等。

沉冤记

白刃著。北平,北平解放报,1949年。76页,17cm。JF0749/I239.26

提要:本书是作者在1949年初写的一部鼓词,讲述了广东籍战士张锦明的悲惨遭遇,鼓舞战士们打到南方去,解放全中国。

大众文艺丛刊批评论文选集

荃麟等著。北平,新中国书局,1949年。415页,18cm。JF0792/I206.6

提要:《大众文艺丛刊》是在香港出版的一个以文艺批评为主体的不定期刊物,从1938年3月开始到1939年3月共出版过6辑。本书选登了该刊有关文艺批评的文章20余篇,有萧恺的《文艺统一战线的几个问题》、荃麟的《论主观问题》、乔木的《文艺创作与主观》等。

烽火中的苏联妇女:短篇小说选

水夫等译。上海,时代出版社,1949年。136页,18cm。JF0344/I512.45

提要:内收阿·托尔斯泰的《卡佳》(水夫译)、谢夫林娜的《女游击员》(白寒译)、《莎霞》(水夫译)、伽勒里洛维奇的《乌克兰女儿的心》(白寒译)、《三封信》(水夫译)等16篇,从各个角度反映了苏联妇女参加卫国战争的情景。书前有米夏柯娃的《卫国战争中的苏联妇女》(水夫译)一文。

赶车传

田间著。新华书店,1949年。170页,19cm。JF0745/I226

提要:本书为《中国人民文艺丛书》之一,是作者1946年写的一首长篇叙事诗,除序诗外共分15回。主要描写贫农石不烂从自发反抗,到在共产党领导下走上自觉斗争道路并取得胜利的过程,着力刻画了石不烂的形象。(作者介绍见《戎冠秀》)。

关羽之死

马少波编。华东新华书店胶东分店,1949年。71页,19cm。JF0779/I232.6

提要:马少波(1918—2009),山东莱州人,著名剧作家、戏曲理论家、文学家,戏曲改革早期开创者之一,创作了大量散文、小说、戏剧、诗词作品及文艺理论著述。代表作有京剧《闯王进京》、

《宝烛记》、《正气歌》，话剧《岳云》，戏曲理论集《戏曲改革论集》、《戏曲改革散集》、《戏曲艺术论集》等。《关羽之死》是作者1948年解放战争时期创作的京剧剧本。

广场上的狮子

（苏）爱伦堡著；芳信译。大连，关东中苏友好协会，1949年。80页，19cm。822.52/941

提要：《友谊文艺丛书》之二，五幕讽刺喜剧，是爱伦堡的处女剧本。以法国南部某小市区一个名叫狮子的咖啡馆为背景，描写当时法国政府的无能，美国政府打着援助法国的旗号，鼓动法国与之一起反共。（作者介绍见《我们的春天》）

国际家书

李又然著。上海，文化工作社，1949年。181页，18cm。JF0391/I266.5

提要：李又然（1906—1984），原名家齐，又名罗曼、则兰，浙江慈溪人，1938年至延安，1941年加入中国共产党，次年参加延安文艺座谈会。1946年至东北解放区，任哈尔滨大学文艺学院院长、吉林省吉北联中校长，主持筹建吉林省文联，主编《文艺周刊》、《文艺月刊》等。著有散文集《国际家书》（后增订改名《伟大的安慰者》）、《李又然散文集》等。

该书收录了作者在20世纪40年代创作的散文20多篇，包括《给弟妹们》、《再见》、《穿军装》、《树叶》、《闪电》、《国际家书》等。该书最早由吉林书店于1948年出版，本馆藏上海文化工作社1949年增订版，书前附增订前记。

解救：通讯报告选

周元青等著。新华书店，1949年。94页，18cm。JF0780/I253

提要：《中国人民文艺丛书》之一，收周游的《冀中宋庄之战》，葛陵，朱寨的《平原上》，周元青的《解救》，韩塞的《不要杀他》，仓夷的《无住地带》，陈祖武的《八面山中》，杨恩明的《五日秦岭》等7篇报道，记述抗战时期和解放战争时期解放军的英勇战斗事迹及军民鱼水关系。

进步乐：鼓词

季良著。沈阳，东北书店，1949年。16页，19cm。JF1130/I239.26

提要：《鼓词集》之一。讲述的是解放区某农村李小二夫妇思想落后只知努力生产，不积极学习和支援前线，夫妻二人在大年初一发生了争执，在邻居们的劝说下思想得到了进步，认识到支援前线和学习生产一样重要。

进军湖南通讯选集

新华社野战第十二分社，1949年。92页，18cm。JF0742/I253

提要：通讯集。中国人民解放军于1949年7月进军湖南，8月解放长沙，10月解放湖南全境，三个月里新闻工作者在行军作战中写了百余篇新闻和通讯。本书选取了《活捉白狐狸》、《在前进着的人民解放军》、《攻占天险九岭山》、《革命的医务工作者》、《引渡大军歼蒋匪》等29篇通讯，反映了湖南解放过程中的一些主要情形。

跨过

邹荻帆著。上海,三联书店,1949 年。149 页,18cm。JF0776/I227

提要:诗集,共 3 集。第 1 集《跨过》,收《新时期》、《反对丘吉尔》、《跨过阿 Q》、《中国学生颂歌》4 篇。第 2 集《城市与春天》,收《宣化店之春》、《大城》、《致家乡》3 篇。第 3 集《飞鸟集》,收《欢迎》、《中国之春》等。

邹荻帆(1917—1995),湖北天门人,诗人。抗战期间曾在大别山区文化工作团从事抗日救亡工作,建国后任对外联络局办公室主任,中国作家协会外委会委员等职。

老赵下乡:短篇小说选

俞林等著。新华书店,1949 年。86 页,18cm。JF0683/I246.7

提要:《中国人民文艺丛书》之一。收《摔龙王》(王铁),《老赵下乡》(俞林)两篇短篇小说。(王铁介绍见《摔龙王》,俞林介绍见《老赵下乡》)

李闯王:五幕历史剧

阿英编。新华书店,1949 年。218 页,18cm。JF0835/I234.6

提要:阿英(1900—1977),原名魏如晦,安徽芜湖人,著名的作家、文学理论家。1926 年参加中国共产党,左翼文艺运动的组织者和领导者之一。1941 年起到新四军工作,任《新知识》、《江淮文艺》主编,1946 年任中共中央华东局文委书记,建国后历任天津市文教局局长、华北文联主席等。一生著述丰富,涉及文学、文艺理论、文艺批评、戏剧、电影文学史、美术史等多方面,又重视俗文学及曲艺资料的搜集、整理和研究工作,著有历史剧《李闯王》、《碧血花》,小说《义冢》,散文《夜航集》,文艺评论集《现代中国文学论》、《弹词小说评考》等。本书是作者 1945 年在苏北根据地创作的历史剧,是"五四"以来的优秀剧目之一,曾多次出版,本馆藏 1949 年新华书店版,为《中国人民文艺丛书》之一。

论赵树理的创作

王春等著。哈尔滨,东北书店,1949 年。44 页,像,18cm。JF0744/I207.42

提要:研究赵树理文学创作的论文集,收王春《赵树理是怎样成为作家的》、郭沫若《关于〈李家庄的变迁〉》、周扬《论赵树理的创作》、茅盾《关于〈李有才板话〉》等 8 篇论文。

论赵树理的创作

郭沫若等著。[江苏],苏南新华书店,1949 年。66 页,18cm。JF0746/I207.42

提要:内容与 1947 年晋察冀新华书店版相同。

农村新文艺运动的开展:论文集

陈荒煤编。上海,上海杂志公司,1949 年。178 页,19cm。JF0645/I209.6

提要:毛泽东《在延安文艺座谈会上的讲话》给革命文艺指明了新的方向,解放区的新文艺运动得到很大发展,掀起了农村广大群众的文艺活动热潮。本书收录了有关解放区农村新文艺运动的论文 34 篇,分农村文艺运动、农村剧运的典型、民间艺人的改造、美术工作在农村四大专辑,介绍了晋冀鲁豫边区农村戏剧、音乐、美术、诗歌等方面的活动及典型经验,其中以介绍戏剧活动为主。作者有穆之、赵树理、荒煤、璧夫、夏青、王亚平、芦甸等人。

刨元宝

康濯等著。太岳新华书店,1949 年。22 页,18cm。JF1089/I276.3

提要:《民间故事集》之一,收康濯《刨元宝》、柯蓝《粪变金》、鲁琪《背山歇》、董均伦《穷神》、生本记《太子滩地打石三》、姬树旺《骑骡马不如提粪筐》、孙世瑜《想吃死食挨大饿》和《一顿省一把》等 9 篇。

圈套:诗选

阮章竞等著。新华书店,1949 年。86 页,18cm。JF0775/I226

提要:诗集,《中国人民文艺丛书》之一,收录阮章竞的长篇叙事诗《圈套》和短篇抒情诗《送别》、《盼喜报》;张志民的长篇叙事诗《王九诉苦》、《死不着》。

十年诗选

臧克家著。上海,现代出版社,1949 年。163 页,18cm。JF0711/I226

提要:该书为《现代文艺丛书》之一,收作者 1933—1943 年之间创作的 70 首诗,包括《难民》、《希望》、《神女》、《壮士心》等,其中大部分诗篇都是抗战前创作的。书前有著者的长篇序言,介绍自己选编这本诗选的过程和从事新诗写作走过的道路。

臧克家(1905—2004),山东诸城人,著名诗人、作家。1934 年毕业于山东大学中文系,1938 年参加中华全国文艺界抗敌协会,积极从事救亡宣传工作。1949 年后历任人民出版社编审、中国作家协会书记处书记、《诗刊》主编等职。著有诗集《烙印》、《罪恶的黑手》、《运河》等。

苏联的文学

(苏)高尔基著;曹葆华译。哈尔滨,东北书店,1949 年。104 页,19cm。JF0781/I512.065

提要:本书是高尔基在全苏作家协会第一次代表大会上所作的报告。附录《〈俄国文学史〉序言》和《年青的文学及其任务》,另附《果戈理论》。(作者介绍见《列宁》)。

苏联文艺问题

新华书店编辑。新华书店,1949 年。91 页,18cm。JF0790/I512

提要:内收:联共(布)中央《关于〈星〉与〈列宁格勒〉两杂志的决定》、《关于剧场上演节目及其改进方法的决定》、《关于影片〈伟大的生活〉的决定》、《关于摩拉杰里底歌剧〈伟大的友爱〉的决定》、日丹诺夫《关于〈星〉与〈列宁格勒〉两杂志的报告》、《苏联作家协会理事会主席团底决议》。

苏瓦洛夫元帅:国防历史剧

(苏)巴克特列夫,(苏)拉苏莫斯基著;丽尼译。上海,上海杂志公司,1949 年。195 页,18cm。JF0759/I512.35

提要:《戏剧丛刊》之一,九幕话剧,讲述了苏联名将苏瓦洛夫元帅光辉的一生。

塔山英雄集

中国人民解放军第四十一军政治部编。中国人民解放军第四十一军政治部,1949 年。152 页,13cm。JF0697/I253

提要:通讯报道集,介绍塔山阻击战时的英雄事迹。塔山阻击战是解放战争时期的著名战役,在辽沈战役中,东北野战军第 4、11 纵队等部为保障主力夺取锦州,于辽宁省锦州西南塔山地区对增援锦州的国民党军进行了一次防御作战,战斗进行六天六夜,异常艰苦,最终打退了敌人在海、空军配合下的多次猛扑,粉碎了进攻,保障了锦州战役的胜利。

谈苏联文学:苏联作家答英国作家问

庄寿慈译。北平,天下图书公司,1949 年。64 页,18cm。JF0783/I512.095

提要:1946 年,英苏文化协会文学部提出英苏两国作家用书面问答的方式,交换关于文学问题的意见。苏联作家提出若干问题送往英国,英国作家回答问题的同时,也向苏联同行提出了若干有关苏联文学方面的问题,这些问题在苏联引起了广泛的讨论。本书便是英国作家所提出的问题及苏联作家答复的译文。

庄寿慈(1913—1971),江苏扬州人,文学翻译家。译作有《盐》、《饥民们的橡树》等。

同志及其他

(苏)高尔基著。[大连],旅大中苏友好协会,1949 年。182 页,19cm。JF0336/I512.15

提要:《友谊文艺丛书》之四,内收《海燕之歌》、《一个歌是怎样制成的》、《同志》、《玛尔娃》、《正月九号》、《轻骨头》、《一个人诞生了》等 7 篇诗歌和短篇小说。卷首有玛克沁摩娃的《可爱的作家和朋友》。(作者介绍见《列宁》)

邪不压正

赵树理著。天津,知识书店,1949 年。40 页,19cm。JF1086/I246.7

提要:短篇小说。以中农王聚财的女儿软英和小宝的婚姻纠葛为线索,描写了 1943 至 1947 年间下河村阶级斗争的急剧变化。本书把软英和小宝看作“正”,刘锡元、小旦等人看作“邪”,在共产党的帮助下最终“邪不压正”,软英和小宝结为夫妻。(作者介绍见《福贵》)

新的气象新的生活

刘思让编。长春,东北书店,1949 年。20 页,19cm。JF1270/I216.1

提要:收《管草甸子要马》(任愫)、《军属杨玉山媳妇》(赵兴仁)、《割谷子》(吴宣扬)、《选举》(张悦)、《无穷力量的泉源》(吴言)、《挖水壕》(刘平)等 6 篇故事。另有报道《新的气象新的生活》(顾雷)和散文《归乡散记》(家齐)2 篇,反映了土地改革之后东北农村的新气象。

英雄的十月

华山著。新华书店,1949 年。93 页,18cm。JF0751/I253

提要:《中国人民文艺丛书》之一,收《窑洞阵地战》、《碉堡线上》、《踏破辽河千里雪》、《其塔木战斗的英雄们》、《英雄的十月》等5篇报道。（作者介绍见《踏破辽河千里雪》）。

摔龙王

王铁著。涉县，韬奋书店，民国［1912—1949］。39页，18cm。818.9/119.4

提要：本书讲述一个破除迷信、思想转变的通俗故事。马家拐的村民们面对久旱无雨、庄稼无收的局面，不思挽救办法，却一心寄希望于龙王显灵、降雨救禾苗，结果由于偷龙王祈雨酿成流血惨剧，最后迷信的始作俑者被政府扣押，村民们被动员生产自救、担水救灾、庄稼复活。文中刻画了马阴阳、墨斗姑、马三柱等人物形象，也反映出了部分群众迷信、不爱劳动、得过且过、坐等救援的习惯。

王铁（1918—），原名王瑞珍，河北容城人，教育学家。曾在晋冀鲁豫边区文联编辑《华北文艺》杂志。1949年后，长期从事编辑和教育科学研究工作。主要著作有《怎样进行劳动教育》、《青年应该怎样发展个性》等。

保卫好时光：农村快板集

太行行署教育处文联编。［涉县］，太行群众书店，［1937—1949］年。23页，18cm。JF1161/I239.66

提要：收《保卫好时光》、《想一想》、《反内战》、《中贫农是一家》、《大不同》、《不忘大恩》、《受苦难》等7篇。

春联新编

［1946］年。21页，19cm。JF1178/I269

提要：春联集，收各类春联130副，按照解放区的新人新事、新光景、新气象编排而成，工农商学各界适用。

大众戏曲集：第2集

冀鲁豫文联编。冀鲁豫文联，［1937—1949］年。［59］页，18cm。JF0957/I219

提要：收水浒调《新编蒋介石卖国》、高调剧《保卫家乡》、鼓词《德化区的转变》等4篇戏曲及爱国自卫战争歌曲8首、群众翻身斗争生产歌曲7首。

反“翻把”斗争

李之华等著。辽东书店，［1937—1949］年。81页，18cm。JF0696/I234.6

提要：独幕话剧集，收李之华《反“翻把”斗争》与吕朋的《笼牢记》两个独幕剧。书后附介绍《反“翻把”斗争》的创作经过，以及演员在演出过程的心得体会的文章。书前附《东北局宣传部关于奖励〈反“翻把”斗争〉剧本的通知》。

海上述林

瞿秋白著译，鲁迅编校。东北书店，［1937—1949］年。577页，19cm。JF0449/I11

提要：译文集。1935年瞿秋白就义后，鲁迅将其翻译的外国作品编辑成《海上述林》以作纪念。

上卷为“辨林”，分六部分，一、收恩格斯、普列汉诺夫、拉法格等人文艺论文 13 篇；二、列宁论托尔斯泰，收列宁论文 2 篇；三、高尔基论文选集，收论文 20 篇；四、高尔基论文拾补，收论文 1 篇；五、译论辑存，收 L. 卡美尼夫、M. 列维它夫、V·吉尔珀、A·S·布勒诺夫、G·涅拉陀夫、A. P. 楷戈达耶夫等人论文 6 篇；六、高尔基论文续补，收论文 1 篇。下卷为“藻林”，分六部分，专收诗、小说、剧本等的译文，包括高尔基的《海燕》、卢那察尔斯基的《解放了的董·吉诃德》等。该书也是鲁迅编辑的最后一部著作。

民兵战斗故事

东北书店，[1937—1949]年。40 页，19cm。JF1006/I253

提要：收《不放一枪的胜利》、《地雷的秘密》、《李殿冰的麻雀战》、《民兵英雄玉小》、《“掷弹筒大王”徐力强》、《盖凡和他的游击队》、《神枪手安全福》、《爆炸大王李勇》、《大泽山区的地雷战》等 11 篇通讯报道。

人民是不朽的

格罗斯曼著；茅盾译。晋冀鲁豫军区政治部，[194?]年。169 页，17cm。JF0689/I512.45

晋察冀军区政治部，[194?]年。181 页，17cm。JF0278/I512.45

提要：该书讲述的是 1941 年秋，在苏德战争最艰苦的阶段，苏联红军顽强抵抗的故事。俄文原版完成于 1942 年 6 月，茅盾据苏联版英译本转译，并由戈宝权对照俄文原本校对过。书前有茅盾的《关于〈人民是不朽的〉》一文。

格罗斯曼（1905—1964），俄罗斯作家。著有小说《葛柳考夫》、《幸福》、《斯吉邦·柯耳楚金》等。

王克勤班：六场歌剧

晋冀鲁豫军区文艺工作团，六纵文艺工作队集体创作。晋冀鲁豫军区政治部，[1937—1949]年。53 页，18cm。JF1094/I233.6

提要：该书是根据王克勤的事迹集体创作的歌剧，书中有多首插曲。

王克勤（1920—1947），安徽阜阳人。1939 年 7 月被国民党军队抓壮丁，1945 年 10 月在邯郸战役中被解放，参加中国人民解放军，并迅速成为具有高度政治觉悟、英勇善战的优秀战士，1946 年 9 月提升为班长，并光荣地加入了中国共产党。他用“在家靠父母，革命靠互助”的格言，创立了“三大互助”带兵方法，对提高班集体的凝聚力和战斗力起到很大作用，被广泛宣传。

五年计划故事

（苏）伊林著；董纯才译。冀中新华书店，[1937—1949]年。211 页，图，19cm。JF0885/I512.85

提要：儿童科学故事集，用生动活泼的语言讲述了苏联第一个五年计划期间所取得的重大成就。包括：绪言“这故事讲什么”，一、“两个国家”，二、“五年计划的探查队”，三、“他们本国的征服者”，四、“水和风的征服”，五、“死尸工作”，六、“电化的国家”，七、“武装起来！征服金属！”，八、“铁工人”，九、“我国的化学队”，十、“粮食矿”，十一、“跟路程斗争”，十二、“新人民”。（著者介绍见《几点钟》）

秧歌论选集

周扬等著。[西安],西北新华书店,[1937—1949]年。79页,18cm。JF0827/I207.33

提要:与1944年新华书店版《秧歌论文选集》内容相同。

加强自卫军:秧歌剧

西北文艺工作团集体创作;石鲁绘图。西北文艺工作团,[194?]年。38页,13cm。JF1079/I233.6

提要:秧歌剧,讲述陕甘宁边区群众加强自卫军,保护根据地的故事。附曲谱3首,书中有插图多幅。

白求恩与阿诺夫:医务工作者的新方向

周而复等著。华北军区后勤卫生部政治部,[1942—1949]年。88页,像,19cm。JF0900/I25

提要:报告文学集。收周而复的《诺尔曼·白求恩断片》和方纪的《阿洛夫医生》两篇。书前有毛泽东的《学习白求恩》、钱信忠的《人民医生的科学基础与品质锻炼》和白求恩的一篇讲话。书末附钱信忠的《展开学习白大夫运动》一文。

文艺运动的新方向

毛泽东,陈云等著。播种出版社,[1942—1949]年。76页,18cm。JF0988/I209.6

提要:《新华丛书》第11辑,油印本。收毛泽东《在延安文艺座谈会上的讲话》,附凯丰《关于文艺工作者的下乡问题》、陈云《关于党的文艺工作者的两个偏向问题》;《中共中央宣传部关于执行党的文艺政策的决定》;《苏联的军事宣传与我们的军事宣传》。书前附《中央总学委的通知》。

小号兵

彦夫著。[涉县],韬奋书店,[1944—1949]年。44页,18cm。JF0990/I246.8

提要:短篇故事集,收《俘虏》、《亲兄弟也不过这样》、《用不着打骂老百姓》、《生字本》、《老革命》等16篇故事。

七勇士:独幕话剧

刘炳一原稿,张俊飞执笔。太岳新华书店,[1945—1949]年。21页,19cm。JF0924/I234.6

提要:独幕话剧。故事梗概是:1944年12月,青城县游击大队军械员王金荣,班长苏联明和战士徐其珍、马金朗、陕厚生、李来喜、李志远等七人,在青城县西河坂村,被翼城日寇和伪军500余人层层包围。苏联明等人以窑洞为据点顽强抵抗,打退敌人数次冲锋,拒绝敌人多次劝降,坚持战斗八小时。敌人无计可施,向窑洞内施放毒气。七勇士高呼"打倒日本帝国主义"的口号,英勇为国捐躯。

创作与生活

中南军区兼第四野战军政治部文化部编。中南军区兼第四野战军政治部文化部,[1946—

1949]年。103 页，19cm。JF0646/I04

提要：《文艺工作学习文选》第二辑，收张致祥《关于部队文艺创作》、侯金镜《记华北军区文艺创作座谈会》、丁玲《创作与生活》、陆希治《怎样体验生活》等12篇文章。

刘邓大军强渡黄河天险

中国人民解放军华北军区政治部编。中国人民解放军华北军区政治部，[1947—1949]年。24页，肖像，18cm。JF1032/I253

提要：通讯报道集，收《祝鲁西大捷》、《跨越黄河向蒋管区大进军》、《哪怕十天不睡觉都行》等8篇报道。讲述了1947年夏，刘邓大军强渡黄河天险，一举突破国民党军黄河防线的英勇战绩。

双方保证

立高著。华北军区政治部，[1947—1949]年。61 页，18cm。JF0911/I234.6

提要：本书是反映解放军生活的七场话剧。在一次急行军中，某连二班和三班都有战士掉队。对待掉队的战士，三班长严厉批评，而二班长却对他们关怀备至。三班掉队的战士产生了逆反情绪。两位班长也对如何带兵产生了争执。经过指导员和同志们的帮助，他们认识到了错误，齐心协力取得了战斗的胜利。

解放临汾

中国人民解放军华北军区政治部编。中国人民解放军华北军区政治部，[1948—1949]年。29页，18cm。JF1191/I253

提要：收入1948年5月解放军攻克山西临汾战役的战地报道10篇，包括《临汾解放访徐向前将军》、《临汾人民得解放》、《梁培璜就擒记》等。

回到井冈山：老土地革命地区通讯选集之一

江声等著。汉口，新华书店，1950年9月。78页，17cm。JF0418/I253

提要：通讯报道集，收录全国解放前后反映老苏区革命风貌的10篇文章，包括江声等人的《回到井冈山》、张海涛的《走过前中央苏区》、曹欣等人的《红军老战士》等。

抗战诗抄

田间著。北京，新华书店，1950年。131页，17cm。JF0842/I227

提要：收作者抗战时期创作的新诗38首，分街头诗、小叙事诗、英雄谣、旷野说、参议会随笔、名将录、杂诗、附录七辑。（作者介绍见《戎冠秀》）

艺　术

新年到

新四军浙东游击纵队政治部政工队编。1945 年 1 月。1 册,19cm。JF1146/J642

提要:抗日战争时期,江南新西军的战斗生活非常艰苦。这本小册子装订简单,草纸油印。书中歌曲却表现了战士们藐视困难、乐观向上、斗志昂扬、充满激情的精神。有《大红灯》、《新年到》、《军号响》、《砍柴歌》、《光荣的任务》、《刺杀歌》、《抗日军人纪律歌》、《射击军纪歌》共 8 首。

群众歌集:第 2 集

[张家口],晋察冀音乐社编。新华书店晋察冀分店,1946 年 6 月。33 页,19cm。JF1241/J642.1

提要:1946 年 6 月,晋察冀边区行政委员会编审委员会和晋察冀音乐社,为了纪念 1946 年 7 月 1 日中国共产党成立 25 周年,1946 年 7 月 7 日中国抗战 9 周年,特别编写了这本歌集。内收《七月里来七月一》、《万岁! 中国共产党》、《庆祝胜利》、《八路好》、《抗战的路是老百姓开》、《斗争到底》、《坚决自卫》、《保卫人民的解放区》等 20 首歌曲。

少先队:晋绥边区儿童活动画册

牛文,亚林编辑。[山西],晋绥行政公署民教处青年救国联合会,1946 年。1 册 20 幅,14 × 18cm。JF0989/J228.04

提要:彩色连环画册。内分儿童学文化、儿童生产搞卫生两部分。每一页彩图配四句文字,讲述一个故事。如学文化的"五花城少先队工作好,白天生产夜到校,识字读书写路条,记账写信全会了";搞卫生的"五花城的少先队,讲究卫生扫街道,洗衣洗脸都做到,清洁卫生呱呱叫"。语言简洁,朗朗上口,适合少年儿童阅读学习。

新美术论文集:第 1 集

沃渣编。[牡丹江],东北书店牡丹江分店,1947 年 8 月。100 页,19cm。JF0636/J06 - 53

提要:内收艾思奇《美术工作与群众的进一步结合》、徐悲鸿《全国木刻展》、茅盾《门外汉的感想》、艾青《古元木刻集序》、王朝闻《狭隘的趣味如何妨碍创作》、陈叔亮《舞台以外》、胡蛮《抗战八年来解放区的美术运动》、冯宿海《试谈绘画》等 28 篇名家名篇。论述了解放区连环画、木版画、年画等不同的美术形式,展现了解放区美术事业的发展。

沃渣(1905—1974),原名程振兴,浙江衢县人。1937 年 10 月到延安,历任延安鲁迅艺术学院美术系主任、晋察冀边区美协主任、东北大学鲁迅艺术学院美术系主任、东北画报社创作部部长等职。创作有《向敌后挺进》、《到处是地雷》等。

民间音乐论文集:第2辑

中国民间音乐研究会编。佳木斯,东北书店,1947年9月。136页,19cm。JF0638/J607

提要:选录13篇关于民间音乐研究的论文。有的阐述对民间音乐的认识和研究方法,如冼星海《民歌与中国新兴音乐》、吕骥《民歌中的节拍形式》、张鲁《怎样采集民间音乐》等。有的叙述民间音乐的一些表现形式,如马可《陕北土地革命时期的农民歌咏》、安波《秦腔音乐概述》、吕骥《谈秧歌腰鼓及花鼓》等。

中国民间音乐研究会,1939年3月5日在延安成立,初名民歌研究会,1941年2月定名为中国民间音乐研究会。建国后并入中国民间文艺研究会。该会的主要工作是采集、整理、研究中国民间音乐,共搜集整理民歌和其他各类民间音乐3000余首,创办《民间音乐研究》,出版《民间音乐论文集》、《陕甘宁边区民歌》(1、2集)等。

演剧教程

曹葆华,天蓝译。大连,大连中苏友好协会,1947年9月。79页,19cm。JF0642/J81

提要:内收丁·拉波泊著、天蓝译《演员论》和B. E. 查哈瓦著、曹葆华译《导演论》两篇文章,均译自美国新戏剧联盟之机关杂志《戏剧工厂》,是国内第一本介绍苏联斯氏及瓦氏演剧体系的著作。新戏剧联盟为美国戏剧界的左翼集团,《戏剧工厂》为美国戏剧界的进步刊物。这两篇文章是他们请苏联著名戏剧家为他们所设的新戏剧学校所作的讲义。

大众歌选

冀鲁豫文工团编。[濮阳],冀鲁豫书店,1947年。11页,18cm。JF0986/J642

提要:本书是冀鲁豫文工团第一次编写的歌集。大部分歌曲由文工团自己作词作曲,反映人民解放战争时期,冀鲁豫解放区人民的战斗和生产生活。收《妇女支援前线歌》、《反攻小调》、《坚决打不留情》、《骂反动派》、《打垮反动派》、《打狼歌》、《地主们诡计多》等10首歌曲。

黑土子的故事

沃渣刻。[哈尔滨],东北画报社,1947年。74页,18cm。884/752.5

提要:木刻长篇连环画,《东北画报丛刊》之五。生动刻画了农民黑土子的形象,展现了他从只顾个人小利的普通农民到抗日英雄的转变。画风粗犷雄浑,是抗战时期最优秀的连环画之一。

九一八以来中国名歌选

直友编。东北书店,[1947]年。226页,22cm。781/235.2

提要:本歌集是在"八一五"抗战胜利两周年,"九一八"十六周年纪念的前夕编选,献给东北各界同胞们。包括"九一八"至抗战爆发时期、八年抗战时期、"八一五"至全面内战以来三个阶段的歌曲,还选录一部分在各个阶段流行于中国的外国歌曲,共237首。其中含著名的《国际歌》、《松花江上》、《逃亡曲》、《打回老家去》、《黄河大合唱》等。

群众歌集:大反攻、土改专辑

边区群众剧社编。[武安],晋察冀新华书店,1947年。46页,18cm。JF1240/J642.1

提要：本书收革命歌曲20余首，都是晋察冀边区群众剧社的同志在涞水、涿鹿、宛平等地参加土地复查工作时创作的。有反映土改的《团结起来把帐算》、《你拿出土地房屋还有大洋钱》、《天下农民是一家》、《新农会是农民的家》等16首歌曲，有反映大反攻的《大反攻》、《全家忙》、《参加解放军》等7首歌曲。这些歌曲比较接近老百姓的实际生活，在当地广为流传。

中国名歌选：第1辑

佳木斯，东北书店，1948年5月。267页，19cm。JF0640/J642

提要：全书分为两部分：九一八至抗战爆发时期歌曲、抗战时期歌曲。共收144首民歌，它们反映了每个重要的历史时期人们的心声，同时也鼓舞了群众的抗战。包括我们熟悉的《渔光曲》、《国际歌》、《松花江上》、《打回东北去》、《八路军军歌》、《八路军进行曲》、《三大纪律八项注意歌》、《游击队歌》、《黄河大合唱》、《没有共产党就没有新中国》、《东方红》等。

人民女英雄刘胡兰：说唱连环图画

张望画。哈尔滨，东北书店，1948年6月。38页，19×13cm。JF0926/J228.4

提要：1947年，未满15周岁的刘胡兰，在威逼利诱面前不为所动，牺牲在敌人的铡刀下。毛泽东为她亲笔题词："生的伟大，死的光荣！"其事迹被改编成戏剧、电影、电视剧等，在中国大地上广为流传。本书为说唱连环图画，是歌颂刘胡兰的早期作品，生动表现了刘胡兰的英勇事迹。

张望（1916—1992），广东大埔人。著名版画艺术家，美术教育家。在延安时期，曾在《解放日报》、《晋察冀日报》副刊上发表大量的木刻漫画。创作出版了《人民女英雄刘胡兰》、《鸟枪的故事》和《八路军到新解放区》等连环画册，并编辑了《鲁迅论美术》。

生活与美学

（俄）车尔尼舍夫斯基（Н. Г. Чернышвский）著。大连，光华书店，1948年9月。160页，19cm。JF0625/J01

提要：著者通译车尔尼雪夫斯基（1828—1889），俄国革命家、哲学家、作家和批评家。书名又译作《艺术和现实的审美关系》，是作者1853年写成的硕士学位论文，1855年初版。在1888年第三版序言中作者指出，该书的实质是"证明艺术作品决不能和活生生的现实相提并论"。在书中，作者坚持批判黑格尔派客观唯心主义美学观，直接继承、发展了别林斯基的现实主义美学观，并提出自己的美学观点：强调艺术的社会作用。该书是美学史上第一部试图用唯物主义观点撰写的美学著作，对俄国和我国的美学思想的发展影响甚大。

八路军到新解放区

张望作。[哈尔滨]，东北画报社，1948年10月。30页，18cm。JF0930/J228.4

提要：内收《八路军来了》、《护送》、《拾物不昧》、《房东最后明白了》等4个短篇连环图画。其中《房东最后明白了》一篇绘成较早。在张家口曾摄成幻灯片，本书略有删改，其余三篇材料是根据《晋察冀日报》副刊万力同志的报道所画，描绘的是八路军、新四军保持优良作风的故事。

鲁迅论美术

张望编。佳木斯，东北书店，1948年10月。125页，肖像，19cm。701.1/311.5

提要:内收鲁迅论述美术的文字,包括序文、小引、附记、后记等,共34篇。其中有《"陶元庆氏西洋绘画展览会目录"序》、《看司徒乔君的画》、《一八艺社习作展览会小引》、《绘画上的写实性》等。书前有鲁迅手迹、肖像等。书末附张望的《鲁迅先生与美术》、《鲁迅先生与中国新木刻》、《编后记》。

怎样鉴赏电影

罗毅夫著。大连,光华书店,1949年2月。41页,19cm。JF0648/J905

提要:本书是在解放区较早介绍电影及电影欣赏方面的著作。包括《电影是最具有群众性的艺术》、《电影的历史》、《电影是新兴的综合艺术》、《怎样鉴赏电影》、《关于脚本》、《电影的表现手法》、《怎样评判演员的表演技术》、《关于摄影》、《电影中的布景》、《声响与音乐》等10节,从不同角度分析电影作品,指导鉴赏电影。

解放歌声:第二集

海曙编。[淮安],华中新华书店,1949年4月。39页,18cm。JF0650/J642.1

提要:在第一集的基础上,为更好的表达工农兵的革命热情,适应革命形势需要,歌曲工作者们又共同努力,编成第二集,内收《庆祝胜利》、《民主进行曲》、《在民主的阳光下》、《花喜鹊》、《英雄赞》、《人人都爱他》、《解放全中国》等31首。

解放歌声:第一集

海曙编。[淮安],华中新华书店,1949年5月。38页,18cm。JF0649/J642.1

提要:收《东方红》、《进军曲》、《生产歌》、《我们要爱护老百姓》等29首革命歌曲。其中贺绿汀作曲的《东方红》等歌曲,时至今日依然广泛传唱。

剧场艺术和电影艺术的界线

(苏)奥布拉茨特索夫等著。大连,旅大中苏友好协会,1949年8月。116页,18cm。JF0639/J80

提要:《友谊丛书》之一。收录苏联学者关于剧场艺术与电影艺术方面的研究论文,内收S·奥布拉茨特索夫著《剧场艺术和电影艺术的界线》、A·巴色克希斯著《舞台设计》、S·基拉西摩夫著《〈青年警卫军〉是怎样摄制的》、A·塞尔可夫著《搬上银幕的〈青年警卫军〉》、B·弗拉夫尼克著《卡孟尼剧场上演的〈广场上的狮子〉》等7篇。

电影编导简论

阮潜编著。长春,东北书店,1949年。255页,19cm。792.73/375.5

提要:这是一部从技术上、方法上介绍电影编导工作的入门著作,内分概论(一部电影的制作过程)、镜头的表现与构成、声音与画面、文学剧本与导演剧本等4个章节,并附录:《生路》电影剧本。

民主歌声:第1集

章枚编。上海,新华书店,1949年。40页,18cm。JF0710/J642.1

提要:编者章枚是解放区有名的音乐家,曾经给陈毅元帅的词《黄桥新生》配曲。本歌集主要反映解放区人民的民主生活,有《解放区的天》、《快乐的村庄》、《在民主的阳光下》、《今天女人笑嘻嘻》、《民主建国进行曲》、《成立联合政府》、《劳动的人们最光彩》、《工人之歌》、《铁路工人进行曲》等24首歌曲。

苏联歌选

哈尔滨中苏友好协会编辑。哈尔滨,兆麟书店,1949年。46页,方19cm。JF0652/J652.512

提要:收录《斯大林颂》、《我的国家》、《我们的红军》、《炮兵歌》、《上战场》、《歌唱祖国》、《青年进行曲》、《世界民主青年歌》、《青年联合起来》等27首广为流传的苏联歌曲。

战争与生产:木刻与漫画

钱小晦作。[大连],[新中国书局],[1949]年。34页,18cm。JF0686/J221.8

提要:本画集收录作者1946到1947年间的30多幅木刻与绘画。内含《一个热鸡蛋》、《李三归队》、《小民兵》、《放牛》、《站岗》等木刻,《送伤号》、《读捷报》等单线画。另收毛泽东、朱德木刻像。

钱小晦(1928—),本名钱厚康,安徽芜湖人,版画家,作家。著有木刻漫画集《战争与生产》,散文集《死车的复活》、《生活之路》,小说《突破》、《山花烂熳》,纪实文学《独臂厂长》等。

歌唱解放区:第二集

田晴编。[1937—1949]年。38页,18cm。JF1239/J642.1

提要:本书为石印本,收《拥军》、《哥哥参军》、《跟着毛泽东走》、《展开王克勤运动》等37首歌曲。全书图文并茂,非常适合群众阅读学习。《歌唱解放区》配有一幅解放区妇女纺线图,《收谷歌》配有一幅三只鸭子稻田里捉鱼喝水图,《展开王克勤运动》配有一幅战士策马扬鞭图。

民兵的故事

彦涵作。新华书店,[1937—1949]年。1册,18cm。JF1005/ J228.4

提要:彦涵(1916—2011),江苏连云港人,版画家。1938年赴延安,在鲁迅艺术学院美术系学习,毕业后在华北根据地从事美术创作和教学,所作版画多取材于现实斗争生活。他是中国新兴木刻运动的代表人物,出版有《彦涵版画集》等。这本《民兵的故事》是其早期木刻连环画作品。反映当时解放区人民的生活,包括花姑娘、青抗先队长马福才、围困"王八窝"三个小故事。

小调快板集

左权县宣教委员会,[1937—1949]年。8页,20cm。JF1000/J644

提要:小调、快板以简短朴素的语言见长,形式非常活泼,适应农民群众的要求。这本小调快板集当时被各村剧团、小花戏团广泛采用,向群众宣传。作为冬学教材之一,还在农校里演唱。该集收有:快板《蒋介石能有几颗头》、仿逃难调《诉苦翻身小调》、快板《翻身不忘共产党》、仿母女告状调《翻身年》、仿走西口小调《冬季生产》、小花戏《参军》共6首。

白毛女:六幕歌剧,歌曲全谱

贺敬之,丁一作词。[1938—1949]年。[170]页,18cm。JF1013/J643.2

提要:"五四"以后,中国的一些音乐家开始尝试以中国民族音乐为基础,借鉴西洋歌剧的创作手法来创作中国歌剧,即一种具有中国特色的,综合音乐、诗歌、舞蹈等艺术而以歌唱为主的戏剧形式。因有别于中国传统歌剧——戏曲,故称新歌剧。1942年延安文艺座谈会以后,音乐工作者深入群众生活,向民间音乐学习,在秧歌运动和秧歌剧创作取得丰富实践经验的基础上,创作了表现革命内容、具有民族特色的大型歌剧《白毛女》。该剧在我国歌剧史上是一座里程碑式的作品,它标志着中国歌剧终于寻找到了自己独特的发展道路,形成了自身鲜明的美学品格。《白毛女》以非凡的艺术魅力和感染力量,成为发动群众开展反霸斗争和土地革命运动最生动的教材。

东北大鼓

东北书店,194?年。33页,15cm。JF1097/J239.26

提要:东北大鼓是主要流行于我国东北的鼓曲形式,融入了一些京剧、京韵大鼓和东北民歌的唱腔,曲调丰富,唱腔流畅,表现力较强,以说唱中、长篇书为主。本书内容多取材自解放区老百姓的战斗生活,收录《梁万金》、《张玉顺探秘营》、《找穷根》、《一场风波》四个小故事。

解放新歌

草右编。香港,民主文化公司,195?年。120页,19cm。JF0628/J642.1

提要:本书是流行在各个解放区的歌曲汇编。这些歌曲因实际工作的需要而产生,在流行中经过很自然的修改。它们是本着"知识分子与工农兵合作"、"从实际中来到实际中去"的方针创作出来,为大众喜闻乐见的作品。全书分五部分:战斗之歌、新民主颂、工农生产歌、人民翻身曲、民歌新唱。

历史、地理

黄帝魂

黄帝子孙之多数人撰述,黄帝子孙之一个人编辑。1912 年。218 页,21cm。969/169

提要:"黄帝子孙之一个人",据章士钊考证,系湖南善化(今长沙)人黄藻(字菊人)。该书辑录清末报刊及各种著作中的反清言论,包括《亡国论》、《正仇满论》;《君祸》、《驳革命驳议》、《黄帝纪年说》、《王船山史说申义》等。该书于光绪二十九年(1903)由上海东大陆图书印刷局刊行,后一再重印,但篇目互异,有 45 篇本、44 篇本、29 篇本等。本馆所藏为 29 篇本。

天讨

民报特刊编。[上海],[民智书局],[1928—1929]年。155 页,19cm。985/317

提要:《革命文库》之二。1907 年 4 月 25 日,中国同盟会机关报《民报》在日本东京发行增刊《天讨》,由章太炎主编,内容设图画、插图、书檄、附录四栏。本书是该增刊的重印本,收檄文 13 篇,分别为:《讨满洲檄》、《四川革命书》、《江苏革命书》、《安徽讨满洲檄》、《广东人对于光复前途之责任》、《云南讨满洲檄》等。

中国革命史

中央指委会编辑。上海,三民书局,1929 年。226 页,19cm。987/454.25

提要:全书包括革命之运动时代、革命之成功时代、二次革命、云南起义、护法诸役及中山先生之死等五篇,记述辛亥革命时代的军事实况及政治变迁。所记史实从孙中山倡导革命起,至 1924 年孙中山逝世止,前后凡 40 年,按照孙中山先生一生的事业编列。书后附《中华民国临时约法》及孙中山的《中国之革命》一文。

苏兆征

沧海等著。全国总工会,1930 年。30 页,肖像,19cm。JF1123/K827 =6

提要:苏兆征 (1885—1929),中国工人运动的著名领袖,杰出的无产阶级革命家,香港海员大罢工、省港大罢工、广州起义的领导人。本书是为纪念苏兆征逝世一周年出版。包括:纪念苏兆征、苏兆征同志传、苏兆征与 1922 年海员罢工、苏兆征与省港罢工等。

东北民众救国军

东北民众救国军委员会编辑部编。东北民众救国军委员会,1932 年。118 页,照片,19cm。980/137

提要:目录页书名:九一八与东北民众救国军。本书是《血染白山黑水记》的续集。收文15篇:《九一八救国军》(韩清沦)、《抗倭方策》(徐士达)、《冯占海攻吉林情形》(天雄)、《救国军实况》(栗天雄)等。有补白10篇。书前附照片多幅,书后附"暴日侵略东北各城市及救国军散布区域图"等。

中国革命史

陈功甫著,蔡元培校。上海,商务印书馆,1933年。163页,19cm。908/434.12/.10

提要:《新时代史地丛书》之一。全书共5章,前二章记述以孙中山领导的同盟会为主的革命组织在辛亥革命之前的革命活动和辛亥革命经过。后三章记述民国成立后的护国、护法运动以及革命完成后国民党的改组、段祺瑞执政、总理逝世、军阀混战、北伐战争等历史事件。

辛亥革命史

左舜生著。上海,中华书局,1934年。135,14页,19cm。911/352

提要:《中华百科丛书》之一。共8章,记述从兴中会成立到约法公布、临时政府北迁的历史,并分析了辛亥革命的原因。本书原系著者在复旦、大夏大学任教时的中国现代史料讲义,每章之后附四五个问题。书首及书中有孙中山等人照片8幅。

左舜生(1893—1969),号仲平,湖南长沙人。中国青年党的主要首脑之一。1924年参与创办《醒狮》报,反对中国共产党及其领导的人民革命,反对孙中山的三大政策。1949年去香港,创办反共刊物《自由阵线》。

东北抗日烈士传

[上海],王亚编。大众书店,1935年12月。131页,19cm。JF1099/K825.06

提要:本书收录东北死难英雄,及在东北附近,如长城抗日战争及张北抗日战争所牺牲之烈士传记。附录二篇:《东北四省四年来的反日游击战争》、《三年来东北义勇军斗争的总检阅》。书中号召全国人民只要团结起来一致抗日,就一定能取得最后的胜利。

中国革命史迹 第1集

[1936]年。1册,图,20cm。985.6/294

提要:书中搜集清末民初孙中山、黄兴、廖仲恺等人的照片及墨迹等。内分照像、书札、证状、券据、文告、文电、供词、遗迹等类。

我们的队伍

中华民族解放先锋队总队编。中华民族解放先锋队总队,1937年3月。78页,18cm。JF1104/K264.3

提要:本书记录"中华民族解放先锋队"成立和发展的过程。它是"一二·九"学生运动后成立的先进青年的群众性团体,简称"民先队"。1936年2月1日在北平师范大学召开了第一次代表大会,宣告正式成立,通过了"斗争纲领"、"工作方案"、"组织系统"和"规约"等。书中还介绍了"中华民族解放先锋队"组织法。

中国革命运动史

中国现代史研究委员会编。中国现代史研究委员会,1937 年。283 页,19cm。911/453.41

大连日报社,1946 年。283 页,19cm。911/453.41:1

提要:本书主要论述中国沦为殖民地半殖民地以来的重大革命运动,内分太平天国革命运动、戊戌政变和义和团运动、辛亥革命、五四运动、中国共产党的产生与中国工人运动的发展、中国国民党的改组与国共合作、一九二五至二七的中国大革命等 7 讲,介绍革命运动之社会背景、革命状况,并总结其失败之经验教训及社会影响。

盛世才与新新疆

杜重远著。汉口,生活书店,1938 年 4 月。103 页,图像,19cm。JF0542/K825.2

提要:本书为著者到新疆采访的报导,共 21 篇。每篇都在邹韬奋先生 1937 年开始编的《抗战》三日刊上登载过,登载的题目是《到新疆去》。本书侧重于新疆的形势、资源、民族问题、在国防上的重要位置、努力建设的概况以及对苏联的外交关系等,其中两篇介绍盛世才的生平事迹。

杜重远(1897—1943),吉林怀德人。"九一八"事变后,受到中国共产党抗日政策的影响,赴北平参加东北抗日民众会,1935 年主编《新生》周刊。1936 年赴西安,对张学良、杨虎城发动"西安事变"起了促进作用。1939 年任新疆学院院长,1943 年 9 月被军阀盛世才杀害。

国际政论家之中日战争论续集

曾恭编。[广州],亚东图书馆,1938 年。114 页,19cm。JF1136/K265.07

提要:1938 年抗日战争初期,同情中国的各国民众在物质上和精神上给中国人民以帮助,以锐利而正确的眼光在文字上提醒与鼓励中国人民。本书收国际政论家评论中日战局的文章,共 29 篇。包括日本的经济恐慌、中国抗战的威力、流血中的中国、英国的政策、战争的前瞻等。附:《日德意防共协定全文》等 2 篇。

近代世界革命史(卷二)

陈昌浩著。[延安],解放社,1939 年。302 页,19cm。926/380:1/.2。

提要:本书分为一八四八年的法国革命、一八四八年德国革命、十八世纪到十九世纪欧美民族运动等三章,论述革命前之社会背景、斗争过程及马克思主义对革命的影响等内容,并对这些革命运动的经验教训作了总结。

抗日民族统一战线教程

凯丰著。延安,解放社,1939 年。162 页,19cm。JF1106/K265.1

提要:1937 年 7 月 7 日,卢沟桥事变爆发,日本侵略军发动了全面侵华战争。7 月 8 日,中共中央通电全国,号召国共合作,全民族团结,建立民族统一战线,抵抗日本的侵略。在中国共产党的推动下,以国共合作为基础的抗日民族统一战线正式形成。本书系统地讲述了抗日民族统一战线在民族危亡时期的重要作用。包括民族危机下之中国;抗日民族统一战线的产生、发展和形成;抗日民族统一战线的意义、内容和前途;争取中国抗日战争的胜利等章节。

碧血黄花

中国国民党广州市党部宣传课编辑。[广州],广州市党部宣传课,1943年3月29日。11页,图,13×19cm。989/454.13

提要:本书是为了纪念广州黄花岗起义32周年出版的连环画。共有图画13幅,反映了此次起义的始末。

苏联归来

邵力子著。重庆,中国文化服务社,1943年6月。92页,18cm。JF0437/K951.2

提要:民国时期游记图书的出版达到了前所未有的规模,开启了游记图书出版史上的新时代。邵力子(1881—1967),近代教育家、政治家,浙江绍兴人。1940年5月,出任驻苏大使。邵力子出使苏联期间,时值第二次世界大战爆发,苏联正与德国进行作战。此书内收《使苏归来第一次讲演词》、《苏联战时经济概况》等14篇文章,记载了苏联的政治、经济、外交、文学艺术、自然景观、风俗等内容,可以在这些记述中形成对苏联的初步认识。卷首有1942年11月10日著者回到重庆对新闻记者的谈话稿《苏联归来》。

太平洋战后的世界

李菊休著。成都,中西书局,1943年。218页,18cm。JF0574/K152

提要:太平洋战争是日本法西斯发动的侵略战争,是第二次世界大战主战场之一,以日本偷袭珍珠港为先导,以日本投降结束,参战国家多达37个,涉及人口超过15亿,交战双方动员兵力在6000万以上,历时3年零10个月,伤亡和损失难以统计。全书共10章。分述太平洋战争爆发的原因;日本的实力及其独霸远东的企图;日本发动战争及联合国家的应战;罗邱会谈与蒋委员长访印;烦恼的印度问题;太平洋战争中的中美关系;美国军火生产的跃进;太平洋战争第一年战况;一年来国际局势的发展;一年来纳粹武力的没落。读完此书会对太平洋战争有一定认识。

日本革命运动史话

总政敌伪研究室编辑。[延安],新华书店,1944年1月。64页,19cm。JF0995/K313.01

提要:本书是将1942到1943年连续发表于《解放日报》、《敌情》副刊上面的《日本革命运动史话》,加以修改,整理而成。以日本革命运动中的重要事件和人物为主题,简明地叙述了日本革命运动的历史,反映了日本工人阶级在日本共产党的领导下光辉的斗争历史,及其杰出领袖们的英姿。

广州三月二十九日革命史

邹鲁编。重庆,国民图书出版社,1944年。264页,图像,19cm。911.8/842:1

提要:全书叙述1911年4月27日(宣统三年三月二十九日)黄花岗起义前后经过,内分绪论、款项筹措、事前之擘画、发难之进行、出发与决战、事后之情形、建墓立碑、传记等10章。书前有孙中山的黄花岗烈士事略序和编者序,并附烈士的遗像、遗墨等大量珍贵的历史照片。

汉奸刽子手曾国藩的一生

范文澜著。[延安],新华书店,1944年。37页,18cm。JF1010/K827.52

张家口,新华书店晋察冀分店,1945 年。39 页,19cm。JF1009/K827.52

[临朐],华东新华书店总店,1948 年 10 月。33 页,18cm。972.8/535.9

大众书店,民国[1912—1949],35 页,18cm。972.8/535.9:1

提要:出于对敌斗争的需要,范文澜于 1944 年在延安写出《汉奸刽子手曾国藩的一生》一书,该书在共产党与以蒋介石为首的国民党反动派展开的殊死搏斗中,发挥了极其重要的作用,被国民党政府封杀。书中写道:“曾国藩是近百年来反动派的开山祖师,而他的伪善乔装却在社会上有很大的影响。他的继承者人民公敌蒋介石把他推崇为‘圣人’,以为麻醉青年、欺骗群众的偶像。为了澄清当时一些人的混乱思想,所以有揭穿曾国藩这个汉奸刽子手本来面目的必要。”全书分 4 节叙述曾国藩的事迹。

范文澜(1893—1969),字仲澐,浙江绍兴人。著名马克思主义史学家,是我国首先运用马克思主义唯物史观进行中国史研究的学者之一。1939 年入党,次年到延安,任马列学院历史研究室主任等职。解放战争期间历任晋冀鲁豫边区北方大学校长、华北大学副校长等。建国后,任中国科学院近代史研究所所长、中国史学会副会长等职。主要著作有《群经概论》、《文心雕龙注》、《中国通史简编》、《中国近代史》、《唐代佛教》、《范文澜历史论文选集》等。

甲申三百年祭

郭沫若著。张家口,新华书店晋察冀分店,1945 年 11 月。38 页,18cm。JF1287/K248.301

提要:本文原发表于 1944 年 3 月 19 日至 22 日重庆《新华日报》,是为纪念明亡国三百年而撰写的有关明末李自成农民起义的文章。文中郭沫若先生根据史实,分析了明朝灭亡的社会原因,把明思宗与当时农民起义的主将李自成作了对照性的叙述和客观的评价。

郭沫若(1892—1978),四川乐山人,是我国现代著名的无产阶级文学家、诗人、剧作家、考古学家、古文字学家、历史学家、书法家和社会活动家。

大后方人民的生活:抗战期中

伯人编。[张家口],晋察冀边区教育阵地社,1945 年 12 月。20 页,19cm。JF0960/K265

提要:本书介绍抗日战争时期国民党黑暗统治下的大后方人民的苦难生活。从工人阶级受苦受累活不了,写到农民生活的惨相。从当兵的痛苦经历,写到学生的痛苦生活。从公务员的穷困生活,写到妇婴待救,儿童普遍失学。从国民党统治下物价飞涨造成工商业危机严重,写到大军阀、大官僚过着荒淫无耻的生活。

纪念“一二·九”特辑

[张家口],晋察冀边区青联会,张市青联会编。1945 年 12 月。41 页,18cm。JF1068/K264.5

提要:1945 年 12 月 9 日,为了纪念“一二·九”运动十周年,建立和平、民主、统一的民主联合政府,张家口各界青年学生、工人举行盛会,高呼“打垮进攻解放区的反动派军队”。姚依林同志在大会上讲话号召青年们团结起来向成都、昆明的同学一样行动起来反对内战。其他人也发表了相关文章,有《继承与发扬“一二·九”的光荣传统》、《历史的车轮可以倒转吗?》等,号召人民团结起来,粉碎国民党反动派破坏和平的阴谋、扩大“一二·九”以来人民已经取得的胜利战果。

革命逸史 初集

冯自由著。上海,商务印书馆,1945 年。256 页,19cm。989.2/766/.1

革命逸史 第 2 集

冯自由著。重庆,商务印书馆,1943 年。336 页,18cm。989.2/766/.2

革命逸史 第 3 集

冯自由著。上海,商务印书馆,1945 年 12 月。405 页,19cm。989.2/766/.3

革命逸史 第 5 集

冯自由著。上海,商务印书馆,1947 年。286 页,19cm。989.2/766/.5

提要:冯自由(1882—1958),原名懋隆,原籍广东南海,生于日本,从 1895 年参加兴中会起,冯自由曾亲历辛亥革命史上的许多重大事件,与孙中山、黄兴、章太炎、秋瑾等人关系密切。本书根据作者的回忆、多年笔记、往来书信、稽勋局调查表册以及香港《中国日报》等编写而成,所载史料翔实有据,且记述多为非亲历者不能知之趣事。比如说中山先生喜欢下象棋却棋艺不精,但牌打得很好。其他如孙中山与黄兴的旗帜之争,以至于两人的关系长期不和。费正清、唐德刚等海内外民国史专家高度评价此书为"民国史第一书"。

蒋介石的诺言与自白

解放日报编著。大众书店,1945 年。199 页,19cm。JF0528/K827.7

提要:内收《蒋介石的诺言》、《蒋介石的自白》、《从"九一八"到"七七"》、《抗战以来敌寇诱降与国民党反动派妥协投降活动的一笔总帐》等 4 篇。以时间为顺序,揭露国民党反动派在抗战期间,向日本投降和妥协的行径。

太平天国革命运动

范文澜著。新华书店,1945 年。71 页,17cm。JF0439/K254

[哈尔滨],东北书店,1948 年 2 月。88 页,19cm。JF0865/K254

哈尔滨,东北书店,1948 年 10 月。88 页,19cm。JF0864/K254

提要:太平天国运动是范文澜中国近代史研究的重心之一。全书分三部分,太平革命准备时期(1843 年至 1850 年)、太平革命胜利时期(1850 年至 1856 年)、太平革命衰败时期(1856 至 1864 年)。最后还附有华岗著《太平天国反清战争的战略研究》一文。该书运用马克思主义理论和方法,服务于现实斗争,曾深刻地教育了中国广大人民,为马克思主义中国近代史的创立和相关领域的研究做出了重大贡献。我馆藏有两个版本的《太平天国革命运动》,其中 1945 年新华书店版没有目录,纸张和印刷较差。(作者介绍见《汉奸刽子手曾国藩的一生》)。

为和平而奋斗

[新华日报馆]编。重庆,新华日报馆,1945 年。84 页,18cm。JF0977/K266.106

提要:1945 年 8 至 10 月,毛泽东、周恩来等飞赴重庆与国民政府谈判。经过激烈的争论,双方签署了"双十协定"、但最终还是爆发了全面内战。本书收录共产党在国共谈判期间对时局的看法,以及和平建国的愿望,表现了共产党单方面为和平建国而作的努力。内收《中共中央对目前时局宣言》、毛泽东在渝言论6篇、《到重庆在飞机场的谈话》、《国共会谈纪要》以及《走向和平的新中国》等《解放日报》和《新华日报》的评论15篇。

一二·一惨案特辑

新华社等编。[1945]年。50页,18cm。JF0715/K266.51

提要:抗日战争结束后,全国人民希望实现和平民主,但国民党政府却一意孤行,坚持一党专政,并奉行内战政策。为此,昆明3万多学生抗议并宣布总罢课,提出立即停止内战、撤退驻华美军、保障人民民主权利、建立民主的联合政府等口号。国民党反动派武装镇压,制造了震惊全国的"一二·一惨案"。本书详细介绍了该惨案的真相,收录《国民党当局镇压昆明反对内战运动的罪行》、《昆明市大中学生为反对内战及抗议武装干涉集会告全国同胞书》、《昆明惨案发生以后》及《反对内战运动在各地的发展》等多篇反映时局的文章。

中国近代史讲话

韩启农著。张家口,新华书店晋察冀分店,1945年。81页,18cm。JF0854/K25

东北书店,1946年10月。61页,19cm。JF0850/K25

北平,北平科学社,[1942—1949]年。57页,18cm。JF0896/K25

提要:以通俗讲话形式叙述从鸦片战争到"七七"抗战爆发前的历史。全书分20讲,各讲后附有问题数条,带着问题读全文,有利于深刻理解内容。书后附中国近代大事年表。北平科学社和新华书店晋察冀分店版的内容相同,目录后正文前都有柳湜1942年在陕甘宁边区政府写的序。东北书店版无此序。

中苏条约与双十协定

[阜平],晋察冀日报社,1945年。54页,19cm。JF0949/K264.4

提要:本书收录《中苏友好同盟条约全文》,《解放日报》社论《远东持久的和平基础》,阐述了"中苏友好同盟条约"对日本法西斯的最后击败与肃清和远东持久和平的建立都有重大的意义。另外收录《江南新四军奉命北移》,记录中国共产党为实现和平所作的让步;《国民党部队大举进攻解放区》反映自日寇投降以来到和平谈判期间,国民党破坏和平的举动;《必须实行双十协定》表明了中国共产党要实现"和平建国方针"的愿望和决心。

介绍窃国大盗袁世凯

陈伯达著。华北新华书店,1946年2月。66页,19cm。JF0965/K827.6

提要:全书叙述袁世凯靠镇压破坏人民斗争起家,利用资产阶级革命派的软弱性和妥协性,窃取辛亥革命果实,当选为中华民国第一任大总统。之后复辟称帝,只作了83天的皇帝即被推翻,忧惧而死。本书通过分析袁世凯失败的经过,警告窃国者应引以为鉴。书中引用毛泽东同志在《论联合政府》中说道的,"近代中国的人物有两个,一个是革命的民主派——孙中山先生,一个是窃国大盗的专制派——袁世凯"。(作者介绍见《新妇女的人生观》)。

中国民族解放运动史:第1卷

华岗著。长春,东北中苏友好协会,1946年2月。275页,19cm。JF0861/K25

大连,大众书店,1946年6月。200页,19cm。JF0857/K25

长春,东北中苏友好协会,1946年。275页,19cm。JF0523/K25

提要:由作者《中国大革命史》改编扩充而成,将鸦片战争至"五四"运动作为第一卷。

中国民族解放运动史:第2卷

华岗著。长春,东北中苏友好协会,1946年3月。314页,19cm。JF0862/K25

大连,大众书店,1946年6月。288页,19cm。JF0372/K25

大连,大众书店,1946年6月。228页,19cm。JF0858/K25

鸡鸣书店,1947年。549页,19cm。JF0863/K25

提要:《中国民族解放运动史》第1、2卷是我国著名的马克思主义理论家华岗的早期著作。约32万字。1927年大革命失败后,作为亲身经历者,华岗同志全面总结了大革命的历史经验和教训,写出了26万字的《中国大革命史》。1939年,华岗将其加以改编扩充,使其成为一部中国民族解放运动史。华岗计划将鸦片战争至"五四"运动作为第1卷,1925至1927年大革命为第2卷,大革命以后至抗战为第3卷。但由于种种原因只出版了前两卷。此书刊行后曾多次翻印,成为当年解放区必读的近现代史教科书。

东北抗日联军斗争史略

关寄晨编。东北书店,1946年4月。35页,18cm。JF0855/K264.3

提要:本书根据记者远道往访东北抗日联军领袖周保中将军及其部下老游击队员数十人,所得资料编辑而成,虽不够全面,但能简要地将他们十四年来的斗争事略及其艰苦支持抗日战争的情形加以介绍。全书分两部分:中国共产党与东北抗日联军十四年斗争史略、周保中将军传略。

蒋介石言行对照录

现代史料社编辑。现代史料社,1946年4月。71页,18cm。JF1217/K827.7

[豫皖苏区建国学院]编著。佳木斯,东北书店,1947年9月。50页,19cm。JF1218/K827.7

提要:本书从3部分批判蒋介石言行不一。第一部分通过蒋介石"关于抗日战争、关于国内团结、关于中苏友谊、关于民主自由、关于民生问题、党纪军纪政纪之类、关于蒋介石本人"等7个方面的前言后语,说明蒋介石说话不可信。第二部分针对蒋介石自我批评中的言谈,所谓的老实话,一一进行驳斥,说明他的这些话本身就有欺骗性。第三部分揭露蒋介石在政治协商会议前后,一手签订《双十协定》,一手发出《剿匪手本》与《剿共密令》。蒋介石的种种言行就像书前扉页摘录的:"好话为先生说尽,而坏事为先生做尽。"

苏联纪行

郭沫若著。北平,中外出版社,1946年4月。216页,18cm。947/635.4:1

胶东新华书店,1946年5月。163页,18cm。947/635.4:2

东北书店,1946年10月。216页,18cm。947/635.4

山东新华书店,[1937—1949]年。[146]页,18cm。JF0882/K825.6

提要:内容与《苏联五十天》基本相同。另把途中经过印度伊兰的情况也记述进去。

中国史话

许立群著。山东新华书店,1946年4月。128页,18cm。JF0897/K220.9

胶东新华书店,1946年9月。112页,19cm。JF0877/K220.9

提要:许立群(1917—2000),理论宣传家。这是一本用文学的笔调写成的小型中国通史。延安时期曾以《古代中国的故事》为名在《中国青年》杂志上连载,受到读者的好评。通读全书,远至上古,近到鸦片战争,一切都是娓娓道来,通俗、形象,又不失史学的严谨。对于想了解和学习中国历史的读者来说,《中国史话》是一个值得推荐的大众读本。吴玉章在序中评价:这本《中国史话》,简单明了,而且通俗化、大众化,使广大的劳苦群众容易了解,能发动其为国家民族而牺牲的精神,实为抗战中可宝贵的历史读物。

患难余生记

邹韬奋著。[山东],山东新华书店,1946年5月。113页,18cm。JF0704/K825.4

[涉县],韬奋书店,1946年8月。69页,18cm。JF1197/K825.4

[山东],山东新华书店,1948年7月。113页,18cm。JF0714/K825.4

晋察冀新华书店,1947年11月。94页,18cm。JF0673/K825.4

提要:《患难余生记》是邹韬奋先生最后的著作,记录其为追求正义与黑暗势力斗争的几次流亡生活,及其为之努力奋斗的进步文化事业。他1943年因病回上海诊治,1944年春在病榻上撰写回忆录。后因病情恶化,仅写了5万余字,是未完稿。同年7月24日于上海逝世,终年50岁。邹韬奋是中国卓越的政论家、出版家,著名的新闻记者,是一位从民主主义者走向共产主义者的典范人物。在中国人民同日本帝国主义和国民党反动派的斗争中,他是一位英勇、果断、坚强不屈的革命战士。

敌后抗日根据地介绍

旅顺,旅顺民众书店,1946年6月。105页,19cm。JF0490/K269.5

提要:抗日战争时期,中国共产党领导的八路军、新四军、华南人民抗日游击队和其他抗日军队,在日本侵略军占领的广大地区内建立抗日根据地。到抗日战争后期,主要抗日根据地有19块之多。根据地人口发展到1亿人,中国共产党领导的军队发展到120万人。这为争取抗日战争和解放战争的胜利奠定了良好的基础。本书收7篇文章,记述八路军创建的晋察冀、晋冀鲁豫、山东、晋绥抗日根据地和新四军创建的华中抗日根据地,介绍各根据地的地理环境、人口、政治、军事、经济等方面的情况。该书原名《中国敌后抗日民主根据地概括》,1944年10月由延安新华书店出版,1946年旅顺民众书店翻印。

中国职工运动简史

邓中夏著。张家口,新华书店晋察冀分店,1946年6月。244页,18cm。JF0852/K261.3

佳木斯,东北书店,1947年4月。223页,19cm。JF0853/K261.3

佳木斯,东北书店,1947年。10,223页,18cm。JF0869/K261.3

哈尔滨，东北书店，1948年6月。223页，19cm。JF0851/K261.3

新华书店，1949年9月。10,299页，18cm。JF0868/K261.3

提要：全书分13章，介绍不同时期的中国职工运动，具体讲述了几个重大的工人运动，如省港大罢工等。

邓中夏（1894—1933），中国共产党早期的卓越领导人之一，杰出的工人运动领袖，中国共产党的重要理论家。他一生的绝大部分时间从事工人运动，曾参加和领导了20世纪20年代几乎所有重大的工人运动，例如长辛店工人罢工、"二七"大罢工、"五卅"运动及省港大罢工等。在斗争中，他认识到中国工人是"革命军中最勇敢的先锋队"，撰写了中国第一部工运史，即《中国职工运动简史》，对中国工运理论做出了多方面的贡献。

抗战以来敌寇诱降与国民党反动派妥协投降活动的一笔总帐

解放日报社编。晋绥日报社印，1946年8月。47页，19cm。JF0458/K265.206

提要：本书内容与下一条目《一笔总帐》相同。本馆藏的两种版本中，晋绥日报社版较早，题名较为详细，但装帧和纸张比较粗糙；东北书店牡丹江分店版装帧和纸张较好。

一笔总帐

解放日报编。牡丹江，东北书店牡丹江分店，1948年1月。52页，18cm。JF0922/K265.206

提要：收录抗战以来日寇诱降及国民党妥协投降活动的具体材料。全书按时间先后共分三部分："七七"事变至汪逆投敌、从汪逆投敌到太平洋战争爆发、从太平洋战争爆发至敌酋谷萩的四次诱降，有力揭露了国民党内部反动派投降妥协、消极抗日、积极反共的态度。

中国抗战史

冯子超著。上海，正气书局，1946年8月。340页，19cm。JF0874/K265

提要：全书以中国全民抗战为经纬，由"七七"卢沟桥事变起，根据时间、地点、事实，作横剖面叙述。加之作者亲历各战场前线，详悉各前线之情况及军事配备情态，又曾为新闻记者，写作风格别具一格。书中所引用的有关数据、敌我队伍实情，均根据当日统计，对于全面、深入研究抗战史具有一定参考价值。书名钮永建题，书中另有冯玉祥、徐永昌、汤恩伯、于学忠等人题词。

论战局

东北民主联军总政治部，1946年11月。28页，18cm。JF1229/K266.06

东满铁路管理局选印。[东满铁路管理局]，[1946—1949]年。23页，18cm。《学习文选》之二。JF1256/K266.06

提要：1945年10月10日为避免内战再起，国共双方代表曾先后签订了《双十协定》和《停战协定》。1946年6月下旬，国、共两党的军队在中原地区爆发了大规模的武装冲突，长达三年多的全国内战就此开始。本书是共产党方面论述1946年6月到10月全面内战爆发后战局的资料汇编。主要收录《解放日报》社论《论战局》、《蒋军必败》、《战局已开始变动》和《中共对目前的时局郑重声明》等四篇文章。

杨靖宇和抗联第一路军

纪云龙编著。东北书店,1946 年 11 月。122 页,18cm。JF0321/K820.6

提要:此书分为 7 章,记载了杨靖宇领导的抗联第一路军的形成和壮大及杨靖宇的殉国。

杨靖宇(1905—1940),抗日民族英雄。原名马尚德,又名马顺清,1927 年入党,1929 年被派往东北工作。“九一八”事变后,东北人民抗日游击战争开始,先后出任东北人民革命军第一独立师师长、抗日联军第一军军长兼政委、第一路军总指挥兼政委。他带领部队在南满、东满一带活动,与敌人展开艰苦卓绝的斗争。1940 冬在日军的包围中,被叛徒出卖,壮烈牺牲。

从九一八到七七

[解放日报社]编辑。民众书店(翻印),1946 年。121 页,19cm。JF0377/K264.3

[济南],华东新华书店,1949 年 4 月。58 页,18cm。JF0966/K264.3

提要:本书从“九一八”事变到“七七”事变,按时间顺序,先后从四个时段揭露国民党反动派妥协投降的行径。一、“九一八”、“一二八”后国民党采取不抵抗政策,想通过国联解决问题,造成东北全部被日本人占领。二、日寇进攻华北,蒋介石与日本直接妥协。三、华北危急,蒋介石大唱“中日亲善”、“经济提携”,对于高涨的救亡运动则实行残酷的镇压。四、西安事变后,在全国人民的压力下,蒋介石被迫停止内战,但仍未放弃反共、反人民、消灭异己的政策 。

东北抗日联军十四年苦斗简史

冯仲云著。[黑龙江],东北人民自卫军黑龙江警卫第一旅政治部,1946 年。44 页,19cm。JF1100/K264.3

提要:作者 14 年中亲身参加了抗联和抗救的活动。书中回忆那段艰苦的斗争,真实地再现了那段历史。“九一八”事变以后,东北抗日联军及抗日救国会的活动,几乎遍布全东北。14 年中,他们的游击战争、地下活动从未间断。尽管敌人残酷地“进攻”、“讨伐”、“追踪”、“屠杀”、“血洗”,他们仍旧率领着东北苦难的同胞,前赴后继、再接再厉英勇抗争。

冯仲云(1908—1968),江苏武进人,东北抗日联军著名将领。1927 年 5 月加入中国共产党,建国后历任松江省人民政府主席兼哈尔滨工业大学校长、北京图书馆馆长等职。

东北问题的历史真象

乔木,田家英著。[时论丛刊社],1946 年。8 页,19cm。JF1098/K293

提要:此书是在日本投降后,共产党对国民党反动派宣传机关的种种言论的驳斥。国民党说他们在东北“流了无数的血”,把自己描写成为“救国主义者”。而对于坚持东北抗日战争 14 年的中国共产党人及其领导的抗日联军,居然问出“他们是从哪里来的”。文中从几个方面说明日本进攻东北及占领东北是国民党反动派一手造成的;又通过有力的资料充分说明是谁领导东北抗战,是谁同日本法西斯进行了长达 14 年的艰苦斗争。

湖北革命知之录

张难先著。上海,商务印书馆,1946 年。419 页,19cm。989/310

提要:该书以大事和革命团体为纲,记述湖北省辛亥革命史,年代从庚子(1900 年)汉口之役至武昌首义、民国成立止。内容分两部分：第一部分分述革命思想的渊源、革命的动因，以及各革命团体的概况；第二部分记省内首义情况。共20余章，章后附人物传记。全书共有传记和墓志约百余篇。

张难先(1874—1968)，名辉澧，又名绍良，字难先，以字行，湖北沔阳人，近代民主革命家。1911年加入文学社，10月参加武昌起义。抗日战争时期，主张抗日，支持民主运动。解放战争期间，支持人民解放战争。建国后，任中央人民政府委员、中南军政委员会副主席等。

教育英雄张健华

阎吾等著。[临沂]，山东新华书店，1946年。58页，18cm。JF1236/K825.46

提要：本书主要介绍“教育英雄张健华”。他从群众的生活入手，搜集群众的日常用字，进行教育改进，编成三种为群众所欢迎的教材；打破旧型正规化的小学模式，创办了第一个劳动人民的学校——庄户学，把教学和劳动结合起来，做到“田野山岭都是课堂”。还介绍了“模范小学教师于明”、“工农教师刘树娥”、“模范小先生董春兰”，他们都为解放区群众的教育做出了巨大的贡献。另包括《艰苦学习的纪丕福》、《韩邦礼苦学记》等文章，记录了穷苦孩子们艰苦学习的经历。

劳动英雄韩凤龄

焚歌著。[张家口]，晋察冀边区教育阵地社，1946年。19页，19cm。JF1101/K826.3

提要：本书介绍了女劳动英雄韩凤龄的先进事迹。她勤劳持家、乐于助人、和蔼诚恳，村里人都爱戴她、尊敬她。她热心抗日工作，帮助抗日民主政府向群众宣传“统一累进税”，坚决执行政策法令。1940年被选为妇女劳动英雄，参加妇救会第四次代表大会，回到村里积极帮助抗日战士家属。她还是个学习能手，永不厌倦地向一切新鲜事物学习。

劳动英雄胡顺义

羽山著。[张家口]，晋察冀边区教育阵地社，1946年。21页，19cm。JF1092/K826.3

提要：群众读物。介绍晋察冀边区阜平县劳动英雄胡顺义(1886—?)的先进事迹。1944年冬，58岁的他参加边区群英会被选为大会主席团成员之一。胡顺义领导全村搞生产，使人人有饭吃有衣穿，不仅全县农民钦佩他，全边区人民也非常熟悉和爱戴他。1945年阜平县开展“胡顺义运动”，在他的帮助和影响下，全县又涌现出一批劳动英雄。

羽山(1921—)，原名廖星光，四川成都人。当代剧作家，1940年毕业于晋察冀抗日根据地华北联合大学戏剧系，曾任记者、剧团创作、编辑，建国后在北影、上影、长影任编剧。创作电影剧本《保卫胜利果实》、《海上风暴》、《一场风波》、《平原游击队》等。

烈士传

赵元明编。辽东，建国书社，[1946]年。78页，19cm。JF0725/K820.6

提要：在中国共产党成立15周年之际，为表彰先烈，特发此书。收有《李大钊同志抗日斗争史略》(成纲)、《纪念反日战士顾正红同志》(康生)、《悼向警予同志》(李明)、《苏兆征同志传》(中夏)、《彭湃同志传略》(王德)、《纪念恽代英同志》(伯林)、《纪念蔡和森同志》(李明)、《瞿秋白同志传》(杜静、萧三)、《方志敏同志传》(梁朴)等10篇文章。

美国反动派走上了希特勒的道路

翦伯赞等著。华北新华书店，[1946]年。56页，18cm。JF1185/K266.306

提要：1945年8月抗日战争胜利后，国民党反动派在美国的支持下，把西南的大批军队运到东北和华北地区做好内战准备。挑起内战后，国民党依靠优势兵力对解放区展开全面进攻。在这种局势下，华北新华书店编写出版了此书，用以抨击美国反动派帮助国民党打内战的罪恶行径。内收翦伯赞《美国反动派走上了希特勒的道路》、陈家康《蒋美合作造成全面破裂》、郭沫若《替美国人设想》等8篇论文。

人民英烈：李公朴、闻一多先生遇刺纪实

李闻二烈士纪念委员会编。李闻二烈士纪念委员会，1946年。380页，图像，19cm。JF0935/K266.51

提要：李公朴（1902—1946），中国民主同盟早期领导人，1946年7月11日在昆明市被国民党特务暗杀。闻一多（1899—1946），中国民主同盟早期领导人，在李公朴的追悼会中发表演讲，言辞激烈，后被暗杀。为纪念二位先生和揭露国民党反动派的罪行，特编辑出版此书。本书包括沈钧儒等编写的《李公朴先生史略》、吴晗编写的《闻一多先生传》，以及各界的吊唁和慰问、抗议与呼吁等。其中有中共中央领导人毛泽东和朱德联名发表的唁电，以及廖承志、郭沫若、田汉等人写的悼念文章。

时论选集：1

晋察冀日报社编。[张家口]，新华书店晋察冀分店，1946年。116页，18cm。JF1111/K266.06

提要：国共双方为了和平建国进行重庆谈判，后签订《双十协定》。本书辑选1945年8月到1946年6月之间相关的时论、报道13篇，包括《中国共产党中央委员会对目前时局宣言》、《蒋介石元旦演说与政治协商会议》、《评扩大国府组织之意见》、《评国民党二中全会》、《驳蒋介石》、《破产的政治理论》、《朱总司令在延安庆祝和平民主大会上的演说》、《军队国家化的根本原则与根本方案》、《和平建国纲领草案》等。

为独立和平民主而斗争

晋察冀日报社编。晋察冀日报社，1946年。46页，19cm。JF0978/K266.4

提要：1945年10月10日，国共停止内战，刚刚签署《双十协定》。1946年6月国民党就进攻共产党在中原的集结地，于是全面内战爆发。面对内战，共产党一方面揭露国民党反动派发动内战的阴谋，一方面动员全解放区人民粉碎蒋介石的进攻。本书收《朱总司令在延安反内战反特务大会上的演说》、《毛主席反对美国军事援蒋声明》、《宋庆龄对时局的主张》、《全解放区人民动员起来粉碎蒋介石的进攻》等11篇。

新东北概览

武尚权著。北平，世界日报社，1946年。84页，图表，18cm。JF0910/K923

提要：抗战胜利后，为了让人民认识历史了解事实，世界日报社于1946年及时出版了这本《新东北概览》。全书分13章，记东北地区的沿革、位置、政治、人民、地势、矿藏、交通、名胜等，详细介

绍了抗战后改建的新九省现势与行政组织。附东北九省行政区域图。

一二·一民主运动纪念集

于再先生纪念委员会编。上海,镇华出版社,1946 年。211 页,19cm。JF0312/K266.51-53

提要:抗日战争结束后,全国人民希望实现和平民主,国民党政府却一意孤行,坚持"一党专政",并在美国支持下奉行内战政策,向各解放区发动全面进攻。为此,昆明 3 万多学生进行抗议并宣布总罢课,提出"立即停止内战、撤退驻华美军、建立民主的联合政府"等口号,遭到国民党反动派的镇压。这就是震惊全国的"一二·一惨案"。本书是该运动的纪念文集,分传记、惨案经过、入殓记、各地追悼会、悼文等部分。卷首有于再等四烈士像、郭沫若写的序《历史的大转变》。

政治协商会议文献

[东北书店]编。东北书店,1946 年。28 页,19cm。JF0387/K266.2

提要:政治协商会议,指的是 1945—1946 年中国国民党、中国共产党以及各民主党派(民盟、青年党等)为抗战后的和平建国大业在重庆召开的会议。该书主要收录政治协商会议期间共产党方面的文献,含《国共双方停战协定》、《毛主席停战命令》、《中共中央和平建国纲领草案》、《中共代表对政府所提扩大国府组织方案的不同意见》等 6 篇。

中国八大理财家(上)

郭垣著。沈阳,中国文化服务社东北区社,1946 年。101 页,19cm。972/630.2/.1

提要:本书主要论述中国历史上四位理财人物及其施行的财政政策,分别是管仲、商鞅、桑弘羊、王莽,在略论他们的时代背景和生平的基础上,详细介绍其财政经济政策,包括施政方针、主要措施、社会效果、其与反对派的斗争、失败或成功原因分析等内容。

中国革命史表解

王浩编著。成都,新四川文化社,1946 年。133 页,表格,18cm。911.5/117.15

提要:全书共 4 部分,全部为表格。一释革命,阐述革命的定义、目的和种类。二汤武革命,简述商汤和武王革命的原因、经过和影响。三秘密反清之革命,阐述秘密反清革命的原因、组织和弊端。四国民革命,总论部分阐述革命的起因、导师、主旨、沿革;各论部分分别阐述兴中会、中国同盟会、国民党、中华革命党、中国国民党的主旨、成立经过、纪律等。书后附《中国国耻简史》。

中国近代史

李鼎声著。长春,东北中苏友好协会,1946 年。372 页,18cm。910/289

提要:记述鸦片战争至"九一八"事变的历史。全书 18 章,辛亥以前 12 章,辛亥以后 6 章。每章首端附"提要"成为该章内容之缩影,末尾附有"复习问题"和"研究问题",适合自学与教学。本书在写作方式上叙事与分析并重,注重每一重大事变产生的原因与过程的分析。在取材方面偏重于具有历史意义的事实,如农民之战斗、劳工之斗争等。该书是我国较早试图运用马克思主义观点研究中国近代史的代表作之一。

李鼎声(1907—1966),本名李平心,江西南昌人。1945 年参加民主促进会。新中国成立后,曾任中国民主促进会中央常委、上海史学会副会长，华东师范大学历史系教授等。著有《中国近代史》、《中国现代史初编》、《各国革命史》等。

中国问题文献：第1集

向群编。大众文化合作社，1946年。210页，18cm。JF0384/K266.06

提要：此书是国共两党商讨关于“和平建国”的文献汇编。主要分成四部分。一、共产党方面的言论：收《中国共产党中央委员会发表对目前时局宣言》等6篇。二、国民党与共产党会谈的内容：收《政府与中共代表会谈纪要》等6篇。三、美苏英对华政策：收《美总统发表对华政策声明》、《莫斯科苏美英三外长会议公报》。四、政治协商会议相关文献，收《政治协商会议决议案》等13篇。本书可以使读者对抗战胜利后和内战爆发前的中国局势有一定的了解。

中华民国开国前革命史：上卷

冯自由著。上海，中国文化服务社，1946年。182页，18cm。911/773

提要：本书分上、中、下三卷，共51章，是从1895年广州起义至1910年黄复生、汪兆铭谋炸清摄政王止的革命史，详细记述了武昌起义前革命党人历次起义的史实。本馆仅存上卷，共24章。（作者介绍见《革命逸史》）

群众游击战争与民兵杀敌英雄

太行二届群英大会编辑委员会编。太行群众书店，1947年1月。81页，18cm。JF0573/K825.06

提要：《太行二届群英大会丛书》之一，总结太行地区1946年群众游击战争的成绩，主要刻画了民兵杀敌英雄。太行人民有光荣的抗日游击战争传统和一整套的游击战争经验。1946年6月全面内战爆发后，太行人民发挥游击战争的经验，大量歼灭敌人，涌现了许多民兵杀敌英雄、参战模范、模范军属。

论西北战场

西满日报社，1947年7月。77页，18cm。JF0570/K266.6

提要：1947年3月10日，胡宗南率领20余万国民党军进攻陕甘宁边区，中共中央主动从延安撤退。与此同时，边区军民开始在陕甘宁地区与国民党军进行游击战、运动战，经过3个多月的战斗，打败国民党的进攻，收复延安，取得了最后的胜利。本书收1947年上半年新华社电讯稿70余篇，分为六部分：保卫陕甘宁边区、边区人民不可抗拒的力量、捷报频传、胡宗南的官兵、中外人士评延安撤退、胜利声中陕北军民祝捷。

中国通史简编：上编

范文澜编。佳木斯，东北书店，1947年10月。341页，18cm。JF0867/K20

哈尔滨，东北书店，1948年9月。341页，18cm。JF0848/K20

提要：著者原题：中国历史研究会。全书共分三编。第一编《原始公社到中央集权的封建制度的成立》，从远古到秦[公元前3000年(?)到公元前221年]，共有9章92页。第二编《中央集权的封建国家成立后对外侵略到外族的内侵》,秦汉到南北朝(公元前221年到公元589年),共有7章144页。第三编《封建经济的发展到西洋资本主义的侵入》,从隋唐统一到鸦片战争(公元589年到公元1842年),共有9章530页。上编为该书的第一、二编的全部及第三编的前3章。

这是我国第一部运用马克思主义观点系统叙述中国历史的著作,通过记叙各个历史时期的历史事实与历史人物,阐明中国社会发展的基本规律。全书观点鲜明、体例严谨、内容丰富、文笔流畅,是受到社会各界普遍欢迎的优秀通史著作之一。(作者介绍见《汉奸刽子手曾国藩的一生》)

中国通史简编:中编

范文澜编。佳木斯,东北书店,1947年11月。444页,18cm。JF0846/K20

哈尔滨,东北书店,1948年11月。444页,18cm。JF0878/K20

提要:著者原题:中国历史研究会,中编为该书第三编的后6章。

中国通史简编:第七册

范文澜编。新华书店,1947年。255页,18cm。JF0901/K20

提要:第七册为近代史上编"旧民主主义革命时代——鸦片战争至'五四'运动(1840—1919)"的第一至四章,记述第一次鸦片战争、中国人民的反英反满斗争、太平天国革命、第二次鸦片战争。

中国通史简编:下册

范文澜编。新华书店,1949年9月。[460]页,18cm。JF0899/K20

提要:著者原题:中国历史研究会,下册是全书第三编中的7至9章。

朱总司令的故事

蓝田编。[武安],华北新华书店,1947年12月。27页,19cm。JF1053/K827.7

提要:朱德(1886—1976),字玉阶,伟大的无产阶级革命家,中国人民解放军的缔造者之一,中华人民共和国十大元帅之首。

《朱总司令的故事》讲述朱德同志被地主欺压,勇于反抗走上革命道路以及革命战争时期的几个小故事,比如"朱德扁担"、"伙夫头"、"同张国焘作斗争"等,从不同的侧面歌颂了朱总司令爱党、爱革命、关心群众、艰苦朴素等高尚品质。

参战英雄录

冀鲁豫区后方总指挥部编。战友报社,1947年。40页,19cm。JF1132/K825.06

提要:1946年8月到1947年2月冀鲁豫区自卫战争中,120万群众奔上了自卫前线,保证了战争的供应,确保战争的胜利。这期间,英雄模范辈出,本书辑录其英雄事迹,作为《参战丛书》第一辑,内容包括:人民功臣、参战英雄、模范工作者。附录:冀鲁豫区自卫战争以来民力统计、冀鲁豫区自卫战争以来各次战役地区略图及歼敌概况。

从七七到八一五

东北大学图书资料室编。东北书店,[1947]年。69页,19cm。JF0375/K265.05

提要:本书在东北书店和山东新华书店都有出版。山东新华书店出版的比较完整,翔实。注有作者名字:李石涵。封面和封底是洋纸,内页全是山东解放区的土纸。书分甲、乙两编:甲编是抗战爆发后每年每月的事情记录,很细;乙编为抗战时期各项重要统计资料。本馆藏为东北书店出版,只包括乙编。收录统计资料有:国民党政府抗战时期内外债、财政收入支出、官员投敌及收复城市分类表8个。书后附:《研究八年抗战史参考书目》。

革命史话

陆丹林著。上海,大东书局,1947年。136页,17cm。986/373

提要:陆丹林(1896—1972),字自在,广东三水人。1911年参加同盟会,与国民党元老冯自由、于右任、陈少白等均有交往,对辛亥革命的掌故比较熟悉。该书收有关辛亥革命前后的异闻实录等17篇。其中有檀香山兴中会的成立和民国前的党务、大明顺天国起义始末、总理伦敦被难的二三事、广东光复的事象、炮教莫荣新、民国革命党人的文学等。内容翔实,具有一定的史料价值。

光荣归于民主:谈解放区的政治与军事

李普著。佳木斯,东北书店,1947年。136页,19cm。JF0540/K269.5

提要:李普(1918—2010),湖南涟源人。1938年加入中国共产党。长期从事新闻工作,历任重庆《新华日报》记者、编辑、专栏作家、特派员,新华社特派记者,中共中央宣传部副处长等。著有《光荣归于民主》、《开国前后的信息》、《记者甘苦谈》等。

1945年2月李普在《新华日报》开设专栏,向国民党统治区的读者系统介绍解放区并阐明抗日与民主两者相互促进的关系。1945年年底这些文章被辑为《光荣归于民主》一书,由上海地下党以“拂晓社”名义出版。内收《新民主主义政治的原则与规律》等21篇介绍解放区民主生活的文章。解放区的东北书店曾经大量翻印。

广州三月二十九日革命史

邹鲁编。上海,商务印书馆,1947年。167页,照片,21cm。911.8/842

提要:与1944年国民图书出版社版内容基本相同。

回回民族问题

[滨州],民族问题研究会编。渤海新华书店,1947年。140页,18cm。JF0491/K281.3

提要:回回民族是回族的全称。本书是一部讲述我国回族形成发展历史和党对回族及伊斯兰教的政策的著作。字数不多,但是以可靠的史料和实际调查为依据,科学地论述了我国回回民族是一个勤劳勇敢、为祖国做出了很大贡献的民族,批驳了蒋介石不予承认,而将其看成是“生活习惯特殊的人”的荒谬言论,也揭穿了当时日本侵略者妄图搞什么“回教国”的罪恶阴谋。本书对团结回回民族共同抗日和在陕甘宁边区贯彻执行党的民族宗教政策都起了重要作用。1941年4月由延安解放出版社出版,山东、渤海等地先后翻印。

蒋介石的慌张

东北民主联军总政宣传部编。东北民主联军总政治部,1947年。37页,19cm。JF0390/

K266.06

提要:1946年6月—1947年6月第三次国内革命战争的战略防御阶段,解放军利用运动战的战略,挫败了国民党的全面进攻,1947年7月开始战略反攻。共产党为了配合这一局势,加大宣传攻势,出版本书,鼓舞解放区军民的士气,也向国统区人民揭露国民党卖国行为和反动嘴脸,达到分化瓦解国民党统治的目的,记述国民党军队因打内战失败而出现的苦闷、慌张等状况,并介绍国民党的纪律松懈和卖国行为等。

模范村级干部

太行二届群英大会编辑委员会编。太行群众书店,1947年。19页,18cm。JF1247/K820.6

提要:此书为《太行二届群众英雄大会丛书》之一。人民解放战争中,共产党以农村包围城市的策略对国民党反动派进行反攻,从而解放全中国。因此,村级干部是解放区的干部基础,发挥村级干部的作用至关重要。此书对太行地区涌现的模范村级干部进行表彰,对他们的事迹进行简要介绍。收李庆荣《模范村长袁广顺》、延新文《模范女村长》等5篇文章。

苏联历史教程 战后订正补充新版

(苏)哥罗德茨基等著;胡明编译。上海,光华出版社,1947年。218页,19cm。920/482.28

提要:全书共分62个小节,按时间顺序叙述从远古至1946年2月的苏联历史,重点讲述19世纪资本主义时期的经济社会发展、20世纪初期的资产阶级民主革命和社会主义革命及建设情况以及苏俄在两次世界大战中的贡献和影响等内容。

世界反法西斯战争文献初编

马皓,智建中辑。东北书店,1947年。[432]页,22cm。987/837.1

提要:收录1941年6月2日至1946年10月30日期间比较重要的文献资料94件,按年月顺序排列。附录1931—1945年中外大事记要。内容大部分为苏美英三国首脑讲话、各国政府外交声明,以及国际会议的协定、公报等。有关中国方面的文献多未收入。

台湾大惨案报告书

旅京、沪台湾七团体二二八惨案联合后援会编。旅京沪台湾七团体二二八惨案联合后援会,1947年。18页,18cm。JF1076/K266.54

提要:1947年2月27日,国民党军警在台北打死了为减税请愿的商贩。2月28日,台北市民罢市、游行请愿,又遭国民党当局的镇压。全省民众非常愤怒,发动了大规模武装暴动,并控制了台湾大部分地区。国民党政府从大陆调集军队进行残酷镇压,到3月13日镇压全岛,死者多达3万多人。这就是台湾"二二八惨案"。此书是披露此惨案真相的报告,内收《台湾旅沪六团体关于台湾事件报告书》和《台湾真相》两篇,记述其经过及六民众团体对当局的强烈要求。

王若飞 叶挺 黄齐生 秦邦宪 邓发 李绍华诸先生事略

[1947]年。17页,24cm。JF0295/K820.6

提要:1946年1月10日至31日,政治协商会议在重庆举行。中国共产党代表王若飞、秦邦宪两先生,新四军军长叶挺将军,中国解放区职工联合会筹备会主任邓发先生,贵州教育界前辈黄齐生先生及其孙黄晓庄先生,十八集团军总部参谋李绍华中校,副官魏万吉中尉,副官赵登俊中尉,叶军长夫人李秀文女士及其女扬眉、子叶九,于1946年4月8日因商讨政协决议之实施与整军等问题乘机由重庆飞延安,不幸因气候恶劣,所乘飞机迷失方向,以致在山西兴县东南之黑茶山触山焚毁,全体遇难。此书对王若飞等人的生平事迹略加记录,予以纪念。

五四在北大

风雨社编辑。风雨社发行,[1947]年。63页,图像,18cm。JF0582/K261

提要:1919年5月4日,"五四"运动爆发。这是由北大学生发起,社会各界参加的反帝反封建的爱国运动。它高举反帝反封建旗帜,唤醒了中国人民对国家命运的关切和对新文化的热烈追求。1947年5月为了纪念"五四"运动28周年,北大壁报联合会委托风雨社编辑出版了《五四在北大》。内收《我们的呼号》、《血泪的控诉》、《蔡孑民先生赞》、《人物志》(介绍李大钊、傅斯年等)等17篇。书中民主教授许德珩、樊弘的讲演词激烈慷慨,"血染五四"、"为12·1死难四烈士报仇"等口号多次出现。

辛亥革命回忆录

张奚若,丕强著。上海,生活书店,1947年。79页,17cm。980/313.7

提要:张奚若(1889—1973),字熙若,陕西朝邑人。无党派民主人士,政治学家。早年加入同盟会,参加辛亥革命。后赴美求学,归国后从事教育工作,曾任中央大学法学院、清华大学、北京大学、西南联合大学等校教授。抗日战争和解放战争时期,反对国民党的独裁统治,积极从事爱国民主运动。主要著作有《社约论考》、《全盘西化与中国本位》等。本书是作者的回忆录,记述其参加辛亥革命的经过。全书共14节,无标题。张奚若口述,丕强记。

一九四七年新年重要文献

[平山],晋察冀日报社编辑。晋察冀日报社,1947年。27页,19cm。JF0979/K266.06

提要:内收《毛主席新年祝词》、《朱总司令元旦广播》、《解放日报新年献词》、《争取更大更多的胜利》等4篇。1947年新年到来之际,毛主席发表祝词,号召全国人民团结一致,坚持不屈地和国民党反动派斗争,一定能取得最后的胜利。朱总司令的元旦广播,对当前局势进行了分析,具体布置了新一年的斗争,包括加强地方武装开展游击战争、好好完成土地革命、加强支持前线等任务,也表达了必胜的信念。

正义的呼声

东北书店编。东北书店,1947年。42页,19cm。JF0534/K266.06

提要:抗日战争胜利后,蒋介石不顾人民的反对,依然发起内战,向共产党解放区进攻。面对国民党政府的黑暗统治,有识之士发出正义的呼声。内收陈瑾昆《致北大和朝阳同学书》、潘朔端《致六十军将领信》、陈家珍等《致董英斌董彦平书》、刘善本等《纪念"六二六"起义周年》、刘善本《给国民党空军一封信》等11篇。

中国近代政治简史

军大总校政治部编。佳木斯,东北书店,1947 年。220 页,19cm。JF0870/K25

提要:记述了从 1840 年鸦片战争开始到抗日战争胜利百年间的中国近代史。全书共 12 章,包括中国旧民主主义革命、“五四”运动开辟了中国革命的新阶段、1925 至 1927 年大革命的胜利与国民党蒋介石的叛变革命、卖国求荣的法西斯统治镇压不了人民的反抗、西安事变奠定了抗战的基础、全国人民坚持抗战团结进步反对投降分裂倒退、抗日战争胜利与争取国内和平民主的斗争等内容。

中国现代革命运动史

中国历史研究会编。香港,新民主出版社,1947 年。283 页,19cm。911/453.2

[无锡],苏南新华书店,1949 年 7 月。192 页,18cm。JF0889/K25

内蒙古日报社翻印,[1949]年。192 页,18cm。JF0643/K25

提要:《中国革命运动史》一书改书名重版。

中国巨大变化的一年:1946.7 –1947.6

东北日报社编。佳木斯,东北书店,1948 年 4 月。329 页,18cm。JF0467/K266.06

提要:本书主要收集 1946 年 7 月至 1947 年 6 月,解放战争第一阶段的评论、报道、献词等 90 余篇,以时间先后为序,从中可以看出这一年间中国局势的巨大变化。这些文章大部分在《解放日报》、《东北日报》刊载过,有《中共代表团发言人重申坚持全面和平主张》、陈伯达《蒋介石应当爱国》、《解放日报》社论《安平镇事件》、新华社时评《蒋介石的和平攻势》、《周恩来将军发表对时局谈话》、《东北日报》社论《论东北战局》等。

第一次世界大战简史

李霁编译。吉林书店,1948 年 6 月。203 页。987/844:1

新华书店,1949 年 7 月。327 页,18cm。JF0584/K143

华北新华书店,1948 年 10 月。327 页,18cm。JF0888/K143

提要:本书根据苏联达尔力教授主编 1939 年版《新历史》教科书择要编译,共分 15 章,记述了第一次世界大战的整个过程。附有 1900 年至 1918 年世界大事年表。

苏沃洛夫元帅传

(苏)奥西波夫著。佳木斯,东北书店,1948 年 6 月。126 页,图,19cm。JF0718/K835.125.2

苏沃洛夫传

(苏)奥西波夫著。[山东],山东新华书店总店,1948 年。153 页,图,18cm。JF1272/K835.125.2

提要:两部著作题名不同,内容一致。

苏沃洛夫(1730—1800),俄国伟大的军事家、统帅、俄国军事学术奠基人。一生战功卓著,1799 年被沙皇授予大元帅军衔;在军事理论方面造诣深厚,建立自己的练兵方法与标准。此外他性格开朗、率直、风趣，绰号“大兵元帅”。

回忆陶行知先生：其生平及其学说

白韬著。哈尔滨，光华书店，1948 年 7 月。164 页，像，19cm。JF0703/K825.4

提要：本书回忆教育家陶行知的生平及学说。全书分 3 部分：在晓庄时代、在困难时期、在抗日和民主斗争时期。书前有陆定一《悼人民教育家陶行知先生》，书中写道：陶行知先生是在国民党特务暗杀了李公朴、闻一多后，自知身处险境，一夜间整理诗稿十万字，以便可以无所牵挂地与敌人斗争。因为过分劳苦，次日即突患脑出血逝世。陶行知先生是著名的人民教育家，伟大的共产主义战士，一生致力于救国事业、民主事业与教育事业。

中国民族简史

吕振羽著。哈尔滨，光华书店，1948 年 9 月。169 页，19cm。JF0866/K28

提要：本书首先介绍我国人种的起源，然后介绍各民族的起源、形成、历史发展、现状等，最后是对我国民族问题的总结。这是第一部以马克思主义为指导的中国民族史著作，体现了作者的开创精神和科学勇气，以民族平等的观念确立民族史的研究范围，具有重要的学术意义。但本书未把现已消失的古代各民族纳入论述范围，稍有缺憾。（作者介绍见《中国政治思想史》）。

窃国大盗袁世凯

陈伯达著。佳木斯，东北书店，1948 年 10 月。61 页，18cm。JF1184/K827.6。

提要：此书与华北新华书店 1946 年 2 月出版的《介绍窃国大盗袁世凯》内容相同。

血帐

刘王立明等著。香港，新民主出版社，1948 年 11 月。39 页，照片，21cm。JF0829/K266.06

提要：此书是中国国际人权保障会两周年纪念特刊，收魏达《胜利后摧残学生运动的事实》、李植《蒋政府是怎样杀害职工的》、李文宜《刀光血影下的妇女》、陆诒《一般平民的苦难》、黎野《对工商界的迫害》、罗子为《民盟遭受摧残迫害的真相》等 10 篇。它反映了抗战胜利后，国民党政府不尊重人权，迫害社会各阶层的事实。书前有中国国民党革命委员会主席李济深的题词：保障人权。

中国近代史：上编 第 1 分册

范文澜著。哈尔滨，东北书店，1948 年 11 月。367 页，19cm。JF0893/K25

提要：《中国近代史》分上、下两编，上编叙述旧民主主义革命时代，下编叙述新民主主义革命时代。上编于 1945 年在延安著成，分两册，本书为第 1 分册，共 8 章，包括第一次鸦片战争、中国人民的反英反满斗争、太平天国革命、第二次鸦片战争、洋务派的自强与第一次割地狂潮、甲午战争及第二次割地狂潮、第一次改良主义运动——戊戌变法、对抗瓜分运动的义和团运动等内容。书后附《汉奸刽子手曾国藩》一文。这部著作标志着近代史研究进入了科学的阶段。它所奠定的基本格局和提出的一系列深刻论断，影响了近代史研究达数十年之久。（作者介绍见《汉奸刽子手曾国藩的一生》）

兵士兼统帅——苏渥洛夫生平事业概论

(苏)皮加列夫著。佳木斯,东北书店,1948 年。126 页,19cm。974/373

晋绥军区政治部,[1912—1949]。145 页,19cm。974/373:1

晋察冀军区政治部,[1912—1949]。117 页,19cm。974/373:2

提要:苏渥洛夫评传。除导言外,内收《俄罗斯武器底荣誉》、《苏渥洛夫理想中的英雄》、《词录和笔录》等 3 篇文章。据苏联外国文书籍出版局 1945 年中文版翻印。

东北风土小志

董秋水著。香港,时代批评社,1948 年。64 页,19cm。JF0913/K892.43

提要:本书运用文学的体裁叙述东北的风土民俗,虽字数不多,但所触及的范围却甚为广泛。它从"亘古的荒原"说到现在的乡村;从"冰雪·兽皮·火"说到"美丽的季节";从"猎人"说到"农民之家";从"枪"、"马"说到"小型酋长"和"红胡子";从"舞踊"、"秧歌"说到"大神",叙述了东北人民的生活方式、东北社会特殊的人物和东北民间的歌舞与神话。作者本身是东北人,客居香港,常常流露出怀念故乡之感。

工运政策汇集

[西安],陕甘宁边区新华书店,[1948]年。125 页,18cm。JF0322/K261.3

提要:本书收录中国共产党不同时期组织工人运动的一些政策、方针、决议等文献。包括《毛泽东论工商业政策与职工政策》(摘自毛泽东《目前形势和我们的任务》)、《任弼时论保护工商业的政策》(摘自任弼时《土地改革中的几个问题》)、《发展工业的劳动政策与税收政策》(1948 年 5 月 1 日陈伯达)、《中华全国总工会章程》等 16 篇相关文献。

人民音乐家冼星海:纪念冼星海同志逝世三周年

华北新华书店编辑。新华书店,1948 年。94 页,18cm。JF0840/K825.7

提要:本书为纪念人民音乐家冼星海同志逝世三周年而编辑出版。冼星海(1905—1945),中国人民音乐家,新音乐运动的领导者,在他短暂的一生中,创作了大量作品,其中以 1939 年所作的《黄河大合唱》最广为人知。本书选编的纪念文字有:毛主席的题词"为人民的音乐家冼星海同志致哀",郭沫若、萧三、贺绿汀、马可等人撰写的悼念文章。附录一些歌曲和冼星海著《我学习音乐的经过》一文。

社会发展简史

解放社编。解放社,1948 年。100 页,18cm。JF0406/K02

陕甘宁边区新华书店(翻印),1948 年。100 页,18cm。JF0591/K02

华北人民革命大学教务处,1948 年。102 页,18cm。JF0860/K02

解放社,1949 年,81 页,19cm。JF0844/K02

解放社,1949 年。86 页,19cm。JF0871/K02

北京,解放社,1950 年 7 月。122 页,21cm。JF0890/K02

提要:本书给初学社会科学的同志们介绍社会发展史的一般知识。前四章摘自列昂节夫的

《政治经济学初级读本》第二、三两章，后三章摘自苏联《社会科学简明教程》一书第2讲《社会发展史》内第四、五、六诸节的国内译本。包括谁是我们的祖先、原始共产主义、奴隶占有制度、封建制度、资本主义、从资本主义到共产主义的过渡时期、共产主义等7章。

苏联是怎样成长强大的

胡明编译。大连，光华书店，1948年。285页，18cm。JF0526/K512.0

提要：全书主要叙述从基辅公国时期至1946年2月的苏联历史，1917年十月革命胜利后，苏联人民在苏联共产党的领导下，取得了社会主义革命和建设的重大成就。苏联也是从这时强大起来，在“二战”中打败德国，歼灭日本关东军，对全世界反法西斯战争的胜利做出了重大贡献。

新波兰游记

（美）斯特朗著，李亚译。佳木斯，东北书店，1948年。[11]，256页，18cm。JF0841/K951.39

提要：报告文学集。1944年7月22日，波兰人民政权诞生，邀请斯特朗见证这一历史进程。她于1944年11月前往波兰，并写下一路见闻，是当时美国或西方唯一亲历波兰这一时段的作家。本书可以作为了解波兰的历史参考书。共分为12章：包括到波兰去的外交车、一个政府诞生了、华沙——首都等内容。

斯特朗（1885—1970），全名安娜·路易斯·斯特朗，美国女记者和作家。早年在美国投身于进步活动，后在苏联定居30年，先后6次访华，1958年定居中国。著有《中国大众：1927—1935年间的革命斗争》、《人类的五分之一》、《明天的中国》、《西藏农奴站起来》、《中国粮食之战》等。

中国革命运动二十六年组织史

冯自由著。上海，商务印书馆，1948年。299页，照片，18cm。989/773

提要：本书原名《开国前内外革命党各机关说明》。以史事编年体的形式记述从孙中山肄业于广州博济医院至国民政府成立，这26年间资产阶级革命团体的组织情况。凡国民党人于国内外所组织报馆、学校、书肆、印刷所、书报社、剧团、党会、军队、暗杀团、商店、旅馆、医院、轮船、牧场等，以及关系人、时间、地点之类，一一注释说明。书中所记在南方的各组织为详，而华北、东北各地简略。书前有孙中山读书照片、同盟会第一次委任状摄影、蒋介石所题“文献足征”四字图影。

中国近代史研究纲要

历史研究社编。哈尔滨再版，光华书店，1948年。85页，19cm。911.8/454.14

提要：全书分八讲，记述从鸦片战争到义和团运动期间的重大事件，包括第一次鸦片战争、第二次鸦片战争、太平天国革命、法安战争与中法战争、第一次中日战争、戊戌变法、义和团暴动与八国联军之役。每一讲分4到7小节，分析事件产生的原因、背景、性质、发展过程及最后的教训。此书适合教学及参考之用。

晋绥解放区妇女纺织发展概况

晋绥边区民主妇女联合会编。晋绥边区民主妇女联合会，1949年2月。6页，18cm。JF0907/K292.5

提要：抗日战争爆发以后，由于战争的破坏和日伪的封锁，各根据地出现了棉纺织品奇缺的局面。为解决群众的穿衣问题，晋绥根据地在中国共产党和边区政府扶助下，大力发展纺织运动。广大妇女拿起了纺织工具，学习技术，自己动手，不仅可以解决穿衣问题，还可以供给军用。妇女们的努力使晋绥纺织业得到了很大的发展。

第二次世界大战小史

徐弦著。大连，新中国书局，1949 年 3 月。73 页，18cm。JF0895/K152

提要：《新青年自学丛书》之一，分 8 节，叙述战争的起因、全面爆发、相持、反攻和最后胜利。作者运用马克思主义史学观进一步分析了第二次世界大战的性质和战后的时局。战后，资本主义总危机加深，英、法、德、意老牌资本主义国家实力削弱，美国却发了战争横财，成为资本主义世界的第一号财主，出现了全世界人民跟美国等反动势力对立和抗争的局面。

将革命进行到底

天津新华书店编。[天津]，天津新华书店，1949 年 3 月。83 页，18cm。JF0184/K266.06

提要：1948 年底，人民解放军已经控制了长江以北的大部分地区，在人数上已经取得了优势，即将解放全中国。在这种形势下，本书收录一些号召革命人民和军队继续斗争的文章，包括《将革命进行到底》、《国民党反动派由"呼吁和平"变为呼吁战争》等 16 篇。并附一些民主人士对时局态度的文章，包括《五十五位民主人士对时局声明》（李济深、沈钧儒等 55 人）、《中国民主同盟申明对和平的态度》等 4 篇。

纪念日资料

生活杂志社编。安东，东北书店，1949 年 4 月。118，19cm。986/826.5

提要：纪念日资料集，收集了皖南事变、列宁逝世纪念日、"二七"惨案、校场口惨案、苏联建军节、"三八"国际劳动妇女节、"四四"儿童节、"四八"烈士遇难纪念日、"五四"运动等 45 个节日和重大纪念日的资料。

三年游击战争：1935—1937

野草著。大连，新中国书局，1949 年 4 月。91 页，19cm。JF0956/K264.4

提要： 南方三年游击战争是指 1934 年秋至 1937 年冬，红军主力长征后，坚守在南方八省 15 个地区的红军和游击队，同国民党军队进行的游击战争。郭沫若在序言中写道："三年游击战争，在中国革命斗争史上，是和二万五千里长征同样的辉煌昭亮的，表示工农阶级的子弟不可屈服，同样的在抗日阶段以及爱国民主革命阶段，发挥了中华民族优秀子弟的丰功伟绩，是不可磨灭的一页。"本书副题是"新四军前身奋斗史"。

社会发展史略

解放社编。南通，华中新华书店，1949 年 4 月。71 页，18cm。JF0608/K02

提要：内容与《社会发展简史》相同。全书包括四部分：一、有阶级以前的社会（列昂捷夫的"政治经济学讲话"第二章）；二、资产主义以前的各种剥削方式（列昂捷夫的"政治经济学讲话"第三章)；三、从猿到人过程中劳动的作用(恩格斯著)；四、论国家(列宁于一九一九年七月十一日在斯维尔德洛夫大学的演讲)。

什么人应负战争责任:日本投降以来大事月表

新华社编。解放社,1949 年 4 月。94 页,17cm。JF0299/K266.05

[唐山],冀东新华书店,[1949]年。62 页,19cm。JF0538/K266.05

提要:记述从 1945 年 8 月到 1949 年 3 月,44 个月间国内的重大政治事件。逐月逐日记录,充分翔实地揭露了国民党反动派的罪恶,用以配合 1949 年初在北平举行的国共和谈。当时国民党政治军事形势的急剧恶化,党内求和呼声日益高涨,蒋介石下野、李宗仁上台。随后,国共两党最后一次走到谈判桌旁,举行了举世瞩目的北平和谈。国民党不肯让步,谈判破裂。最终共产党渡江南下,解放全中国。

中国近代简史

东北军政大学编。长春,东北书店,1949 年 4 月。220 页,19cm。JF0892/K25

沈阳,东北新华书店,1949 年 8 月。216 页,19cm。JF0891/K25

提要:与军大总校政治部编,佳木斯东北书店 1947 年出版的《中国近代政治简史》内容相同。

中国通史讲话

陈怀白著。长春,东北书店,1949 年 4 月。163 页,18cm。JF0879/K209

提要:本书指出中国五千年的文明史是劳动人民创造的,要站在人民的立场上去看过去的历史事实,要把过去统治阶级留下来的历史记载重新进行评价,重新认识劳动人民所创造的历史。全书分 6 章 50 节,包括从原始公社到奴隶社会、初期封建社会、秦汉中央集权封建制、两晋南北朝外族入侵时期、隋唐封建经济发展时期、唐以后小所有者经济发展至西洋资本主义入侵等。每节记载重要人物或事件。书后附结束语:中国历史告诉了我们一些什么?

陈怀白(1915—1986),又名圆珍,笔名弧尺,浙江建德人。1934 年入浙江大学外文系,1939 年加入中国共产党,在金华创办《浙江妇女》。1940 年赴皖南新四军军部,之后辗转于各解放区之间,从事解放区中学教材的编审工作。1954 年开始致力于编辑、出版事业。

“五四”卅周年纪念专辑

“五四”卅周年纪念专辑编委会编。上海,新华书店,1949 年 6 月。233 页,18cm。JF0517/K261.1-53

提要:本书为纪念“五四”运动三十周年,特将伟人、名人的言论汇集发表,以供学习、研究。收毛泽东、吴玉章、范文澜、邓颖超、茅盾、胡风、周建人、陈伯达等人回忆及纪念文章 40 余篇。对怎样认识这个运动的性质,评价其历史意义和影响,今后如何承继并发扬“五四”运动中的光荣传统,争取中国人民解放事业最后的、彻底的胜利有一定的推动作用。

近代世界革命史话

陈光祖编。天津,知识书店,1949 年 6 月。102 页,19cm。JF0856/K101

提要：内分资产阶级革命以前的欧洲，17、18世纪的资产阶级民主革命，19世纪的无产阶级革命运动，帝国主义争夺殖民地的战争，苏联十月革命，帝国主义对苏联的围攻，苏联的社会主义建设，资本主义经济危机与法西斯主义的产生，第二次世界大战与反法西斯战争等9讲。

高尔基的一生和艺术

（日）升曙梦著。上海，上海杂志公司，1949年7月。100页，18cm。JF0806/K835.125.6

提要：全书以列宁的话"高尔基为无产阶级艺术最伟大的代表者"为切入点，阐述高尔基的一生与艺术创作的关系。高尔基用无产阶级的立场来观察现实生活，写出许多不朽的著作。他的童年和少年时代在旧社会的底层度过，又在革命力量的感召下一步步走向列宁主义立场。他对社会底层人民痛苦生活的体验和深刻了解成为其创作永不枯竭的源泉。本书通过分析高尔基早、中、晚不同时期作品，并结合其人生经历，反映出高尔基始终把自己的人生之旅和文学创作联系在一起，最终使自己的思想和创作上升到了无产阶级的新阶段。

烈士传

赵元明编。[江苏]，苏南新华书店，1949年8月。293页，18cm。JF0419/K820.6

提要：1945年4月23日至6月11日，中国共产党第七次全国代表大会在延安举行，为了响应中共七大精神，纪念为中国革命而牺牲的烈士，出版此书。包括李大钊、瞿秋白、关向应、刘志丹、左权、彭雪枫、罗炳辉、王若飞、秦邦宪、叶挺、李兆麟、罗登贤、邓发、吉鸿昌等烈士传记。

世界史话

沈长洪编。[无锡]，苏南新华书店，1949年8月。79页，19cm。JF0894/K02

提要：解放战争时期，中国共产党十分重视干部教育，此书为解放区内的干部教育资料，包括资产阶级革命前的世界，17、18世纪的资产阶级民主革命，19世纪资产阶级的发展与无产阶级，第一次帝国主义大战与无产阶级革命，法西斯主义与第二次世界大战等5章。

苏联五十天

郭沫若著。大连，新中国书局，1949年8月。164页，19cm。JF0789/K825.6

提要：1945年夏，郭沫若应苏联科学院之邀，赴苏联参加苏联科学院220周年的纪念大会。该书以日记的形式写成，详尽记载了从6月9日至8月16日的见闻感受。最早以《苏联纪行》为名，由上海中外出版社于1946年出版，该版把途中经过印度伊兰的情况也记述进去。更名为《苏联五十天》后，删去该项内容。作者认为这次苏联之行是一次很好的学习机会，他"抱着唐僧取经到西天的精神"去，感受到苏联是日新月异变化着的国家。（作者介绍见《甲申三百年祭》）

中国解放区的南丁格尔们

中华全国民主妇女联合会筹备委员会编辑。新华书店，1949年8月。46页，图像，17cm。JF0432/K826.2

提要：八年抗日战争和两年半人民解放战争中，解放区广大劳动妇女在中国共产党正确领导之下，热烈支援战争，积极参加土地改革运动，努力恢复和发展生产，在各条战线均创造了辉煌的业绩,成为战胜敌人、建设新中国不可缺少的力量。中国妇女第一次全国代表大会开幕之际,为便于读者了解和研究各地妇女运动,中华全国民主妇女联合会筹备委员会特编印《妇女丛书》十册,本书是其中之一,主要介绍战场上女护士、女医生的英雄事迹,收邓颖超著《向华东野战军前线战地工作的女干部致敬》等10篇。

变革中的东方

陈原著。沈阳,新中国书局,1949年。140页,18cm。JF0339/K930

提要:《青年学习丛书》之一,内分鸟瞰变革中的东方、西南亚、印度和缅甸、东南亚、我们的东邻和北邻5部分。几乎包括亚洲的全部,除中国和苏联的远东部分。它不是纯粹的地理书,着重介绍各国的经济地理、人民生活和国际关系,各国的民族解放运动史在个别国家有所谈及,但不够详细。作者陈原从20世纪30年代起开始研究国际政治、经济、地理和语言文字,本书是他在这方面的成果。(作者介绍见《世界政治手册》)

二千年间

蒲韧著。新华书店,1949年。164页,18cm。JF0622/K2

山东新华书店,1949年。172页,18cm。JF0623/K2

提要:"蒲韧"是胡绳的笔名。胡绳(1918—2000),江苏苏州人。哲学家、历史学家。著有《新哲学的人生观》、《从鸦片战争到"五四"运动》等。该书是胡绳早期作品,收录其在《中学生》杂志上发表的一系列史学论文,收入《开明青年丛书》。本书打破了传统的按朝代分期讲述历史的方法,把两千年间的中国历史当作一个整体,从中找出若干值得注意的问题,一个一个地来分析。书中对古代中国为什么会产生皇帝乃至人们为何能忍受昏君、做官与当兵是怎样成为皇帝制度的两大支柱、中国古代的农民战争以及边塞为何屡屡发生冲突等一系列问题,作出了深入浅出的分析。吴晗盛赞它是"一本有血有肉有灵魂,活生生的书"。

将革命进行到底:一九四九年新年献词

新华社编。1949年。13页,18cm。JF0082/K266.06

提要:内收《将革命进行到底》、《陕北权威人士论战犯名单问题》、《新华社记者评战犯求和》等3篇文章。《将革命进行到底》是1948年12月30日毛泽东为新华社写的1949年新年献词,主要总结了从1946年到1948年年底三个阶段人民解放军所面临的战争局势。1948年底经过辽沈、淮海、平津三大战役,人民解放军已经控制了长江以北的大部分地区。他号召全党、全军、全国人民坚决彻底干净全部地消灭一切反动势力,推翻国民党的反动统治,建立人民民主专政的共和国,绝不能使革命半途而废。由此,"将革命进行到底"成为革命人民和军队继续斗争的行动口号。

将革命进行到底

解放社编。新华书店,1949年。214页,18cm。JF0245/K266.06

提要:本书收集的是从1949年1月起至1949年4月下旬人民解放军夺取南京,国民党反动统治宣告灭亡为止的一个时期内有关时局和革命形势的一些重要文件。内收《将革命进行到底》、《新华社记者评战犯求和》、《北平解放》、《蒋介石李宗仁优劣论》、《中国人民解放军布告》、《庆祝南京解放》等45篇。这些文件都根据新华社原稿加以校对。

社会发展史讲授提纲

艾思奇著。新华书店,1949 年。38 页,17cm。JF0293/K02

提要:本书在解放区作为历史唯物主义哲学的短期讲授提纲使用,分 5 节,以社会发展史为纲,说明历史唯物主义的几个主要观点。包括从猿到人——劳动创造世界——生产力与生产关系;五种生产方式——阶级斗争;社会主义革命和新民主主义革命——无产阶级专政与无产阶级领导的人民民主专政;国家与政治;社会的思想意识等。(作者介绍见《大众哲学》)

统一战线问题

[北平],中央临时人民政府秘书处(印),1949 年。14 页,19cm。JF0315/K265.1

提要:抗日战争胜利以后,以蒋介石为代表的国民党反动派一面假唱“和谈”,进行政治欺骗,一面积极准备内战,妄图用武力消灭以共产党为代表的革命力量。为战胜蒋介石反动派,中国共产党在军事上做好充分准备的同时,在政治上建立了最广泛的人民民主统一战线,并充分运用这一法宝,最终取得了全国解放战争的伟大胜利。本书对人民民主统一战线的基本问题进行了阐述。

现中国的两种社会

军大政治部编。哈尔滨,东北书店,1949 年。204 页,19cm。JF0469/K266

提要:本书可以使广大青年认识中国当时的实际情况,从政治、经济、军事、文化四方面介绍抗战胜利以后,国民党统治区与中国共产党领导的解放区是两种不同的社会,走两种不同的道路;让广大青年认清两种社会的本质,使其肩负起推进社会发展的重任。

战后欧游录

爱伦堡等著。大连,光华书店,1949 年。235 页,18cm。JF0456/K950.9

提要:第二次世界大战改变了欧洲的面貌。一方面,东南欧诸国新生的民主力量正在向着过渡到社会主义社会的大道上迈进;另一方面,没落的西欧帝国主义国家在设法治疗战争的创伤,由于经济破产,依靠美国过活,他们在政治上沦为其附庸。本书主要介绍战后欧洲新旧力量的消长情形,收录的二十几篇游记都在《时代周报》先后发表过。这些文章着重于各国政治、经济各方面的叙述,可以作为研究各国国情和欧洲国际问题的参考资料。

殖民地·保护国新历史:上卷第 2 册

古柏尔等著,吴清友译。大连,读书出版社,1949 年。370 页,19cm。JF0849/K101

提要:《历史丛刊》之五,记录资本主义在先进国家胜利和巩固时期(1789—1870)的殖民地及附属国。这时资本主义国家处在资本的原始积累阶段,他们大都采取赤裸裸的暴力手段,如武装占领、海外移民、海盗式的掠夺、欺诈性的贸易、血腥的奴隶买卖等。书中反映了英、法、俄等资本主义国家对奥斯曼帝国、北非洲、伊朗、阿富汗、印度、因多尼西亚、中国、赤道非洲与南非洲、拉丁美洲与西印度的殖民掠夺,及当地人民的反抗。

《中国历史教程》绪论

吴玉章著。[北平],华北大学教务处,[1949]年。75 页,19cm。JF0951/K207

提要:吴玉章是中国共产党杰出的革命家、教育家,也是著名的马克思主义史学家。《中国历史教程》是吴玉章1930至1936年在苏联从事历史教学期间的讲稿。本书是该教程的绪论,写于1936年前后,解放前曾多次公开发表,本次出版作了修改。作者试图以马克思主义史观研究历史。全书分5节,分别为研究中国历史的意义、方法、应选择的材料,中国历史的范围,中国历史的编年纪事和时代的划分等。

血的山西——阎锡山暴政真相

北京大学、清华大学、中法大学、师范学院、交大平院、燕京大学山西同学会联合会编。[北平],北京大学山西同学会联合会,[19?? 年]。30页,18cm。JF0613/K827.61

提要:此书向全国正义人士、向全世界控诉:阎锡山统治下的山西人民正遭受着恐怖、饥饿、死亡的威胁。抗战期间,阎锡山与敌人暗中勾结,绞杀人民的抗战力量;胜利后,一面隐藏日俘、包庇汉奸,一面利用特务捕杀人民。面对暴行,此书号召人民站起来,斗争到底,打倒阎锡山的专制独裁统治,建立真正为人民服务的民主政府。收揭露阎锡山暴政的短文13篇,包括《阎锡山的特务组织及其政治》、《新农双制度——兵农合一》、《阎锡山的无耻——沟通敌寇包庇汉奸》、《血债》等。

苏联历史教程

(苏)哥罗德茨基著。马克思列宁学院教务处(印),民国[1912—1949]。175页,18cm。920/482.28:1

提要:全书共分56个小节,按时间顺序叙述从远古至1939年3月联共"十八大"召开的苏联历史,重点讲述19世纪资本主义时期的经济社会发展、20世纪初期的资产阶级民主革命和社会主义革命及建设情况。

记刘伯承将军

张香山等著。[河北],冀东新华书店,[1937—1949]年。34页,18cm。JF0656/K825.2

提要:刘伯承(1892—1986),中华人民共和国元帅,中国人民解放军创始人和领导人之一,现代军事家。1911年投身辛亥革命,参加了护国、护法运动。1926年加入中国共产党,1927年参与组织南昌起义,历任中央红军总参谋长、八路军一二九师师长、第二野战军司令员、军事学院院长、中央军委副主席等职。他在中国革命军队的建立和壮大,革命战争胜利,新中国成立,我军向正规化、现代化迈进等方面都作出了不朽的贡献。

本书收朱德《学习刘伯承同志的革命品质》、张香山《记刘伯承将军》等6篇。

晋察冀边区扩大生产会议文件

[1937—1949]年。35页,20cm。JF0915/K269.5

提要:抗日战争时期,晋察冀边区是中国共产党在敌后开创的第一个抗日根据地,也是当时各敌后根据地建设的模范。1941年前后,日本帝国主义加紧了对边区的经济封锁,企图在经济上困死边区军民。针对敌人的经济封锁,边区人民大力开展大生产运动。积极劳动、兴修水利、开垦荒地,使许多地区的粮食产量超过了战前的水平,大力发展编织业和纺织业、民用工业和军事工业,满足了人民的基本生活需要并制造出手榴弹、地雷、子弹等,有利地支援了战争。《晋察冀边区扩大生产会议文件》就是这一时期为扩大生产鼓舞军民士气所作的文件汇编。

新民主主义革命对象之二——解剖 CC 豪门资本

[1937—1949]年。36 页,18cm。JF1266/K827.7

提要:本书剖析以陈果夫、陈立夫兄弟为首的 CC 系的形成及其资本情况。陈氏兄弟因为其叔陈其美与蒋介石的特殊关系,被蒋引为亲信,之后几十年一直在国民党中声名显赫、位高权重,牢牢掌控着国民党的党务大权,以至有“蒋家天下陈家党”之说。后创建中统特务组织,势力更是渗透到国民党的各个角落。在豪门资本各系中,二陈最后进,但进展速度非常快,其官僚资本也是由银行而商业、工业。中国农业银行是 CC 官僚资本的核心。

新民主主义革命对象之三——政学系官僚资本的解剖

[1937—1949]年。19 页,18cm。JF1267/K820.6

提要:民国时期除了四大家族之外,政学系的官僚资本也实力雄厚,不可轻视。政学系官僚资本相对四大家族,成长较早。本书剖析以吴鼎昌、周作民、钱新之等人为代表的政学系官僚资本的形成及其资本情况。分三部分:一、政学系官僚资本的全盛时代,起源于民国初年北洋军阀时代,通过北四行、南四行建立摩根式的王国。二、政学系官僚资本的中落,北伐军胜利后,进入蒋、宋、孔、陈四大家族时代,抗战期间,政学系官僚资本便偃旗息鼓。三、政学系官僚资本的复兴,抗战胜利以后的政学系官僚资本虽然想复兴,但已实力不足。

新民主主义革命对象之一——TV 宋

[1937—1949]年。54 页,18cm。JF1265/K827.7

提要:剖析以宋子文为代表的宋氏家族及其资本、实业情况。宋子文是宋蔼龄、宋庆龄、宋美龄的弟弟,是赫赫有名的宋氏家族的长子。其向经济领域中大力扩张的有力工具是中国银行。他由财政,而买办,再金融,进而控制实业。1946 年 1 月宋子文任国民党最高经济委员会委员长,10 月任国民党政府行政院院长。1947 年 3 月发生黄金潮,法币第一次崩溃,宋子文被迫下台,辞去行政院院长职,9 月任广东省主席。1949 年 1 月蒋介石下野,宋子文移居香港,后移居美国纽约。

研究东北问题参考资料

[周保中]等著。[辽宁],辽东建国书社,[1937—1949]年。28 页,19cm。JF0382/K293

提要:1931 年“九一八”事件爆发,国民党当局抱着“不抵抗”政策,使东三省被日本占领。东北人民在共产党领导下,坚持抗日游击战争,建立东北抗日联军与日本法西斯进行了长达 14 年的艰苦斗争。抗战胜利后,国民党当局想利用武装战争夺取东北三省的领导权。共产党号召东北的一切人民武装部队、民主联军团结起来,制止国民党反动派进行的破坏和平的内战。本书收录一些反映东北问题的文章,有《东北抗日领袖周宝中将军详述东北抗战历史与目前形势》、《东北问题的历史真相》等 4 篇。

减租减息疑问解答

晋冀鲁豫边区政府第一厅编。华北新华书店,[1939—1949]年。40 页,14cm。JF0325/K269

提要:抗战进入相持阶段后,日本对抗日根据地进行野蛮的大“扫荡”和严密的经济封锁,再加上严重的自然灾害,1941—1942年抗日根据地出现了严重困难的局面。为了渡过困难时期,巩固根据地和争取抗战胜利,中共中央在根据地实行了地主减租减息、农民交租交息,即“双减双交”的土地政策。这减轻了地主的封建剥削,改善了农民的物质生活,提高了抗日和生产的积极性,同时也有利于联合地主阶级一致抗日,巩固和扩大了抗日民族统一战线。本书是对这一土地政策的解释和解答。

为制止内战而斗争

晋察冀日报社编。晋察冀日报社,[1945—1949]年。134页,18cm。JF0976/K266.4

提要:本书内收《国民党大举进犯解放区》、《国民党与美军“受降”真相》、《延安各界致全国各界电》、《绥东自卫战的经过》、《真和平与假和平》、《重庆各界反对内战大会》等29篇文章,充分揭露了1945年8月抗日战争结束后,国民党政府一边假意和谈一边积极抢占地盘,准备再次发动战争的事实。

烈士传

西北人民解放军一纵队政治部编。西北人民解放军一纵队政治部(印),[1948—1949]年。111页,18cm。JF0698/K825.2

提要:西北野战军第一纵队在保卫延安、击退胡宗南、粉碎国民党军对陕北的重点进攻及收复延安的一系列战斗中,屡立战功。在这些战斗中,革命英烈前赴后继,英勇顽强,献出了自己的生命。为了纪念这些烈士,特发此书。书中介绍了40多位烈士的英雄事迹。书后附:自1947年3月至1948年5月边区自卫战争中营以上烈士名单。

其　他

N——自然科学总论

苏联科学建设

吴清友著。上海,耕耘出版社,1949年12月。71页,19cm。JF0909/N095.12

提要:从"苏联科学的特征"、"革命前俄国的科学"、"革命初期的苏维埃科学"、"五年计划时期的苏维埃科学"、"卫国战争时代的苏维埃科学"、"后新五年计划时期苏维埃科学的发展与展望"六个方面介绍苏联科学的发展。

P——天文学、地球科学

地球的历史

(苏)雪提维奇著;陈应新译。佳木斯,东北书店,1947年。106页,19cm。524/377

提要:本书是科普性读物,是解放区干部的学习教材。全书共分11章,介绍了地球的诞生、构成、火山活动、热和空气、水对地球的影响等内容,最后对地球的将来进行展望。全书语言流畅,结构严谨,通俗易懂。

天空的秘密

坚白著。冀东新华书店,1949年6月。43页,18cm。JF0797/P1-49

提要:以通俗化的语言讲述天空的秘密,介绍太阳、月亮、星星、云与雾、气候与风、天色等天文常识,针对"天狗吃太阳"、"天狗吃月"、"月到中秋分外明"、"山雨欲来风满楼"等说法给出科学性解释。

R——医药、卫生

大众卫生常识

陕甘宁边区原编。张家口,新华书店晋察冀分店,1946年。75页,19cm。JF0954/R-06

提要:《农村卫生常识》的翻印本。

卫生常识:上册

晋察冀边区行政委员会编辑委员会编辑。[张家口],晋察冀边区教育阵地社,1946年。46

页,19cm。JF0950/R11

提要:《群众宣讲教材》之二。解放区编写的卫生常识书,全书共三部分。第一、二部分的内容是日常生活卫生与流行传染病及防治法,根据以往出版的医药卫生书籍、《农村卫生常识》及《晋察群众报》所介绍的有效药方编写而成。第三部分讲述如何开展卫生工作,由边区几年来的工作实践经验提炼而出。

农村卫生常识

新华书店,[1946—1949]年。82页,18cm。JF0902/R127

提要:本书原名《卫生常识》,1944年冬天为冬学教员作教学参考而编写。1945年根据农村实际情况的需要,做了修改和补充,更名《农村卫生常识》。全书内容包括农村常见的传染病及简易急救法、农村卫生、妇孺卫生、如何推行卫生工作等四部分。

怎样才能够健康

逸人编。大连,大众书店,1948年。141页,18cm。611.1/849.42

提要:本书取材于中外医界名著,旨在帮助工作忙碌的革命同志,认识健康的重要性,学习保持健康的方法。同时也能帮助一些群众解决医疗卫生常识缺乏的问题。

妇婴卫生常识

边区妇联会编。[张家口],晋察冀边区教育阵地社,1946年。26页,19cm。JF1045/R17

提要:《卫生常识》下册,《群众宣讲教材》之三。本书内容着重于妇产部分,针对封建迷信和旧习惯留下来的不科学不卫生的现象,给予积极的改造,包括孩子是从那里来的、怀胎的表现、产前营养卫生和劳动、什么是胎膜羊水和胎盘、胎儿的位置、流产小产和早产等20章。

育儿常识:乳儿期

王铭著。[平山],晋察冀新华书店,1947年7月。13页,18cm。JF0904/R174

提要:从乳儿的生理、发育、衣服、营养、卫生五个方面介绍养育乳儿的常识。

怎样带小孩

彭庆昭著。[武安],华北新华书店,1947年6月。50页,18cm。JF1169/R174

[平山],晋察冀新华书店,1947年11月。48页,18cm。JF1170/R174

提要:解放区出版的育儿手册,分两岁以前小孩身体上的特点、哺奶、两岁以前小孩的卫生、怎样照顾不足月的和瘦弱的小孩等九部分介绍科学的育儿常识。1947年6月华北新华书店版为《大众科学丛书》之三。1947年11月晋察冀新华书店版书后附余放的《小儿惊风》。

治病偏方

冀晋群众报社编。冀晋群众报社,1946年。24页,18cm。JF0912/R289.5

提要:偏方集,大部分是土偏方。分内科、外科、妇科、眼科、喉科、传染病等五部分,共收偏方44个,很多是经过实验有效的方子,一般都注重到省钱和容易办到两个条件。

卫护手册:上册

胶东军区卫生部[编]。[山东],胶东新华书店,1948 年 10 月。150 页,18cm。JF0916/R472 - 62

提要:本书是针对基层护理工作者编写的教材,由药物、营养、病原与传染病、急救及护病等数篇合编而成。本书为上册,收药物、营养、传染病管理、急救四篇。

外科学

晋冀鲁豫军区卫生部,[1937—1949]年。166 页,19cm。JF0603/R6

提要:本书包括普通外科、矫形外科、泌尿外科、麻醉术、手术等五部分,共 29 章。

药物学

保定,华北新华书店保定分店,1949 年 8 月。55 页,19cm。618. 1/576. 9

提要:抗战时期出版的《司药必携》的摘印本。全书介绍了 120 余种常用药物的性状、鉴别、配伍禁忌、应用、贮法等。

战伤文集:第 2 集

医疗文辑社辑。华东新华书店胶东分店,1949 年 3 月。291 页,19cm。JF0672/R826

提要:本书是关于战伤救治方面的文集,包括治伤原则、休克、液体输入、麻醉、植皮、缝合、骨折、石膏绷带、颈部及脊髓创伤、胸部创伤、腹部创伤等 19 章。

S——农业科学

农业常识:第一册

边区农林局,一二九师生产部合编。[延安],1943 年。64 页,18cm。JF1156/S - 12. 6

提要:1943 年开始,陕甘宁边区开始重视农业生产,大规模开展农业建设。本书旨在从技术上提高产量,说明冬耕、选种、施肥、整地、播种、中耕、锄草、防除病虫害等技术常识。正文分为冬耕、选种、肥料、播种与管理和蔬菜种植法等 5 章。

怎样养羊

中共西北中央局调查研究室编。[延安],[中共西北中央局调查研究室],1944 年。30 页,18cm。JF1168/S - 12. 6

提要:《陕甘宁边区生产运动丛书》之一。本书主要针对边区养羊死亡率高的问题,根据三边及陇东养羊经验,给出相应解决办法。正文分羊圈、拦羊、羊的繁殖、羊的疾病和治疗、拦羊人的待遇等 5 部分。

农业生产指南

秦杰著。山东,新华书店,1947 年。212 页,17cm。630. 39/289

提要:《大众丛书》之一,主要介绍各种农作物及其种植方法。主要是根据滨海的生产季节及经验,于1946年冬在滨海出版。1947年又经渤海实业训练班同志结合渤海区生产情况,重新加以修正补充,编辑成册。该书是在农民进行土地平分后,希望改进农业技能增加农业生产的需要时,应运出版的。

庄稼话

钱毅编。哈尔滨,光华书店,1948年7月。163页,17cm。JF0906/S165

提要:农谚,是编者收集的农业生产经验及注意事项的俗语汇编集。正文分生产、天时、庄稼话、杂类4类编排,有时间性的庄稼话按阴历节气排列,无时间性的按门类排列。后附补遗,选择收录王力、王化东等人搜集的俗语。

机关生产的农业常识

李俊著。华北新华书店,[1945—1949]年。36页,18cm。JF1055/S-49

李俊著。太岳新华书店,[1945—1949]年。36页,18cm。JF1056/S-49

提要:本书根据一般机关(部队)生产的实际需要编写,针对过去机关农业生产上的一般缺点或错误,给出相应的技术生产常识和一些具体的改进办法。正文分三部分:种大地、菜园和农产制造。

庄稼的祖先

李俊著。长春,东北书店,1949年4月。46页,19cm。630/293.15

提要:科学普及读物,《大众科学丛书》之一,从庄稼的祖先、石头变成土、粪、不结籽的果木树是怎样生成的、黑羊变白羊、小理化工厂、种籽的旅行、张冠李戴、修修剪剪、落花生、植物的吸血鬼、虫、风调雨顺等13个方面介绍植物生长的常识。

饲马参考材料

东北民主联军总司令部编辑。东北军用图书社,1947年10月。16页,19cm。637.4/137

提要:本书是从日本陆军省编写的《马事提要》中选取一部分翻译而成。其中着重介绍马匹饲养的一般常识,供部队管理马匹参考。共六章,分别为:管理、刷洗、蹄、饲养、使用、疾病。

六畜病的治法

康心等著。[黎城],华北新华书店,1945年。53页,18cm。JF0903/S854.4

提要:本书正文第一部分介绍六畜(牛、羊、马、驴、猪、鸡)疾病的治疗办法,第二部分讲述其瘟疫预防。后有附录,附录一选收《家畜蚘幼虫症》等3篇研究性文章,附录二介绍陕甘宁边区发展养牲畜运动的情形。

TD——矿业工程

磁县炭田调查

(日)山根新次调查。[黎城],晋冀鲁豫边区政府,1946年3月。11页,19cm。JF1248/TD82

提要:翻印本。本书是日本人山根新次于1924年考察河北省南部及河南省北部后所作炭田调查报告的磁县部分。分位置、地质及地形、石炭、煤矿等四部分介绍磁县炭田概况。

X——环境科学、安全科学

怎样战胜"天"灾

席凤洲编。[武安],华北新华书店,1948年。38页,图,18cm。JF0914/X43

提要:以科学理论总结群众征服自然、战胜灾害的土经验,并作解释性说明。正文分为庄稼的虫害、庄稼的病害、鸟害与兽害、旱灾、雹灾、霜害、风灾等七部分。

Z——综合性图书

疑难问题解答

冀中新华书店编。[山西],晋中新华书店,[1937—1949]年。152,18cm。JF1001/Z228

提要:常识汇编。正文分为政治常识、名辞浅释、生产知识、医药卫生和自然常识等五编,对一些疑难问题作出解答。后有附录:中国共产党年表、中国各省的别名和简称、中国几个主要的城市的简称叫什么、常见的一些地名。

附录一:出版机构简介

中国共产党自成立之初,就高度重视意识形态工作,不断提升自己在意识形态领域的领导能力。1921年成立专门机构负责宣传工作,1928年党的“六大”以后,中央宣传部成为常设机构,全面负责干部群众的思想政治教育并表达共产党的政治诉求。1937年以后解放社、新华书店、东北书店等出版机构成为中国共产党宣传思想、引导舆论的重要阵地,在战争年代有力地配合了革命的武装斗争,为夺取全国胜利打下了坚实基础。现将这一时期编辑出版革命历史文献的几个重要出版机构做一简要介绍:

解放社

解放社,是抗日战争时期中共中央在延安创立的综合性出版机构,原名解放周刊社。1937年1月,党中央由保安迁到延安后,领导同志们深感宣传出版是一项重要工作,因而决定由张闻天、博古、周恩来、凯丰、王明等组成中央党报委员会,筹备出版《解放》周刊,管理《新中华报》、新华通讯社等。同年4月24日,《解放》周刊在延安创刊,初为周刊,后改为半月刊,主要发表抗日战争报道通讯、领导同志论著和马列主义论著。同时这些文章也以“解放周刊社”的名义出版单行本(1938年1月起改为“解放社”),先后出版了《抗日战争丛书》、《马列丛书》等著作。毛泽东的重要论著,如《论持久战》、《抗日游击战争的战略问题》;刘少奇的《论共产党员的修养》等亦由解放社出版。

1939年中共中央出版发行部成立,1941年改制为中央出版局,所出版的马克思、恩格斯、列宁、斯大林和毛泽东著作,党中央的文献及其他重要著作均署名解放社出版。1949年2月北平解放后,根据中共中央宣传部指示出版12种《干部必读》,出版者仍署名解放社。同年12月,该社划归人民出版社。

解放社出版的图书,不仅供应陕甘宁边区和其他各根据地,还秘密供应国民党统治区,甚至远销国外,是延安时期的全国革命出版中心。

新华书店

1937年4月《解放》周刊创刊后,署名“陕西延安新华书局”发行,同年10月改名为“陕西延安新华书店”,店址设在延安清凉山,名义上负责《解放》周刊的发行工作。1939年9月1日,延安新华书店门市部及各业务科正式对外营业,毛泽东为其题写了店招。1940年12月起华北各敌后根据地陆续成立新华书店,于是延安的新华书店改称总店。1942年5月成立陕甘宁边区新华书店,统筹边区内的发行工作。新华书店总店与设在国统区的《新华日报》营业部和革命进步书店建立业务关系,又协同和支援敌后抗日根据地、解放区开展出版发行工作,基本上形成了一个全国性的书刊发行网。

在总店的协同和支援下,各根据地、解放区分店的出版发行事业也取得了显著的成就,其中影响较大的是晋察冀新华书店和华北新华书店。

晋察冀新华书店,经营范围是晋察冀边区。1941 年 5 月 5 日,晋察冀新华书店在晋察冀日报社发行科的基础上成立。《晋察冀日报》是边区创办最早的中央分局机关报,集报、刊、书的编、印、发于一身。第一部《毛泽东选集》就是由晋察冀日报社出版的。晋察冀新华书店成立之后,出版发行工作进一步扩大。

华北新华书店,经营范围是晋冀鲁豫边区,设有编辑部、经理部、发行部,并拥有造纸厂、油墨厂、印刷厂和职工技术学校等。开始依附于华北日报社,1942 年开始独立编制,出版了大批书籍,如《兄妹开荒》、《白毛女》、《小二黑结婚》、《李有才板话》等。1948 年 4 月华北新华书店与晋察冀新华书店合并,仍称华北新华书店。

东北书店

东北书店,1945 年 11 月 16 日在沈阳成立,是东北日报社领导下的图书出版、发行机构,成立后因工作需要曾多次转移。1946 年 5 月从长春迁到刚刚解放的哈尔滨,6 月从哈尔滨迁到佳木斯,成立了东北书店总店。一年后总店又迁回哈尔滨,并归中共中央东北局宣传部直接领导。此时东北书店在已解放的区域内建立了图书出版、发行网络,在大、中城市设分店,县、乡设支店。从 1949 年 7 月 1 日起,东北书店与全国其他书店统一合称为新华书店。

从 1945 年 11 月成立到 1949 年 7 月改制的 4 年里,东北书店出版、发行了大量的政治书籍、革命文艺作品和报纸、刊物,总计达几百万册(份),成为宣传马克思列宁主义、毛泽东思想和党中央方针政策的重要基地和革命文化的摇篮。在众多的出版物中,印刷质量最高、装订最精、发行量最大的要数六卷合订本《毛泽东选集》。这套书是在东北局宣传部长凯丰同志主持下编辑出版的,出版后迅速发往东北各地,在广大干部和指战员中掀起了学习、运用毛泽东思想指导解放战争和土改运动的高潮。

东北书店虽然仅存在 4 年左右,但它的贡献是无法忽视的,在中国出版史上留下了浓墨重彩的一笔。

大众书店

1945 年 8 月 15 日,日本战败投降,大连成为由苏军控制、中国共产党掌握行政管辖权的“特殊解放区”。在这样的背景下,一些进步知识分子在这里成立了抗战后的首家进步书店——大众书店,并获得中共大连市委的大力扶持。先后出版了《论联合政府》、《新民主主义论》、《论解放区战场》、《中共中央对目前时局的宣言》、《大众哲学》等著作,为宣传党的思想作出了重要贡献。

1946 年 2 月,中共中央委托著名作家柳青担任大众书店总编辑,并负责书店党务工作。1946 年 4 月,由柳青亲自主持编辑的东北第一部《毛泽东选集》正式出版,并几度再版。精装本采用红色布面装帧,烫金印刷“毛泽东选集”5 字,下端印有“大连大众书店印行”,扉页印毛泽东正面像。仅精装本的总印量就超过一万册,白纸印刷,非常精美,是早期出版的“毛选”精品。

此外,斯诺《红星照耀中国》(《西行漫记》)一书中关于毛泽东的部分内容亦被大众书店单独出版,这就是曾经非常畅销的《毛泽东自传》。1948 年 8 月,大众书店又出版了《中国共产党年表附毛泽东自传》。

1948 年底,大众书店在旅顺、金州等地开设分店,并将瓦房店建国书店合并。另据不完全统计,在大众书店存在的近4年时间里共出版、翻印图书419种180余万册,这些书籍除了供应本地读者以外,还经由山东新华书店分销山东、经安东(今丹东)建国书店分销东北各地,影响甚大。

附录二:报刊

广东中华新报

容伯挺主笔。存1919年1至12月间,共239期。

提要:《广东中华新报》是五四运动前后广州一家规模较大、介绍新文化有突出贡献的报纸。1919年11月11日至12月4日,该报连续19次刊登杨匏安的长篇文章《马克思主义》(一称《科学的社会主义》),它与李大钊《我的马克思主义观》几乎同时发表,可以说是其姊妹篇。此外,杨匏安先生还在10月至12月的《广东中华新报》上连载了《社会主义》、《共产主义》、《集产主义》、《社会民主主义》等文章。

杨匏安(1896—1931),原名麟焘,又名锦焘,笔名匏庵,广东香山(今珠海)人。1921年加入中国共产党,1931年被捕牺牲。是中国共产党早期优秀的理论家和革命活动家,最早把马克思主义传播到中国的先驱者之一,曾有"北李(大钊)南杨"之说。

容伯挺(1886—1923),字宝韶,广东新会人。早年赴日本留学时加入中国同盟会日本分会,同时也是留日学生反袁组织——神州学会的成员。1916年任广东中华新报社社长兼主笔,同年6月当选广东省参议会议员。后任省长公署公报所所长、省财政厅参议等职。1923年被吴铁城枪杀。

解放

延安,延安解放周刊社编辑出版。存第27期(1937),第30、33-34、40、46-49、59期(1938);第63-65,67,72-80期(1939)。21册,25cm。周刊。

提要:《解放》周刊是中国共产党于1937年4月24日在延安蓝家坪创刊的,辟有时评、论著、翻译、通讯、文艺等专栏。它是当时中共中央的政治理论机关刊物,中央领导同志毛泽东、张闻天、朱德、周恩来、博古等都在该刊上发表过文章。《解放》周刊积极宣传中国共产党的抗日民族统一战线的理论和策略,对宣传和普及马克思列宁主义理论发挥过积极作用。1941年8月31日,为集中力量办好中央机关报《解放日报》,《解放》周刊停办,共出版134期。

解放

北平,北平解放周刊社编辑出版。存No.1、3、4号(1946)。3册,25cm。周刊。

提要:该刊是中共北平党委的机关刊物,1946年4月1日创刊发行,同年5月1日出版至第5号停刊。主要刊载新华社、《新华日报》、《解放日报》等党的宣传媒体的消息、通讯、报道、社论等,向国统区民众介绍解放区人民的生产生活,宣传党的思想方针,传播解放军的战绩等。

进步青年

北平，进步青年社编辑出版，叶圣陶主编。存创刊号(1949.5.4)，第5期(1949.9.4)。1册，26cm。月刊。

提要：该刊于1949年5月4日在北平创刊，同年9月停刊，共5期。设有"时事特写"、"论著"、"青年指导"、"文艺"等栏目。内容主要反映解放初期中国人民的新生活、新思想，也刊登科学知识普及文章。

民主青年

北平，民主青年社编辑，晋察冀边区青联会、晋察冀张市青联会出版。存创刊号(1945.12.9)，第1期(1946.2)，第3期(1946.3)。3册，19cm。月刊。

提要：该刊创刊于"一二·九"运动十周年纪念日之际，是一部综合性的刊物，主要刊载政治常识、青年修养、科学知识、文艺创作等方面内容，用以满足广大青年学生学习多方面知识的需要。

前驱

福建龙岩，前驱社发行。存第1卷第8、9、11—13期(1938)，第2卷第2—6期(1938—1939)。2册，26cm。[刊期不详]。

提要：该刊是中共闽粤赣边省委的机关刊物。首要任务是宣传共产党的统一抗战主张，进而促成抗日民族统一战线在福建的实现。主要刊登评论、时事、论文、通讯等，是一部时事政治综合刊物。

群众

汉口，群众周刊社编辑出版。存创刊号至25期(1937—1938)；第2卷1—11期(1938)，13—25期(1939)；第3卷第1—12期(1939)；第3卷第13—25期(1939)；第4卷1—7、9—18期(1940)；第6卷3—6、8—12期(1941)；第7卷1—12期(1942)；第7卷13—24期(1942)；第8卷1—12期(1943)；第8卷13—22期(1943)；第9卷1—12期(1944)；第9卷13—24期(1944)；第10卷1—12期(1945)；第10卷13—24期(1945)；第11卷1—12期(1946)；第12卷1—12期(1946)期；第13卷1—12期(1946)；第14卷1—9期(1947)；第5卷1—8、11—16期(1940)。

提要：《群众》周刊是中国共产党在国民党统治区公开出版的机关刊物，1937年12月11日在汉口创刊，1938年12月起在重庆出版。该刊在马克思列宁主义指导下，从理论的角度帮助读者理解抗战的正义性和抗战胜利的必然性，同时批判当时一切不利于抗战、破坏抗战的言论。该刊还着重刊载工人、农民、青年、妇女等方面的论文，介绍各地群众运动的经验教训，宣传共产党的主张，宣传全面抗战的路线。抗战胜利后，于1946年6月3日起迁至上海出版，成为解放战争时期党在国民党统治区的公开刊物。1947年3月出至第14卷19期被迫停刊。另外从1947年1月30日起创办过香港版《群众》周刊，共143期，在海外及国民党统治区有很大影响。1949年10月20日停刊。

少年中国

北京，少年中国学会编辑出版。存第1卷3—4期(1919)，5—11期(1919—1920)；第2卷1—4

期(1920),7—9、11期(1921);第3卷4、7、10期(1922);第4卷12期(1924)。6册,25cm。月刊。

提要:《少年中国》是少年中国学会的会刊。少年中国学会是"五四"时期著名社团之一,1918年6月发起,1919年7月1日由李大钊、王光祈等在北京成立,1925年全国政治形势发生转变时停刊。这个学会是"五四"时期历史长、会员多、分布广、成员复杂、分化最为明显的一个社团。会员最多时有120余人,其中著名的有毛泽东、李大钊、邓中夏、恽代英、田汉、朱自清等。

《少年中国》是大型综合性月刊,1919年7月15日在北京创刊,1922年迁上海编印,1924年5月停刊,共出4卷48期。其主要内容分为两大部分:一是会员所写的自然科学、文学、社会学和哲学论著或译文,涉及人生观、世界观和社会问题等;另一部分是会务报告、会务消息和会员通讯等。此外,还出版《诗学研究号》、《宗教问题号》、《妇女号》、《日本号》等增刊。该刊反映了"五四"时期中国青年知识分子在追求真理和寻求社会改造中的发展、演变和分化过程,在宣传新文化、新思潮方面,具有重要地位,也是研究著名共产党人早期思想活动的宝贵资料。

少年世界

上海,少年中国学会编辑出版。存第1卷3、7、8、12期和增刊日本号(1920—1921)。1册,25cm。刊期不详。

提要:继《少年中国》之后少年中国学会发行的又一进步刊物。与《少年中国》相比,其内容注重实际调查和应用科学,分学术世界、劳动世界、学生世界、妇女世界、华侨消息、民族自觉运动、学校调查、工厂调查、农村生活、出版界等15个专栏。目光不局限于国内,而是面向世界。

苏北周刊

苏北周刊社编,扬州,苏北新华书店印行。存第18期(1949.12.2),第21期(1949.12.23),第22期(1949.12.31)。3册,26cm。周刊。

提要:该刊创刊于1949年6月19日,1950年6月停刊,是文摘性周刊。选载各解放区书报杂志的有关文章,内容丰富,注重现实政治斗争、时事评论、介绍交流基层工作动态和工作经验等,另有介绍自然科学和社会科学基础知识的文章,对苏北解放区的建设工作也做过述评。

苏联文艺

(苏)罗果夫编辑。上海,苏商时代书报出版社出版。存第2期(1943.1),第4期(1943.3),第6期(1943.6—1943.7),第8期(1943.10—1943.11),第11期(1944.2),第12期,第25期(1946.2),第28期(1947.5),第29期(1947.6—1947.7),第33—37期(1948.7—1949.7)。14册,19cm。月刊。

提要:该刊是专门介绍苏联文艺的大型文学译文刊物,1942年11月在上海创刊,主要栏目有小说、剧本、散文、诗歌、音乐、电影、传记等,是刊登苏联作家新作和旧俄文学的优秀典范,从各个方面介绍苏联文艺的最新成就和动向。1949年7月停刊,共37期。

罗果夫(1906—1988),苏联汉学家。1927年加入苏联共产党,1937年任塔斯社驻中国记者,1941年任塔斯社远东分部负责人。曾协助中国共产党上海地下组织创办中文版《时代周刊》,它是当时沦陷区能够公开反映中国共产党观点的中文刊物之一。他翻译过鲁迅、赵树理、贺敬之等许多中国作家的作品。1951年回莫斯科继续在塔斯社工作并兼任苏中友协副主席。

新青年

新青年杂志社编，上海，群益书社出版发行。存第 1 卷 1—6 期（1915—1916）；第 2 卷 1、2、4—6 期（1916—1917）；第 5 卷 1、3、5 期（1918）；第 6 卷 3、5 期（1919）；第 8 卷 1、3、5 期（1920—1921）。5 册，25cm。月刊。

另存亚东图书馆，求益书社 1936 年重印本。存第 1 卷 1 期（1915.9）至第 7 卷 6 期（1919.12）。8 册，26cm。月刊

广州，广州新青年社编辑出版。存第 9 卷 1 - 3 期（1921）。1 册，24cm。月刊。

提要：《新青年》原名《青年杂志》，1915 年 9 月由陈独秀在上海创办，1916 年 9 月第 2 卷起改本名，1917 年迁北京，初期主要提倡民主和科学，“五四”后成为宣传马克思主义的主要阵地。自 1920 年 9 月 1 日第 8 卷起，《新青年》成为中国共产党上海发起组的刊物。1926 年 7 月停刊，经历了月刊、季刊、不定期刊三个阶段。并先后在上海、北京、广州等地出版。该刊是中国近现代史上著名的革命刊物。党的创始人之一李大钊，在《新青年》中发表大量介绍马克思主义思想的文章，并且扼要地介绍了《共产党宣言》的内容。

中国农民

广州，中国国民党中央执行委员会农民部编辑出版。存第 5 期（1926）。1 册，26cm。月刊。

提要：该刊于 1926 年 1 月在广州创刊，1926 年 12 月随国民政府迁至武汉，出版至 1 卷 10 期停刊。1927 年 6 月至“七一五”反革命政变之间在汉口复刊，出版至 2 卷 1 期土地问题专号，共 11 期。主编是毛泽东，开设“论文”、“报告”、“特载”、“国际农民消息”、“中国农民消息”、“参考消息”、“来函”等栏目。刊登中国国民党左翼人士以及毛泽东、彭湃、李立三等共产党人有关农民问题的文章，从不同角度报道各地的农运情况、介绍农运经验、讨论农民问题理论、指导农民运动。

中国青年

上海中国青年社编辑出版。存第 18—19、110—114、119—120 期（1924.2—1926.5）。1 册，19cm。周刊。

提要：该刊是中国共产主义青年团中央的机关刊物。1923 年 10 月创刊于上海，后迁至广州、汉口等地出版。创办人与主要撰稿人有恽代英、林育南、邓中夏、萧楚女、任弼时、张太雷、李求实等。1927 年 10 月停刊，共 170 期。为防敌人破坏，1927—1932 年间，曾先后改用《无产青年》、《列宁青年》等名称继续出版。抗日战争期间由全国青年联合会延安办事处宣传部主办，1939 年在延安复刊。1941 年 3 月出至 3 卷 5 期时停刊。1948 年 12 月由中共中央青年工作委员会在石家庄主持复刊，次年迁至北京。1949 年 4 月以后一直是共青团中央刊物。

书名索引

G

H

J

K

L

T

W

X

著者索引

D

E

F

G

H

W

X

图书在版编目（CIP）数据

首都图书馆藏革命历史文献书目提要／首都图书馆编. —北京：国家图书馆出版社，2013.6
ISBN 978－7－5013－4915－9

Ⅰ.①首…　Ⅱ.①首…　Ⅲ.①革命史－中国－文献著录－内容提要　Ⅳ.①Z89:K25

中国版本图书馆 CIP 数据核字（2012）第 304566 号

责任编辑：王燕来　　　装帧设计：九雅工作室

ISBN 978-7-5013-4915-9

9 787501 349159 >

书名　首都图书馆藏革命历史文献书目提要

著者　首都图书馆　编

出版　国家图书馆出版社　（100034　北京市西城区文津街 7 号）
（原北京图书馆出版社）

发行　010－66114536　66126153　66151313　66175620
66121706（传真）　66126156（门市部）

E-mail　btsfxb@ nlc. gov. cn（邮购）

Website　www. nlcpress. com → 投稿中心

经销　新华书店

印刷　河北三河弘翰印务有限公司

开本　889×1194 毫米　1/16

印张　16

字数　350 千字

印数　1—600 册

版次　2013 年 6 月第 1 版　2013 年 6 月第 1 次印刷

书号　ISBN 978－7－5013－4915－9

定价　280.00 元